KB071886

부의
10년
법칙

한 그루의 나무가 모여 푸른 숲을 이루듯이
청림의 책들은 삶을 풍요롭게 합니다.

2017–2018 재테크 골든타임이 온다

부의 10년 법칙

서태욱 매일경제 기자 지음

청림출판

| **일러두기** |

본문 중 *표가 붙은 단어는 저자가 부록 '재테크 상식사전'에 보다 이해하기 쉽도록 풀어 놓았다.

| 추천의 글 |

불확실성의 시대, 위기를 기회로 바꾸는 투자 철학

어느 정도 투자를 해본 사람이라면 투자 상품의 인기도와 투자 수익률이 반드시 일치하지는 않는다는 것을 경험해 보았을 것이다. 가전제품을 고르거나 맛집을 탐방할 때는 대중의 인기를 따르는 것이 성공 확률을 높일 수 있지만, 투자에서는 백팔십도 다르다. 대중이 열광하면서 인기가 절정에 다다른 상품을 고르면 이른바 상투를 잡고 손실을 볼 가능성이 매우 커진다.

성공적인 투자를 하기 위해서는 '어디에 투자할 것인가'라는 문제에 대한 전문성도 필요하지만, 그에 못지않게 중요한 것이 '타이밍'이다. 저자는 재테크와 투자에서의 골든타임을 강조한다. 알맞은 때를 기다려 리스크를 줄이고, '기회'가 왔을 때 투자를 하는 것이 유망자산을 고르는 것만큼 중요하다. 이것이 이 책의 핵심 메시지다.

저자는 자본시장을 오랜 기간 관찰하면서 심도 있는 글을 써온 기자다. 이 책은 저자가 시장의 위기와 극복 과정을 지켜보면서 치열하게 고민해 온 통찰의 산물이다. 깊이 있는 전문 지식을 다루기보다는 실제 투자를 하는 투자자들이 투자 철학으로 삼으면 좋을 만한 개념들을 쉬운 언어로 풀어냈다. 제목에서 엿볼 수 있듯이, 단기적 시류에 편승하지 않고 큰 투자 사이클에 근거한 장기적 안목의 철학을 이야기한다.

저자가 강조하듯, 금융시장을 집어삼킬 위기는 언젠가 소리 없이 나타나 준비되지 않은 투자자들의 재테크 자산을 제물로 삼을 것이다. 이 책은 2008년과 같은 위기의 시대가 도래했을 때, 손실을 최소화하면서도 위기를 기회로 활용해 성공적인 투자로 나아갈 수 있도록 돕는 훌륭한 가이드북이 될 것이다.

브렉시트에 이어 미국의 금리 인상까지, 전 세계 금융시장에 불확실성이 커지고 있다. 위기와 함께 모습을 드러내기 시작하는 재테크 기회에 대해 진지하게 고민하고자 하는 사람들에게 이 책을 추천하고 싶다.

그로쓰힐자산운용 대표

김태홍

| 들어가며 |

1997년 IMF와 2008년 금융위기, 우리는 무엇을 얻었나

1997년 11월 21일 밤 10시. 설마 했던 최악의 상황이 결국 현실이 되었습니다. 외환 보유고가 텅 비어 버린 대한민국 정부는 만기 도래하는 부채를 갚지 못해 끝내 국제통화기금International Monetary Fund, IMF에 구제금융을 요청하게 되었지요.

일부 동남아시아 국가에서 시작된 외환위기의 태풍이 한반도를 집어삼킨 순간이었습니다. 모두가 기억하는 'IMF 사태'의 시작이었지요. 우리나라의 종합주가지수는 정부가 IMF에 구제금융을 신청한 시점을 전후해 빠르게 무너졌습니다. 1997년 10월 말 646포인트 선이었던 주가는 폭락을 거듭해 그해 연말 반토막이 나고 말았습니다.

이듬해부터 한국은 IMF라는 국제 금융기관의 관리 체제에 들어가게 됩니다. 정부는 국내 경제정책의 통제권을 사실상 상실했고, IMF가 주도하는 혹독한 구조조정이 진행되었습니다. 당시 사회 분위기는 말 그대로 처참했습니다. 현재 20대 후반에서 40대 사이인 분이라면 대부분 아버지의 어두운 표정과 말 그대로 '살벌했던' 사회 분위기를 기억하실 겁니다.

외환위기는 금세 우리의 실생활에 영향을 미쳤습니다. 취업문은 꽉 막히고 실업자들이 쏟아져 나왔지요. 위기감을 느낀 국민들이 지갑을 열지 않아 생활 경제 역시 꽁꽁 얼어붙었습니다.

어려운 환경에서 허리띠를 졸라매면서도 국민들의 나라 사랑은 참 대단했지요. 당시 정부가 나라를 살리자며 추진한 '금 모으기 운동'에 대다수 국민이 장롱 속 금을 기꺼이 내놓았습니다. 제 부모님도 당시 수십년간 애지중지하던 예물 반지와 목걸이를 꺼내셨던 기억이 납니다.

국민들의 희생 덕에 한국은 IMF 외환위기를 1년 반 만에 극복해냈습니다. 구조조정을 딛고 살아남은 기업들을 중심으로 경제도 빠르게 회복됐습니다. IMF 사태를 교훈 삼아 달러를 꾸준히 쌓았고, 한국은 전 세계에서 6~7번째로 외환보유고가 많은 나라가 됐지요.

위기에서 교훈을 얻지 못한 우리들……

국난에 가까웠던 IMF 위기를 극복해 내면서 한국 국민들은 자신감을 얻었습니다. 그러나 이 시기를 돌이켜 한 가지 아쉬운 점이 있다면 우리 국민이 IMF라는 '위기 시대'를 개인의 재테크라는 측면에서는 고민할 기회를 갖지 못했다는 점입니다.

앞으로 이야기하겠지만 큰 위기 이후에는 항상 기회가 따라옵니다. 지금이야 많은 분이 '위기는 기회의 다른 이름'이라거나 '위기 이후에 기회가 온다'는 투자 격언을 한 번씩은 들어보셨겠지만, 그때까지만 해도 대중에게 '금융상품 투자'나 '재테크'는 참 생소한 개념이었지요.

당시 '재테크'는 소수 부자들의 전유물이었습니다. 평범한 사람들에게는 열심히 일한 '노동의 대가'가 재산 형성의 전부였던 시절이었죠. 이런 상황에서 국민 대부분은 IMF라는 위기를 국가 차원의 문제로만 받아들였고, 투자 기회로는 생각해 볼 여지가 없었던 겁니다. 안타까운 일이죠. 우리는 IMF라는 값비싼 경험을 하고도 금융시장이 붕괴되는 위기가 왔을 때 어떻게 행동해야 하는지, 그리고 위기 이후에 어떤 재테크 기회가 나타나는지에 대한 교훈을 얻지 못했습니다.

그렇게 우리는 다시 호황기를 맞았습니다. 2000년대 초부터는 국내외 경기가 상승 국면에 접어들었고, 우리 주변에는 벤처회사 주식이나 강남 부동산에 투자해 부자가 되었다는 사람들이 잇따라 등장하기 시작했습니다.

이렇게 번 돈을 '불로소득'이라고 폄하하면서도 사람들은 점차 개인적인 부를 늘리는 데 관심을 갖기 시작합니다. 3040세대라면 '여러분, 부자되세요'라는 광고 카피를 기억하실 겁니다. 한 카드회사의 캐치프레이즈였던 이 문구는 국민들의 가슴 깊은 곳에 잠재된 재테크 욕구에 불을 질렀지요. 국민들 사이에 '재테크'라는 개념이 본격적으로 뿌리내리기 시작한 것도 이 무렵이었습니다.

이후에는 그야말로 '재테크 열풍'이 불어닥쳤습니다. 증권과 부동산 등에 대한 투자 정보 수요가 많아지면서 〈이데일리〉나 〈머니투데이〉 등 온라인 경제 전문 매체도 속속 등장하게 되었지요.

'부자가 되고 싶다'는 사람들의 욕망이 점점 커지면서 뭉칫돈이 증시와 부동산으로 몰려들었습니다. IMF 당시 300선이었던 주가는 10년 만인 2007년 사상 처음으로 2000선을 돌파했습니다. '앞으로 한국 증시가 3000을 찍을 것'이라는 전문가들도 등장했고요. 부동산 가격도 천정부지로 치솟아 2007년께 '피크'를 치게 됩니다.

이렇게 점점 자산시장에는 거품이 형성되고 있었습니다. 시중에는 연 30~40%의 수익률을 내주겠다는 펀드가 쏟아졌지요. 지금으로서는 상상하기 어려운 수익률이지만 당시 글로벌 증시의 폭발적인 상승세에서는 가능했습니다.

신문과 TV 뉴스는 점차 재테크에 대한 내용으로 가득 찼습니다. 대중매체는 고수익 펀드에 가입하려는 사람들이 금융회사 앞에 긴 줄을 늘어 선 사진과 영상이 도배했지요. 하루가 다르게 증시가 오르니 뭉칫돈이 시장에 유입되었고, 시장으로 쏟아지는 돈이 증시를 밀어 올리는 상황이 연출되었습니다. 자산시장이 빠르게 성장하고 너도나도 재테크에 몰두하는 분위기에서, '위기관리'는 먼 나라 이야기일 뿐이었습니다.

2008년, 다시 똑같은 실수를 반복하다

잔치는 2008년에 막을 내렸습니다. 글로벌 금융위기가 닥친 겁니다. IMF 사태가 터진 지 10여 년 만에 다시 위기가 찾아왔습니다. 준비되지 않은 상태에서 갑자기 닥친 금융위기는 투자자들의 재산을 집어삼켰지요. 전 세계 금융시장을 뒤흔든 메가톤급 폭탄이 터지자 우리 재테크족들은 그야말로 '대혼란'에 빠져들었습니다.

2008년은 재테크족에게 절망의 시간이었지요. 주식과 펀드, 부동산, 보험 상품 등 모든 투자자산이 반토막이 났으니까요. 2007년 11월 2080선에 육박했던 코스피는 이듬해 금융위기를 맞아 890선까지 폭락해 투자자들을 패닉에 빠트렸습니다. 당시 '펀드 열풍'을 주도하면서 4조 5000억 원에 달하는 개인 투자금을 끌어모은 '미래에셋 인사이트' 펀드는 순식간에 60%에 가까운 손실을 내고 말았지요.

이번에는 투자자들이 거품의 위험성과 반복되는 금융위기에 대해 고민하기 시작했습니다. 이제야 뭔가 깨닫기 시작한 것이죠. 앞으로 같은 위기가 다시 발생하지는 않을지, 이런 악몽 같은 상황에 대비하려면 어떻게 해야 하는지, 그리고 장기적으로 안정적인 수익을 내려면 어떤 투자 전략을 세워야 하는지가 재테크의 새로운 화두가 되었습니다. 수익보다는 위기관리를 중요시하는 새로운 패러다임이 이때부터 등장한 것입니다. 금융위기의 충격은 투자자들에게 위기관리의 중요성을 환기하는 주요한 계기가 되었습니다.

그러나 그것도 잠시, 투자자들은 다시 위기의 희생양이 되었습니다. 2008년 금융위기의 기억이 서서히 지워질 때쯤 또 다른 위기가 찾아온 겁니다.

금융위기를 벗어나고 3년 동안 큰 호황이 이어졌습니다. 2011년 들어 글로벌 자산시장이 새로이 사상 최고치를 경신하자 사람들은 다시 무장해제 상태가 되었습니다. 2011년 4월 코스피가 마침내 2200선을 돌파해 신기록을 세웠고, 증권사들은 '이번엔 다르다'며 투자자들을 시장으로 끌어모았지요.

그러나 거품은 어김없이 붕괴되었고, 거듭 찾아온 위기는 시장을 집어삼켰습니다. 이번 진원지는 유럽이었습니다. 2011년 8월 그리스 등 유럽의 부실 국가들에서 시작된 '유럽 재정위기'는 2008년 금융위기만큼 강력하지는 않았지만, 전 세계 금융시장의 거품을 꺼뜨리기에는 충분했습니다. 투자자들은 같은 실수를 되풀이했고, 큰 손실을 내고 말았습니다.

그 이후에도 크고 작은 위기가 계속되었습니다. 2013년 국내 중견기업의 구조조정과 2015년 중국 증시 쇼크, 2016년 초 유가 폭락까지……. 일련의 거품과 위기의 과정에서 일반 투자자는 대부분 반복적으로 투자 실패의 아픔을 겪었습니다.

바로 지금이 위기에 대비한 재테크 전략을 준비할 때다!

대다수 투자자가 위기 때마다 실패했지만, 모두가 그런 것은 아니었습니다. 오히려 이런 거대한 위기는 두 부류의 사람들에게 큰 부를 가져다주었지요. 첫 번째 부류는 인간의 두뇌를 최대한 가동해 위기를 예측한 사람들이고, 두 번째 부류는 다가올 위기를 미리 대비했던 사람들입니다.

예측을 통해 성공한 사람들의 대표적인 사례는 영화 〈빅쇼트Big Short〉에 등장하는 주인공들입니다. 이 영화는 2008년 금융위기를 배경으로 만들어진 작품인데, 여기서 '쇼트'라는 말은 가격 하락에 베팅하는 투자 전략(공매도)을 뜻합니다. 그리고 빅쇼트란 큰 이익을 가져다준 전설적인 공매도를 뜻합니다.

〈빅쇼트〉의 내용은 한 천재 분석가가 금융위기의 원인이 되었던 미국 부동산시장의 거품 붕괴(서브프라임 부실) 징조를 정확히 예측하고, 집값 폭락에 베팅해 큰 부를 거머쥐었다는 놀라운 이야기입니다. 이 영화는 국내에서 큰 인기를 얻지 못했지만 미국에서는 꽤 흥행을 했습니다.

이 영화는 물론 실화를 바탕으로 제작되었습니다만, 〈빅쇼트〉에 나오는 전략을 일반 투자자들이 흉내 내기는 사실 불가능에 가깝습니다. 위기가 오는 타이밍을 완벽하게 예측하는 데는 능력뿐 아니라 상당한 운도 필요하기 때문입니다.

그렇다면 위기 상황에서 부를 거머쥔 사람들은 다 이런 분석 능력과 운을 타고난 걸까요? 그렇지 않습니다. 저는 증권가를 취재하면서 외환위기와 금융위기를 기점으로 상당한 부를 축적한 사람들을 이따금 만날 수 있었습니다. 이들은 결코 비범한 분석 능력이나 전문가를 능가하는 금융 지식을 가진 것도 아니었습니다.

단지 금융시장이 붕괴되었을 때 여기에 휩쓸리지 않고 재산을 지켜냈다가, 위기 이후 다시 시장에 등장하는 호황기를 누렸다는 공통점이 있었습니다. 앞으로 이야기할 '재테크 골든타임'에 올라탄 것이죠.

일반 개인 투자자들이 아무리 연구한다고 해도 〈빅쇼트〉의 주인공에 필적하는 분석력을 갖추기는 현실적으로 어렵습니다. 그렇지만 두 번째 부류의 사람들처럼 재테크 골든타임을 기다리는 전략은 우리 일반 투자자들도 충분히 시도해 볼 만한 방법입니다.

그렇다고 이 책을 통해 앞으로 닥칠 거대한 금융위기가 언제 어떤 모습으로 올지를 예측해 보자는 건 아닙니다. 미래를 알 수 있다면 돗자리를 깔아야겠지요.

우리가 추구하는 전략에 위기를 예측하는 능력이 필수적인 건 아닙니다. 우리는 현재 시점에서 시장에 큰 충격을 줄 법한 시나리오를 생각해 볼 수 있을 뿐입니다.

그 누구도 금융위기가 도래하는 시점을 알 수는 없습니다. 다만 한 가지 분명하게 말할 수 있는 것은, 위기는 반복적으로 시장에 찾아온다는 것입니다. 언젠가는 모습을 드러낼 것이며, 그날이 점점 다가오고 있다는 것이죠. 그렇다면 우리는 앞으로 도래할 위기를 기회로 활용하는 전략을 미리 세워 놓아야만 합니다. 이 책에서는 이런 아이디어를 바탕으로 어떻게 성공적인 재테크 전략을 만들어 갈 수 있을지를 다루려 합니다.

지금 전 세계의 금융시장은 그야말로 살얼음판 위를 지나고 있습니다. 중국에서 나타나는 경기 침체는 심상치 않고, 브렉시트Brexit 그러니까 영국의 유럽연합EU 탈퇴 역시 어떤 부메랑으로 되돌아올지 모르는 상황입니다.

오랜 기간 저금리 기조를 유지해 왔던 미국은 금리 인상을 진행 중입니다. 또한 마침내 시작된 '트럼프 시대'가 글로벌 금융시장에 어떤 변화를 가져올지 아무도 모릅니다.

이제, 2008년 금융위기가 발생한 지 10년이 되어 갑니다. 2008년 이후 역사에 기록될 큰 위기가 다시 도래할 때는 과거의 실패 경험을 되풀이해서는 안 될 것입니다. 그러려면 지금부터라도 큰 위기에 대비하고, 앞으로 다가올 재테크 골든타임을 맞을 준비를 해야 합니다.

다음 장부터는 일반 투자자인 우리가 어떻게 재테크 골든타임을 준비해야 하는지에 대한 이야기가 펼쳐집니다.

흔히 재테크에서 '위기는 기회의 다른 말'이라고 하지만 왜 그런지 원리를 제대로 알고 있는 사람은 많지 않습니다. 이 책은 금융위기가 어떤 과정을 거쳐 시장에 나타나며, 그 이후 투자 기회가 어떤 모습으로 펼쳐지는지 보여줄 수 있도록 구성했습니다. 그리고 이런 '위기의 시대'에 꼭 익숙해져야 할 금융상품에 대한 정보도 이해하기 쉽게 소개하려 애썼습니다.

책을 다 읽고 나면 위기가 닥치기 전까지 준비해야 할 자세와 위기에 휩쓸리지 않는 방법, 위기 이후 기회의 시간을 누리는 전략 등에 대해 감을 잡을 수 있을 겁니다. 그리고 왜 지금 이 시점에 위기를 기다리는 재테크를 해야 하는지도 이해할 수 있을 거라고 믿습니다.

한 분이라도 무리한 투자를 경계하고, 지금부터 위기를 준비하는 투자를 해야겠다는 마음을 먹게 된다면 그것만으로도 목적을 달성했다고 생각합니다. 부디 이 책이 10년 만의 기회를 준비하는 당신께 훌륭한 길잡이가 되기를 바랍니다.

차례

| Part 1 |

금융위기의 시한폭탄, 타이머는 이미 켜졌다

Chapter
1

최저점의 기회가 다가오고 있다

위기의 시대, '재테크 골든타임'이 온다

금융시장의 역사를 잘 살펴보면, 변하지 않는 '공식'이 있습니다. 이 책의 첫 페이지를 읽기 시작한 당신이 마지막 페이지를 넘길 때까지 이 공식을 항상 머릿속에 새겨 두었으면 좋겠습니다.

첫째, 금융시장은 거품을 만들어 냈다가 터트리고 다시 거품을 만들어 내기를 반복합니다. 한창 거품이 부풀어 오를 때쯤 폭풍우를 동반한 거대한 쓰나미가 금융시장을 쓸어 버리는데, 이를 '금융위기' 또는 '금융공황'이라고 부릅니다.

아무리 큰 위기와 공황을 겪는다고 해도 금융 시스템은 결코 무너지지 않습니다. '이제 금융자본주의에는 희망이 전혀 없다'는 생각이

드는 시점부터 시장은 점점 회복되기 시작하지요. 그리고 언제 쓰나미가 있었냐는 듯, 다시 거품을 만들어 냅니다. 거품이 커지면 다시 금융위기 쓰나미가 거품을 청소합니다. 이것이 바로 첫 번째로 기억해야 할 공식, 금융시장에서 반복되는 '버블의 법칙'입니다.

그리고 중요한 두 번째 법칙이 있습니다. 거품이 완전히 사라진 금융시장에서는 오래 기다린 사람들을 위한 '기회의 문'이 열립니다. 위기 이후 시장이 선물하는 '재테크 골든타임의 법칙'이죠. 원래 '골든타임Golden time'은 재난 사건이 발생한 직후 최대한 많은 인원을 구할 수 있는 짧지만 '금쪽 같은' 시간이라는 의미를 담고 있습니다.

재테크에서 골든타임이란, 금융시장에서 발생한 '재난' 이후 시장이 정상화되는 과정에서 투자자들에게 주어지는 금쪽 같은 시간을 말합니다. 더불어 위기가 훑고 지나간 시장이 정상 궤도를 되찾아가기까지의 기간이며, 완전히 망가진 금융시장이 다음 거품을 향해 질주하기 시작하는 구간이라고 할 수 있습니다.

1990년 후반부터 2000년대 들어 우리나라에는 서너 번의 재테크 골든타임이 있었습니다. 1997년 IMF 사태와 2000년대 초반 닷컴 버블 붕괴, 2002년 카드 대란, 그리고 2008년 글로벌 금융위기 사태라는 대형 쓰나미가 우리나라를 덮친 후 짧게는 1~2년에서 길게는 5~6년간에 걸친 골든타임이 있었지요. 지난 10~20년간 우리나라에서 재테크로 성공한 부자들은 대부분 이 기간에 단계적으로 부를 늘려 나갔습니다.

그러나 안타깝게도 투자자들 가운데 대다수는 이 기회의 시간을

■ **그림1. 1995년 이후부터 최근까지 한국 종합주가지수**(KOSPI) **추이**(매년 1월 1일 기준)

누리지 못했습니다. 위기 직전, 뭉실뭉실 커진 거품에 혼이 빠져 투자에 나섰다가 거품 붕괴 직후 시장을 덮치는 쓰나미에 휩쓸리고 말았기 때문입니다. 빈털터리가 된 사람들은 정작 재테크 골든타임이 왔을 때는 모두 시장을 떠나 버립니다. 앞서 수차례의 위기에서 대중이 보였던 전형적인 패턴입니다.

이 책을 읽은 당신은 달라야 합니다. 위기에 휩쓸려 계좌가 깡통이 되고, 재테크 골든타임을 놓쳐 버리는 과거의 실패를 되풀이해서는 안 됩니다. 아무도 위기를 이야기하지 않는 지금 이 시점부터 미리 대비해야 합니다.

자, 이제 곧 10년 만의 기회가 옵니다. 위기의 시대 재테크 골든타임을 맞이할 준비를 지금부터 시작해 봅시다.

위기에서 기회를 잡기 위한 두 가지 조건

금융시장이 붕괴되는 비극적 상황이 언제, 어떤 형태로 우리 앞에 모습을 드러낼지는 누구도 알 수 없습니다. 3년 후가 될지, 5년 후가 될지 모릅니다. 당장 내일이 될 수도 있지요. 쓰나미는 항상 평온한 시기에 예고 없이 찾아왔으니까요. 쓰나미가 휩쓸고 간 자리에서는 곧 기회의 문이 열리고 재테크 골든타임이 펼쳐질 겁니다.

기회를 잡으려면 크게 두 가지를 준비하고 있어야 합니다.

첫째, 언제든지 위기가 올 수 있다는 '마음가짐'이 필요합니다. 금융시장 붕괴의 역사를 보면 시장이 무너지기 직전에는 항상 대중의 '쏠림 현상'이 있었습니다. '앞으로 더 오른다'는 생각이 대중을 최면 상태에 빠뜨리는 순간 여지없이 시장은 무너지곤 했지요. 쏠림 현상과 시장 붕괴에 대해서는 뒤에서 자세히 이야기하겠습니다.

이런 대중의 쏠림 현상이 나타날 때 함께 휩쓸려서는 안 됩니다. 이런 분위기에서 한 발짝 물러나 대중의 움직임을 객관적으로 볼 수 있어야 합니다. 이런 자세는 항상 위기가 올 수 있다는 마음가짐을 가지고 있어야 가능합니다.

그러나 현실에서는 쏠림 현상을 극복하기가 쉽지 않습니다. 모두가 주식이나 부동산 등 자산 가격 상승을 예상하면서 "사자!"를 외칠 때 대중 사이에서 발생하는 '집단 최면'은 생각보다 강력하기 때문입니다.

전문가라고 하는 증권사 직원이나 각종 자산관리회사 직원들은

"지금이 기회"라고 부르짖습니다. TV 뉴스에서는 증시가 신기록을 경신하고 있으며, 3000선까지 갈 수 있다는 장밋빛 보도를 쏟아 내지요. 주위의 누가 무슨 주식을 사서 '대박'이 났다는 이야기, 앞으로 어떤 주식이 얼마까지 오를 거라는 이야기를 계속 듣다 보면 중심을 잡기가 참 힘듭니다.

재테크에 관심이 있고 여윳돈이 있는 사람이라면 잔뜩 거품이 낀 시장에 몸을 던지게 될 가능성이 큽니다. 심지어 저명한 투자전문가나 오랜 기간 금융시장을 연구한 학자들도 이런 분위기에 휩쓸려 목돈을 투자했다가 낭패를 본 사례가 많습니다.

부끄럽지만 저 역시 쏠림 현상에 휩쓸린 경험이 있습니다. 객관적으로 시장을 보고 있다고 생각했지만 끝을 모르고 치솟는 증시, 시장 주변을 장악한 긍정론은 정말 강력했습니다. 홀린 듯이 펀드에 돈을 넣었지요. 물론 결과는 참담했습니다.

'주변에서 주식 주식 하는데, 나만 손 놓고 있다가 바보가 되진 않을까'라는 생각이 들 때 경계심을 가져야 합니다. '지금 상승세가 혹시 금융시장 붕괴 전에 나타나는 거품은 아닐까?'라는 생각으로 시장을 바라볼 수 있어야 합니다.

위기에서 기회를 잡기 위한 두 번째 조건은 엉덩이가 가벼운 금융자산 위주로 재테크 포트폴리오를 구성하고 있어야 한다는 겁니다. '엉덩이가 가벼워야 한다'라는 말은 언제라도 재빨리 현금으로 바꿀 수 있어야 한다는 뜻이죠.

점쟁이가 아닌 이상 언제 금융위기가 올지 정확하게 예상할 수는 없습니다. 갑자기 쓰나미가 들이닥쳤을 때, 현금화하기 어렵다면 쓰나미를 정면으로 맞게 됩니다. 뭔가 심상치 않은 상황이 발생했을 때 재빨리 반응하려면 엉덩이가 무거워서는 안 되겠죠.

엉덩이가 가벼운 금융자산의 대표 주자는 앞으로 만나게 될 상장지수펀드Exchange Traded Fund, ETF입니다. 장기적으로 돈이 묶여 있어야 하는 적금, (변액)보험, 부동산 등은 위기 상황에서는 불리한 상품이죠. 긴급한 상황에서 쉽게 투자금을 움직일 수 없기 때문에 위기가 닥쳤을 때 시장 붕괴의 피해를 고스란히 떠안는 비극을 피할 수 없습니다.

요약하면, 위기를 기회로 잡는 투자법의 개념은 간단합니다. 언젠가 위기가 온다고 믿고 대비하고 있다가 쓰나미 이후 모습을 드러내는 재테크 골든타임에 올라타기만 하면 되는 것입니다.

말은 간단하지만 그 과정은 참으로 쉽지 않은 여정입니다. 재테크 골든타임을 만나기 전까지 투자자들의 앞을 가로막는 빙산이 곳곳에 도사리고 있기 때문이죠. 이 책은 당신이 이런 빙산에 충돌해 침몰하지 않고, 재테크 골든타임까지 잘 도달할 수 있도록 돕는 '항해 지침서'라고 할 수 있습니다.

지금부터 본격적인 항해를 준비해 보겠습니다. 우선 과거의 금융위기를 전후한 시장 상황을 돌아보고, 현재 전 세계 금융시장 곳곳에 도사린 암초부터 차근차근 확인하는 것으로 시작하겠습니다.

글로벌 금융위기 10년, 또 다른 시한폭탄이 켜졌다

'서브프라임 모기지Sub-Prime Mortgage*'라는 단어가 미국 대중매체에 등장하기 시작한 것은 2007년 4월쯤이었습니다. 미국에서 두 번째로 규모가 컸던 서브프라임 모기지 전문 금융회사 '뉴센추리 파이낸셜'이 파산 신청을 했다는 뉴스가 헤드라인을 장식했지요.

그때부터 미국 언론과 금융 전문가들은 서브프라임 모기지라는 주택담보대출 상품에 대해 조금씩 관심을 가지고 보도하기 시작했습니다. 그러나 그때까지만 해도 '서브프라임 모기지'가 거대한 재앙의 씨앗이 될 것이라고 본 사람은 거의 없었습니다.

시간이 흘러갈수록 상황은 점점 심각해졌습니다. 2007년 말에는 베어스턴스, HSBC, 씨티그룹, 메릴린치 등 서브프라임 모기지를 취급했던 대형 금융기관들이 막대한 손실을 발표했습니다. 그러나 이때까지도 '설마'라는 생각이 사람들의 정신을 지배하고 있었습니다.

결국 2008년 9월 15일, 리먼브라더스의 파산 신청을 전후로 금융위기는 현실이 되었습니다. 골드만삭스, 모건스탠리, 메릴린치와 함께 세계 4대 투자은행이라는 점에서 리먼브라더스 파산의 충격은 컸습니다. 파산 규모는 6000억 달러로, 한화 600조 원을 웃돌아 사상 최대 규모의 파산이라는 기록을 세웠습니다.

그 후로 금융위기는 절정을 향해 갔습니다. 금융위기의 여진은 장

■ 그림2. 2007년 이후 미국 S&P와 주요 이벤트

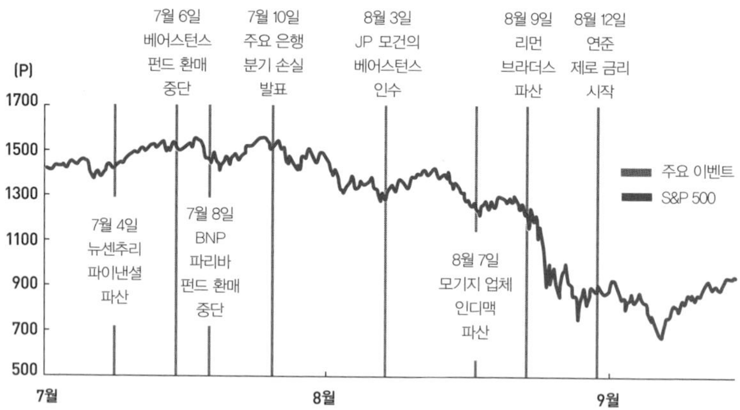

• 자료: 미래에셋대우증권

기간 계속되었고, 2008년 5월 1만 2000선을 웃돌던 미국 다우지수는 2009년 3월 6500선까지 밀려 반토막이 나고 맙니다.

전 세계를 뒤흔든 2008년의 기억

금융시장 역사상 유례가 없는 이 사건은 사실 2000년대 초반부터 그 씨앗이 자라고 있었습니다. 미국 제43대 대통령인 조지 부시George W. Bush 대통령이 실시한 주택정책에서부터 재앙이 시작되었습니다.

2001년 부시 대통령은 미국 내 소수민족의 주택 보급률을 높이기 위해 서민주택정책을 실시했습니다. '내 집 마련의 꿈'을 실현해 주는 정책으로 홍보했지요. 그러면서 금융기관이 서브프라임 모기지

대출을 마음껏 늘릴 수 있도록 규제를 확 풀어 주었습니다. 서민들이 자유롭게 대출을 받아 집을 살 수 있도록 하기 위해서였습니다. 이 시점부터 대재앙의 시한폭탄 초침이 폭발을 향해 내달리기 시작했습니다.

그러나 당시 일반 시민들은 물론 서브프라임 모기지 대출 상품을 취급하는 금융기관조차 그것이 앞으로 발생할 대재앙의 원인이 될 것이라는 사실을 전혀 인지하지 못했습니다. 주택 가격이 계속 상승세를 보이고 있어 오히려 대출을 받아 주택을 매매하는 것이야말로 '황금알을 낳는 거위'로 여겨졌으니까요.

사람들은 대출을 받아 계속 집을 샀고, 미국 대형 금융기관들은 서브프라임 모기지 대출을 계속 확대해 나갔습니다. 그렇게 금융 시스템의 붕괴를 초래한 폭탄은 폭발을 준비하고 있었습니다.

2007년과 2008년 사이 집값은 더는 오를 수 없는 수준까지 치솟았고, 우리가 '서브프라임 사태'라고 부르는 문제가 수면 위로 올라온 것은 이미 금융 시스템 붕괴가 시작된 뒤였습니다.

우리나라도 지구 반대편에서 터진 금융위기의 충격을 피해 갈 수는 없었습니다. 종합주가지수는 위기 직전인 2007년 2050선을 넘실대면서 호황을 맞았지만 금융위기 폭탄이 터지자 1년여 만에 890선까지 폭락했습니다. 1997년 IMF 사태 이후 10년 만에 다시 극심한 불황과 구조조정의 칼바람이 한반도를 덮친 것이죠.

2017년이 되면 2008년 글로벌 금융위기가 발생한 지 9년째가 됩니다. 우리는 금융위기를 완전히 극복해 낸 걸까요? 2008년 이후 세계 각국은 무너진 금융 시스템을 재건하고 침체된 경제를 되살리기 위해 많은 정책을 쏟아 냈습니다. 가장 대표적인 것이 천문학적인 돈을 푸는 이른바 '양적완화Quantitative Easing, QE' 정책입니다. 전 세계가 통화 공급과 저금리 정책을 유지해 온 덕분에 글로벌 경제는 가까스로 다시 살아날 수 있었습니다.

그러나 일부 금융 전문가들은 이런 통화 공급 정책을 '모르핀 효과'라고 합니다. 세계경제와 금융시장을 병들게 한 원인을 찾아내 환부를 도려내는 수술을 한 것이 아니라 그저 돈을 풀어 경기를 부양해 온 각국의 처방이 통증을 없애기 위해 '모르핀'을 계속 주사한 것과 똑같다는 말이죠. 결과적으로, 환자를 약물중독에 길려 스스로 일어날 수 없는 지경으로 내몰게 된다는 것입니다.

어느 정도 일리 있는 말입니다. 금융시장은 양적완화라는 모르핀 덕에 10여 년간 잘 버텨 왔습니다. 모르핀을 맞은 상태가 영원히 지속될 수는 없다는 사실을 모두가 알고 있지만, 현재로서는 딱히 방법이 없으니 계속 주사를 놓는 것이 금융시장의 현주소입니다.

2016년 말 전 세계 금융시장은 수치상으로 보았을 때 2008년의 위기를 완전히 극복해 낸 것처럼 보입니다. 증시도 금융위기가 발생한 지 3년여가 지난 2011년에는 2230포인트를 웃돌아 사상 최고치를 기록하기도 했고, 부동산시장 역시 잠시 침체기를 겪다가 상가를 중심으로 다시 호황기를 맞았으니까요.

시간이 지나면서 2008년 당시의 악몽 같은 기억은 사라져 갔습니다. '설마 2008년과 같은 상황이 다시 오겠어?'라는 생각이 대중의 심리를 지배하고 있습니다.

그러나 대책 없이 모르핀을 계속 투약한 결과는 비극을 초래할 가능성이 큽니다. 우리가 피부로 느끼지는 못하고 있지만 2008년 금융위기 이후 10년 동안 글로벌 금융시장 환경은 많은 변화를 거듭했습니다. 겉으로 보기에는 별 문제 없이 굴러가는 것처럼 보이나 그 안에 어떤 크고 작은 문제점들이 지속적으로 누적되었는지 누구도 제대로 분석하지 못하고 있지요.

현대 글로벌 경제 생태계와 이를 둘러싼 금융 시스템은 결코 완벽하지 않습니다. 앞서 금융시장에서 목격했던 위기가 증명하듯이, 우리가 알지 못하는 곳에서 쌓이고 있는 문제점들이 곪을 대로 곪으면 시장은 어느 순간부터 무너지게 될 겁니다.

현재로서 미래 금융 붕괴의 재앙을 초래할 원인을 정확하게 예측해 내는 것은 불가능합니다. 다만 한 가지 분명한 사실은 지금 금융시장의 가장 취약한 곳 어딘가에 이미 시한폭탄이 설치되어 있고, 폭발을 알리는 초침은 계속 흘러가고 있다는 것입니다.

브렉시트가 소환한 금융 재앙의 공포

2016년 6월 23일 목요일, 금융시장에 또 다른 폭탄이 던져졌습니다. 우리나라를 포함한 전 세계인이 유럽에서 열린 '정치쇼'를 숨죽여 지켜봤지요. 이날 영국의 EU 탈퇴 여부를 묻는 국민투표, 이른바 '브렉시트' 투표가 치러졌습니다.

다들 잘 아시겠지만, 브렉시트는 영국Britain과 탈퇴Exit를 합친 신조어입니다. 투표에 앞서 현지 전문가들은 브렉시트 가능성이 크지 않다고 보았고, 현지 여론조사 결과도 유럽에 잔류하는 쪽을 선택하는 국민이 더 많을 것으로 예상했습니다. 투표일 직전에도 여론은 대부분 영국이 잔류Remain한다는 '브리메인Bri-main'을 전망했지요.

그러나 결과적으로 영국 국민은 브렉시트를 택했습니다. 6월 24일 밤 영국 국민투표 결과 브렉시트가 최종 결정되자 예상치 못한 결과에 세계 금융시장은 요동쳤습니다. 브렉시트 당사자인 영국의 파운드화 가치는 당일에만 7% 이상 폭락해 31년 만에 최저 수준을 기록했습니다. 세계 증시도 대부분 대폭 하락했지요.

브렉시트가 현실화되자 영국에서 촉발된 제2의 글로벌 금융위기가 올 것이라는 공포감이 빠르게 확산됐습니다. 헤지펀드 거물로 잘 알려진 투자의 귀재 조지 소로스도 브렉시트 직후 현지 언론 매체와 인터뷰하는 자리에서 "영국을 포함해 유럽 전체가 겪게 될 악영향이 2008년 금융위기와 비슷한 수준일 것"이라고 말할 정도였으니까요.

세계인들, 특히 유럽계 금융 전문가들이 브렉시트에 특히 민감한 것은 '가보지 않은 길'에 대한 두려움 때문이었습니다. 이 두려움은 단순히 영국이 EU를 탈퇴한 이후 예상되는 세계 경기 침체에 대한 것만은 아닙니다. 브렉시트 직후 많은 글로벌 투자자가 경기를 일으킨 데에는 매우 복잡한 배경이 자리하고 있습니다.

가장 근본적인 이유는 '브렉시트로 인해 EU가 분열의 길로 들어서는 것은 아닌가'에 대한 우려입니다. "EU가 찢어지는 게 뭐 대수로운 일인가?"라고 물을 수도 있지만, 이건 상당히 큰일이라고 할 수 있습니다.

잠깐 유럽 대륙의 역사를 살펴보지요. 이 대륙은 다양한 민족과 국가 간의 갈등으로 몸살을 앓아 왔습니다. 땅덩어리에 비해 너무 많은 민족이 공존하다 보니 전쟁과 분열이 끊이지 않았던 것이죠.

대륙 내에서 서로가 서로를 물고 뜯으며 피를 흘리는 희생이 누적되면서 유럽 사람들이 얻게 된 교훈은 바로 '하나의 유럽'입니다. 서로 경쟁하지 않고 화합하는 것만이 유럽 대륙에 속한 모든 나라가 행복해지는 유일한 방법이라는 것이죠.

EU는 이런 아이디어에서 출발했습니다. 서로를 '가족'으로 묶고 유럽 전체의 발전이라는 하나의 목표를 가지고 협조해야 희생 없이 잘살 수 있게 된다는 믿음이 생긴 겁니다. EU는 궁극적으로 하나의 유럽으로 가기 위한 중간 단계이며, 최종 목표는 유럽의 '단일국가화'입니다.

EU는 처음 탄생할 때부터 '불안정한 형태'라는 우려가 많았습니다. 그렇지만 회원국들이 하나의 유럽이라는 공감대를 형성하고 있었기에 무너지지 않았고, 나름대로 문제점을 개선해 나가면서 잘 유지할 수 있었습니다.

그런데 EU가 조직된 1993년 이후 23년여 만에 영국이 회원국 탈퇴를 선언한 것입니다. EU를 가족으로 보면 영국은 어머니, 독일이 아버지 정도라고 볼 수 있습니다. 이런 영국이 EU를 탈퇴한다는 것은 어머니가 이혼하고 집을 나가는 것과 같지요. 일부 언론에서 브렉시트를 '이혼'이라고 이야기하는 것도 이런 배경 때문입니다.

일단 영국의 EU 탈퇴로 '하나의 유럽'이라는 유토피아의 꿈은 절반 이상 물 건너가게 되었습니다. 만약 브렉시트가 EU의 분열을 촉발하고 그것이 현실화된다면 유럽 대륙은 다시 갈등과 분열이 난무하고 강자만이 살아남는 약육강식의 전쟁터로 돌아가게 될 것입니다. 과거처럼 총알이 오가지는 않겠지만 경제 제재와 보복으로 서로에게 상처를 입히는 갈등의 대륙이 될 수 있다는 뜻입니다.

금융기관의 전문 투자자들은 EU의 분열을 유럽의 경제가 흔들리는 차원을 넘어 유럽의 미래 자체가 시계視界 제로 상태에 빠지게 된다는 의미로 받아들이고 있습니다.

물론, 아직까지 브렉시트 때문에 EU가 분열 수순에 들어갈 수 있다는 우려는 말 그대로 기우에 지나지 않을 수도 있습니다. 그러나 EU가 해체되는 극단적인 상황까지 가지 않는다고 해도, 앞으로 EU라는 체계가 상당한 도전에 직면할 가능성은 꽤 높습니다.

현재 EU 회원국 간 부의 불균형은 심각한 상태입니다. 조금 과장하면 독일을 제외한 20여 회원국의 경제는 계속 침체되는 구조입니다. 이런 상황이 개선되지 않으면, 회원국들 사이에서는 각종 규제와 통제를 받으며 EU라는 틀 안에 갇혀 있을 이유가 있느냐는 불만이 계속 나올 수밖에 없습니다. 그럴 때마다 유럽의 미래에 대한 불확실성은 금융시장에 적지 않은 영향을 주게 될 것입니다.

현재 시점에서 보면 결론적으로 브렉시트 직후 쏟아졌던 전문가들의 비관론은 '호들갑'이 되었습니다. 브렉시트 직후 우리나라를 포함한 전 세계 금융시장이 큰 충격을 받았지만 금세 정상 궤도로 돌아갔기 때문입니다. 브렉시트는 사람들의 기억 속에서 한물간 이슈로 잊힌 상태입니다.

그러나 브렉시트가 그리 간단한 문제는 아니라는 것이 많은 경제·금융 전문가들의 공통적인 시각입니다. 지금 EU에서 가난한 나라들이 겪고 있는 재정위기는 현재 진행형입니다. 이탈리아와 스페인, 포르투갈 등 유럽을 대표하는 국가들까지 심각한 재정난에 시달리고 있으며, 금융기관 부실도 상당히 누적된 상태입니다.

브렉시트로 금융 시스템이 붕괴할지는 장담하기 어렵습니다. 그러나 단추가 잘못 끼워진 유럽 대륙이 전 세계 경제에 영향을 미칠 것이고, 결과적으로 금융시장에도 적지 않게 부정적 영향을 미치게 될 것이라는 점은 분명합니다. 어쩌면 브렉시트는 유럽이라는 큰 경제·금융 시스템에 설치된 시한폭탄이 보내는 '신호'일 수도 있습니다.

어디로 튈지 모르는 트럼프노믹스, 방심하다간 큰코다친다

2016년은 유난히 예상을 뒤엎는 정치 이벤트가 많은 해였습니다. 6월 말의 브렉시트에 이어, 11월 9일에는 제45대 미국 대통령 선거에서도 불가능이라 여겼던 일이 현실이 되었습니다. 이날 미국 대선에서 도널드 트럼프(공화당)가 힐러리 클린턴(민주당)을 물리치고 대통령에 당선되면서, '트럼프 시대'의 서막을 알렸습니다.

선거 직전까지 우리나라를 포함한 전 세계는 힐러리의 승리를 예상했습니다. 심지어 공화당까지 트럼프에 등을 돌렸으니까요. 미국 현지의 거의 모든 언론에서 그가 집권하면 국제정치 질서가 파괴되고, 금융시장이 큰 혼란에 빠질 것이라고 경고했습니다.

이런 분위기는 선거 직전까지 이어졌습니다. 선거 당일 아침까지도 미국 CNN 방송은 "힐러리의 당선 확률이 91%로 높아졌다"고 보도했습니다.

결과는 트럼프의 승리로 끝났습니다. 예상 밖의 결과에 한국 증시를 포함한 아시아권 증시는 3% 이상 폭락했습니다. 트럼프 당선 직후 국내외 언론에서는 세계경제 질서가 무너질 것이라며 비관적인 보도를 쏟아냈지요.

그러나 시장은 이런 호들갑을 비웃듯 다음 날부터 빠르게 회복해 나갔습니다. 트럼프 당선 직후부터 미국 다우지수와 S&P 500은 오름세로 돌아서 연일 사상 최고치를 경신해 나갔습니다. 그러자 이번에는 '트럼프 랠리'라는 말이 생겨났습니다. 트럼프의 공격적인 투자 정책이 고용 확대와 경기 회복에 도움이 될 것이라는 해석도 뒤따랐습니다. 하루아침에 공포가 희망으로 바뀌어 버린 겁니다.

그렇게 두려워했던 '트럼프 당선'이라는 리스크가 하루아침에 사라져 버린 걸까요? 그렇지 않습니다. '트럼프 월드'는 여전히 금융시장에 시계 제로의 불확실성을 던져 줄 핵폭탄급 변수입니다.

자, 우리는 여기서 시장의 작동 원리 가운데 중요한 한 가지를 또 발견할 수 있습니다. 트럼프 당선이나 브렉시트처럼 예상하지 못했던 리스크가 폭탄이 되느냐, 아니면 '찻잔 속 태풍'에 그치느냐는 바로 당시 시장에 거품이 존재하는지에 달려 있습니다.

앞으로 더 자세히 설명하겠지만, 금융위기라는 것은 대중이 만들어 낸 거품이 무너져 내리면서 발생하는 것입니다. 거품이 없으면, 악재가 와도 시장은 잘 무너지지 않지요.

진정한 시장 붕괴는 대중 투자자들의 쏠림이 만들어 낸 큰 거품이 존재하는 상황에서 발견됩니다. 그렇지 않은 상태에서 닥치는 외부의 돌발 악재는 단기간의 충격에 불과합니다.

시장에 거품이 없다는 것은 개인 투자자들보다는 상대적으로 이성적인 전문 투자자들이 주류를 차지하고 있다는 것을 의미합니다. 전문 투자자들은 이런 정치 이벤트가 단기적이며 시장은 금방 회복된다는 사실을 잘 알고 있지요. 그래서 시장이 크게 흔들리지 않고 곧 제자리를 찾아갑니다.

만약 트럼프 당선 시점에 욕망을 가진 개인 투자자들이 증시에 거품을 잔뜩 만들어 놓은 상태였다면 순식간에 시장이 붕괴되면서 엄청난 패닉을 몰고 왔을지도 모릅니다.

일단 현재로서는 트럼프 대통령의 집권이 금융시장에 미치는 영향은 크지 않은 듯합니다. 그러나 브렉시트가 그렇듯, 트럼프가 앞으로 보여줄 '트럼프노믹스'가 어떤 형태로 금융시장에 영향을 미칠지는 알 수 없습니다.

트럼프 대통령은 집권 이후 공격적이고 도발적인 경제정책을 펼칠 것으로 전망됩니다. 전문가들은 그가 '다시 미국을 위대하게Make

America great again'라는 캐치프레이즈를 내걸고 당선된 만큼, 자국 중심의 경제정책을 펼치면서 '반세계적'으로 나아갈 가능성이 매우 크다고 보고 있습니다. 이런 보호무역 기조와 더불어, 트럼프 집권 이후의 급격한 금리 인상 가능성도 세계 금융시장을 불확실성의 소용돌이로 몰아넣을 것으로 보입니다.

트럼프와 공화당은 미국중앙은행의 저금리 정책을 꾸준히 비판해왔습니다. 트럼프가 이런 기존의 생각을 뒤집지 않는다면, 미국 기준금리가 예상보다 빠른 속도로 인상될 가능성도 배제할 수는 없습니다. 미국의 금리 인상은 다양한 경로로 국제 금융시장에 큰 충격을 가져올 것이고, 우리나라 역시 예외일 수 없습니다.

앞으로 트럼프의 집권기에 나타날 일련의 변화가 2008년 금융위기 이후 금융시장의 역사에 기록될 큰 사건을 만드는 계기가 될 수도 있습니다. 부시 대통령 시절인 2001년 실시된 서민주택정책이 서브프라임 모기지 사태의 단초를 제공했던 것처럼 말이죠.

트럼프 시대 초기에는 무역·외교·안보는 물론 세계 금융시장에 지대한 영향을 미치는 미국 통화·금융 정책의 불확실성이 매우 커질 것으로 보입니다. 어디로 튈지 모르는 '트럼프노믹스'가 금융시장에 어떤 변화를 몰고 올지 관심을 가지고 지켜볼 필요가 있습니다.

Chapter
2

메가톤급 위기를 불러올 금융위기 시나리오

미국에서 발사한 '금리 인상' 미사일

여기서부터는 잠시 글로벌 금융시장에 메가톤급 위기를 불러올 수도 있는 몇 가지 시나리오에 대해 추가로 살펴보려고 합니다. 지금부터 소개할 내용은 제가 증권시장을 취재하면서 만났던 전문가들이 공통적으로 "초대형 금융위기의 원인이 될 수 있다"고 지목한 이슈입니다. 언제 터질지 모르는 시한폭탄이라고 할 수 있지요.

크게 다섯 가지 이슈로 요약할 수 있습니다. 첫째는 미국의 금리 인상, 둘째는 중국발 금융위기 시나리오, 셋째는 유럽 금융 시스템 붕괴, 넷째는 유가 불안, 마지막은 우리나라의 가계 부채 문제입니다.

물론, 위기의 원인이 정확히 여기서부터 시작된다고 단정 지을 수는 없습니다. 그렇지만 이 문제들은 우리가 재테크 골든타임으로 가는 여정에서 충분히 맞닥뜨릴 수 있는 폭탄입니다. 이런 이슈의 파괴력을 가늠해 보는 것은 충분히 의미 있는 일입니다. 재테크와 시장 동향에 관심이 많은 투자자라면 적어도 다음 다섯 가지 이슈에 대해서는 꼼꼼히 체크해 볼 것을 추천합니다.

10년마다 반복된 금리 인상과 금융위기

2015년 12월 16일, 세계 금융시장의 역사를 새로 쓸 사건이 지구 반대편에서 일어났습니다. 미국중앙은행인 연방준비제도Federal Reserve System, FRS, 연준가 기준금리에 해당하는 연방기금금리를 0.00~0.25%에서 0.25~0.50%로 높인 것이죠. 이날은 미국 정부가 2008년 금융위기 이후 7년 동안 이어 갔던 제로 금리 정책의 종언을 고한 날입니다.

미국의 금리 인상 소식이 전해졌지만 그날 국내외 주식시장은 의외로 차분했습니다. 언론 매체와 증권사의 전문가들은 "연준에서 금리 인상에 대한 신호를 지속적으로 주면서 리스크가 시장에 반영되었기 때문"이라고 분석했습니다. 그리고 "현재로서는 향후 추가로 금리 인상이 이어지더라도 시장은 무덤덤하게 반응할 가능성이 높아 보인다"라는 해석도 덧붙였지요.

그로부터 1년이 지난 2016년 12월 14일, 연준은 기준금리를 한 차례 더 올려 0.50~0.75%로 상향 조정하면서 본격적인 금리 인상 시대의 서막을 열었습니다.

금리 인상은 눈에 보이지 않는 금융시장 깊숙한 곳에서부터 서서히 변화를 유발하기 때문에 현재로서는 그 위력을 가늠할 수 없습니다. 한 가지 분명한 사실은 미국의 금리 인상이 앞으로 전 세계 금융시장의 조류를 크게 바꿔 놓을 것이라는 점입니다.

미국이 세계 제일의 패권 국가인 만큼 금리 인상은 다양한 경로로 금융시장에 영향을 미치게 될 것입니다. 긍정적인 영향보다는 부정적인 영향을 미치게 될 가능성이 더 큽니다.

우선 미국의 금리 인상은 심리적으로 투자자들을 위축시키고 있습니다. 그뿐 아니라 우리나라를 포함한 신흥국에 투자되었던 돈이 빠져나와 금리가 높아지는 미국으로 급격히 이동하는 대규모 자본 유출을 야기할 것으로 보입니다. 자본 유출을 막으려면 미국을 따라서 금리를 올려야 하는데, 그럴 경우 정부·가계 부채에 시달리는 나라들은 이자 부담이 급격히 커져 경제 활력이 크게 떨어지는 상황이 되지요. 한마디로 진퇴양난에 놓이게 되는 것인데, 현재 한국은행도 이런 딜레마에 빠져 있습니다.

미국의 금리 인상은 실제로 돈을 굴리는 전문 펀드매니저들에게도 가장 큰 고민거리입니다. 앞으로 닥칠 금리 인상기가 금융시장에 어떤 변화를 초래할지 알 수 없기 때문이죠. 2008년부터 진행되어 온 금리 하락 사이클이 끝나면서, 그들 역시 앞으로 당분간 이어질 금리 인상기에 투자 전략을 어떻게 설정해야 할지 대책 마련에 분주한 상황입니다.

경계하라, '금융위기 10년 주기론'

지난 2016년 연말부터 여의도 증권가에서 심상치 않게 오르내리는 용어가 있습니다. 바로 '금융위기 10년 주기론'입니다. 대형 시장 붕괴를 초래하는 위기가 10년마다 반복되었다는 이론이죠.

이 이론에 대해서는 의견이 분분합니다. 일정한 주기를 가지고 순환하는 시장의 '사이클'을 고려하면 충분히 가능한 시나리오라고 이야기하는 전문가들이 있는 반면, '우연하게 주기적으로 찾아온 금융시장 붕괴에 이론을 가져다 붙인 황당한 예언'으로 취급하는 사람들도 물론 있습니다.

이 금융위기 10년 주기론을 어떻게 받아들이느냐는 당신의 판단에 맡기겠습니다. 다만 과거 큰 폭의 시장 붕괴와 미국 금리 사이에 관련된 한 가지 재미있는 현상이 발견되었습니다. 꼭 참고할 필요가 있어 보입니다.

우연의 일치인지는 모르겠으나 최근 30년간 금융시장의 역사를 보면, 10년 단위로 대형 금융위기가 한 번씩 나타났습니다. 이렇게 주기적으로 나타나는 위기가 사람들이 이야기하는 금융위기 10년 주기론의 근거이기도 하지요. 이보다 더 주목할 부분은 이러한 대형 시장 붕괴가 미국 금리 인상 시기에 나타났다는 점입니다.

한번 살펴볼까요. [그림3]은 미국의 기준금리에 해당하는 미국 연방기금금리의 추이를 나타낸 자료입니다.

먼저, 1986년 시점을 보면 그해 10월 연방기금금리는 5~6% 수

■ 그림3. 미국 연방기금금리 추이(단위: %)

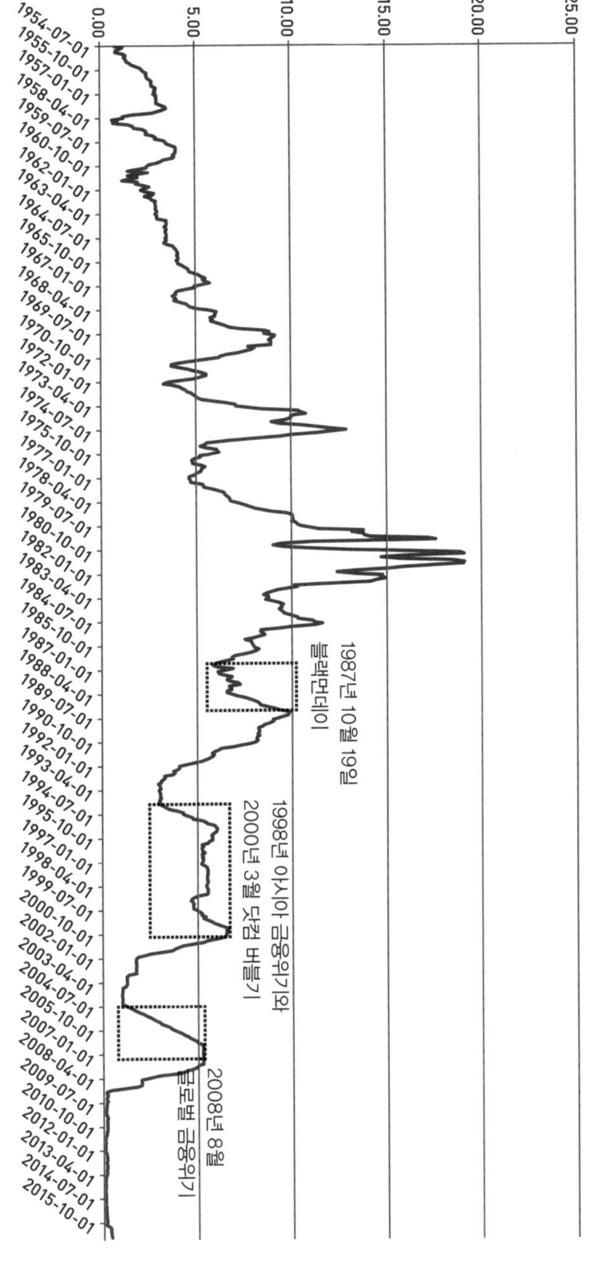

• 자료: 미국세인트루이스연방은행

준에 머물다가 그 이후부터 다시 급격히 오르기 시작해 약 3년간 오름세를 보입니다.

연방기금금리가 오름세로 돌아서고 1년 정도 지난 1987년 10월 19일 월요일, '블랙먼데이Black Monday'로 기억되는 대규모 폭락 사태가 일어났습니다. 당시 미국 뉴욕 증시는 사상 최악의 폭락 사태를 맞았습니다. 미국 다우지수는 블랙먼데이 하루 만에 22% 폭락했고, 그해 연말까지 약세를 이어 갔습니다. 이날까지 사상 최고치를 기록하면서 누구도 폭락을 예상하지 못했던 터라 혼란은 더 컸습니다.

10년 뒤인 1997년에는 아시아 금융위기가 터졌습니다. [그림3]에서 볼 수 있듯이, 아시아 금융위기 역시 연방기금금리가 오르는 구간에서 발생했습니다. 연방기금금리는 2000년대 초 닷컴 버블까지 터지고 나서야 다시 하락세로 접어들었습니다.

다시 이로부터 10년 뒤인 2008년, 글로벌 금융위기가 터졌습니다. 금융위기 역시 연방기금금리가 오름세로 접어든 지 약 3년 후에 나타난 일입니다.

이렇게 과거를 되짚어 보면 금융시장의 붕괴는 미국이 정책금리를 가파르게 올리는 구간에서 발생했다는 사실을 확인할 수 있습니다. 사실 이런 대규모 금융위기가 반드시 미국의 연방기금금리 상승 때문이라는 직접적 증거를 대기는 어렵습니다. 다만, 금리라는 것이 워낙 광범위하게 금융시장에 영향을 미치기 때문에 다양한 경로로 시장 환경을 변화시켜 어느 지점에서 금융시장 붕괴를 촉발했다고 추정해 볼 수 있을 뿐입니다.

2018년은 2008년 금융위기가 발생한 지 10년이 되는 해입니다. 그와 더불어 2015년 말부터 미국의 금리 인상은 속도를 내고 있습니다. 앞서 대규모 시장 붕괴가 나타났을 때와 비슷한 환경이 된 겁니다.

미국에서 쏘아 올린 금리 인상 미사일은 금융시장으로 떨어져 어떤 형태로든 변화를 일으킬 것입니다. 어쩌면 지금까지 살펴본 금융시장 붕괴의 역사는 앞으로 도래할 금융위기가 우리에게 주는 '신호'일 수 있습니다.

중국발 금융위기, '설마'가 현실이 된다면

우리나라 금융시장의 미래와 향후 재테크 전략에 지대한 영향을 끼칠 것으로 예상되는 두 번째 변수는 옆 나라 중국 경제와 금융시장입니다. 중국은 세계 2위의 경제 대국입니다. 중국에서 문제가 발생한다면, 인류가 금융시장을 탄생시킨 이래 최악의 금융위기를 맞게 될지 모릅니다.

그렇다면 중국발 금융위기의 가능성이 어느 정도인지 살펴보겠습니다. 시장경제를 본격적으로 받아들이고 약 25년간 중국 경제는 놀라운 속도로 성장했습니다. 2016년 말 중국의 1인당 국민소득(GDP 기준)은 8280달러로 거의 1만 달러대에 도달했으며, 상하이, 선전, 베이징, 광저우 등 주요 도시의 1인당 소득은 1만 5000달러를 넘어

섰습니다. 워낙 인구가 많아서 아직 선진국에 견주면 1인당 소득이 낮은 편이지만, 국가 전체의 경제 규모는 미국을 빠르게 추격하고 있습니다.

IMF의 발표에서 2016년 4월 기준 전 세계 국내총생산GDP 순위를 보면 미국이 18조 5581억 달러로 1위를 기록했고, 이어 중국이 11조 3830억 달러로 2위입니다. 한때 미국에 이어 제2위의 경제 대국이었던 일본의 GDP는 4조 4126억 달러 수준으로 중국의 절반에도 못 미치는 신세가 되었지요. 중국은 미국과 함께 명실상부한 'G2Great 2' 경제 대국입니다.

모두가 두려워하지만, 현실성 없다는 중국 위기

이렇듯 빠른 성장의 이면에는 당연히 부작용이 있게 마련입니다. 현재 중국은 극심한 빈부 격차와 공무원들의 부정부패로 몸살을 앓고 있습니다. 천정부지로 치솟는 부동산 과열, 과도하게 커진 기업과 민간 부문 부채, 그리고 이에 따른 금융기관 부실화 역시 심각한 수준입니다.

여러 문제 중에서도 가장 우려되는 상황은 그동안 중국 경제를 지탱해 온 막대한 부채 폭탄이 터지는 것입니다. 빚에 허덕이는 가계와 기업이 일시에 신용경색에 빠지고, 연달아 금융기관이 마비되는 전형적인 금융위기 시나리오입니다.

이와 관련해 영국의 저명한 경제 전문지인 〈이코노미스트The

Economist〉는 2016년 5월 중국에 관해 주목할 만한 분석 기사를 게재했습니다. 〈이코노미스트〉는 중국 경제의 붕괴가 사실상 예견되어 있으며, 시간문제일 뿐이라고 보도했습니다.

"2015년 중국 정부와 민간의 부채 규모는 GDP의 260% 수준으로, 2008년(150%)에 비해 10년도 지나지 않아 2배 가까이 급증했다. 부채 규모가 이 정도 수준으로 급격하게 늘어난 나라 가운데 금융위기를 피한 곳은 없다."

실제로 중국의 GDP 대비 부채 비율은 금융위기나 재정위기를 겪었거나 겪고 있는 나라들의 수준을 크게 웃돌고 있습니다. 2008년 금융위기 당시 미국의 GDP 대비 부채 비율은 230% 수준이었고, 정부 부채로 허덕이는 유럽 국가의 GDP 대비 부채 비율도 228% 수준으로 중국보다 낮습니다.

중국의 부채 규모가 급격히 늘어난 것은 정부가 2008년 금융위기 이후 경기 부양을 위해 은행권 대출 규제를 완화했기 때문입니다. 도시로 쏟아지는 사람들에게 주택 마련 기회를 주기 위해 중국 정부는 은행 문턱을 낮췄고, 경기를 부양하기 위해 설비투자 목적의 기업 대출도 적극 장려했지요.

그 결과 상하이, 난징 등의 주요 도시에서 내 집 마련을 위해 은행 문을 두드리는 사람들의 발길이 끊이지 않고 있습니다. 현재 중국에서는 민간 금융기관(그림자 금융)과 은행의 주택담보대출 등을 조달하면 자기 돈을 거의 쓰지 않고 집을 마련할 수 있습니다. 서브프라임 사태가 터지기 전 미국에서 저신용자의 주택 구매 수요가 폭증해 집값이 올랐던 것과 비슷한 상황이 벌어지고 있는 것이죠.

가계뿐만 아니라 기업들이 은행을 통해 빌려다 쓴 돈의 규모도 계속 늘어 2014년 기업 부채는 103조 위안, 한화로 약 1경 7000조 원에 달한다고 합니다.

2009년 중국 정부는 한화 700조 원가량을 쏟아부어 경기 부양을 시도했지만 이 돈은 철강과 조선 등 이미 포화 상태인 기업들의 생산 설비 투자로 흘러 들어갔고, 결국 제조업 과잉 생산 구조를 만들어 냈습니다. 사실상 경기 활성화 효과를 내지 못하고 돈만 낭비한 셈이죠. 그뿐 아니라 은행에서 돈을 빌려 기업 활동을 한 회사들의 방만·부실 경영으로 국유 기업 가운데 상당수가 이자도 제대로 내지 못하고 있는 실정이라고 합니다.

이렇게 민간과 기업에 대출을 늘리면서 은행의 외형은 크게 불어났습니다. 중국 은행의 자산은 30조 달러로 추정되는데, 전 세계 GDP의 40%에 육박하는 금액입니다. 어마어마한 양이죠. 만약 중국 금융권이 흔들리게 된다면 세계 금융시장에 충격이 올 수밖에 없습니다.

대출을 늘렸는데 중국의 성장률은 계속 둔화되면서 빌려 준 돈이 연체되는 대출금 '부실화'가 진행되고 있습니다. 2015년 3분기를 기준으로 중국 은행의 부실채권 규모는 2조 위안(한화 약 366조 원) 정도인 것으로 알려져 있긴 한데, 중국 정부는 은행권의 부실채권 규모

■ 주요 글로벌 투자기관의 중국 은행 지분 매각 현황

금융기관	내용	매각 금액
도이치뱅크(독일)	화샤은행(Hua Xia Bank) 지분 19.99% 매각	32~37억 유로
BBVA은행(스페인)	중국 중신은행(China Citic Bank) 지분 4.9% 매각	15억 유로
	중국 중신국제금융투자(Citic Int'l Financial Holdings) 지분 29.7% 매각	8억 5000만 유로
뱅크오브아메리카(미국)	중국 건설은행(China Construction Bank) 지분 20% 매각	241억 달러
골드만삭스(미국)	중국 공상은행(ICBC) 지분 4.9% 매각	97억 달러
씨티은행(미국)	중국 광파은행(China Guanfa Bank) 지분 20% 매각	30억 달러
스탠더드차타드은행(영국)	중국 농업은행(Agricultural Bank of China) 지분 매각 예정	–

• 자료: 하나금융경영연구소, 〈파이낸셜 타임스〉, 〈월 스트리트 저널〉 등

에 대해서는 아직도 정확한 통계자료를 확보하지 못하고 있는 상태라고 합니다.

이미 2015년에 중국의 성장률은 7%대가 붕괴되었고, 향후 성장률 둔화가 장기화될 것이라는 전망이 많습니다. 만약 경기 둔화를 견디지 못하고 가계와 기업이 줄줄이 채무불이행 상태에 접어들게 되면, 중국 금융 시스템은 일대 혼란으로 빠져들 겁니다.

이미 글로벌 투자기관들은 중국 금융권에 투자한 자금을 회수하는데 속도를 내고 있습니다. 심상치 않은 징후를 감지하고, 문제가 수면위로 드러나기 전에 대비하겠다는 의도겠지요.

그러나 이런 시나리오가 지나치게 과장됐으며, 중국발 금융위기론은 '현실성 없는 이야기'라고 하는 전문가들도 있습니다.

"중국의 부채 문제와 부동산 거품 현상은 아직 통제 가능한 수준이며, 설사 문제가 발생한다고 해도 중국의 강도 높은 통제로 위기를 제어할 수 있다."

공산당 중앙정부의 재정 능력과 통제력을 고려하면 현재 중국의 부채 문제가 금융 시스템을 망가뜨릴 정도로 진행될 가능성은 크지 않다고 보는 것입니다. 실제로 중국식 시장경제는 시장의 원리에 의해 작동하긴 하지만 여전히 정부의 개입과 통제가 심한 구조입니다. 그러나 이런 정치적 시스템이 과연 시장을 완벽하게 제어할 수 있을까요? 중국 위기는 정말로 현실성이 없는 것일까요?

2015년 6월 중국 증시의 거품이 붕괴되면서 반토막이 넘는 폭락을 거듭하자 중국 정부가 증시 부양을 위해 안간힘을 썼습니다. 그러나 결국 증권시장의 붕괴를 막아 내지는 못했습니다. 이렇게 증권시장조차 제어하지 못했던 중국 정부가 거대한 금융 시스템의 붕괴를 통제할 수 있다는 주장을 액면 그대로 믿어도 될지 모르겠습니다.

시장의 움직임은 하나님도 다스리지 못한다는 말이 있지요. 그만큼 시장의 움직임을 예측하거나 인간이 의도하는 방향으로 이끌기 어렵다는 말입니다.

어떤 위대한 인간도 거대한 자연의 대재앙 앞에서는 무력한 존재가 되고 말지요. 중국 공산당 정부가 시장을 통제할 수 있다는 주장은 마치 인간이 거대한 자연과 싸워 이길 수 있다고 생각하는 것이나 마찬가지입니다. 아무리 중국 정부가 고도의 통제력을 가지고 있더라도 재앙과 같은 금융 시스템 붕괴를 막아 낼 수는 없을 겁니다.

중국 정부가 위기를 잘 추스른다고 해도, 일단 문제가 수면 위로 올라오면 그 자체만으로도 세계 금융시장은 불확실성의 소용돌이로 빨려 들게 되겠지요. 증시는 말할 것도 없고 외환, 금리(채권), 원자재 등 금융시장에 일대 혼란이 초래될 가능성이 큽니다. 그 파급효과는 아마 무엇을 상상하든 그 이상이 되겠지요.

유럽 대륙에서 나타나는 금융위기의 신호

이번에는 중국에서 유럽 대륙 쪽으로 눈을 돌려 보겠습니다. 유럽 역시 중국 못지않게 전 세계 금융시장을 '암흑의 세계'로 내몰 수 있는 파괴력을 가지고 있습니다. 이 지역의 경제는 한마디로 요약하면 '사공이 많아 배가 산으로 가고 있는' 상황이죠. 좀처럼 좌표를 잡지 못한 채 표류하고 있습니다.

일단 유럽 지역의 문제는 크게 세 가지로 압축됩니다.

첫째는 〈브렉시트가 소환한 금융 재앙의 공포〉(35쪽)에서 살펴본 EU 국가들의 정치적 문제입니다. 유럽 국가들 사이에서 EU나 유로존Euro Zone 등 유럽 공동체에 대한 불신과 불만이 쌓이면서 유럽 대륙의 '화합'에 균열이 발생하고 있습니다. 2016년 6월 말 '브렉시트'가 떠오르기 전 2011년에는 그리스가 유로존 탈퇴를 시도한 '그렉시트 Grexit'가 있었지요.

유럽 대륙에서 이런 정치 이벤트가 발생할 때마다 국제 금융시장은 몸살을 앓고 있습니다. 최근에는 이탈리아 정치권에서 '이텍시트 Itexit'를 주장하는 세력도 나타났지요. EU 회원국의 탈퇴 움직임은 계속 나타날 텐데, 그때마다 유럽 공동체의 균열 가능성을 부각하면서 불확실성을 키울 것으로 보입니다.

둘째는 EU의 노력에도 좀처럼 개선되지 않는 경기 침체 문제입니다. EU의 핵심 국가라고 할 수 있는 독일과 프랑스 등은 경제성장률이 거의 제로에 머물러 있으며, 스페인과 포르투갈 등도 1% 미만의 낮은 성장률을 보이고 있습니다. '혼수상태'인 그리스는 성장이 완전히 멈춰 버린 상태입니다.

EU의 중앙은행인 유럽중앙은행European Central Bank, ECB은 경기 활성화를 위해 기준금리를 제로로 낮춘 데 이어, 급기야 2014년 6월에는 처음으로 마이너스 금리까지 도입했습니다. 마이너스 금리란 쉽게 말해 은행에 돈을 예치하면 이자를 주는 것이 아니라 오히려 은행이 보관료를 받아 가는 것입니다. 은행으로 들어올 돈을 투자와 소비로 유도해 억지로라도 돈이 돌게 하려는 초강수를 둔 겁니다. 그래도 침체된 경기는 살아날 기미조차 보이지 않습니다. 유럽 역시 점차 일본식 장기 불황의 길을 걸어가고 있다고 보는 전문가들이 많습니다.

셋째는 유럽 은행권의 부실입니다. 가장 심각한 문제이기도 합니다. ECB가 마이너스 금리를 도입하면서 유럽 주요국 은행 가운데 상당수는 심각한 수익성 부진을 겪고 있습니다. 은행들은 주로 예금금리와 대출금리의 차이인 '예대마진'을 주요 수익원으로 삼는데, 마이너스 금리로 대출금리가 크게 떨어져 돈을 벌기가 어려워진 상황에 처하게 된 겁니다.

경기 부양을 위한 ECB의 금리정책이 금융기관을 고사시키는 결과를 초래하고 있는 것인데, 현재 많은 유럽 은행이 수익성 부진에 시달리면서 '좀비Zombi' 상태로 전락해 가는 실정입니다.

좀비가 되어 가는 유럽 주요국의 금융기관

유럽 은행의 부실은 금융 시스템의 붕괴를 초래하는 대형 위기로 발전할 가능성이 있어 예의 주시해야 합니다. 예금이나 투자로 돈을 벌지 못한 은행들이 무리한 대출 업무를 늘려 왔는데, 이렇게 빌려 준 돈 가운데 회수할 수 없게 된 부실채권Non Performing Loan, NPL*이 많아지고 있기 때문이죠.

2016년 상반기를 기준으로 유럽 은행권이 보유한 부실채권 규모는 1조 3000억 달러, 한화로 약 1500조 원에 이르는 것으로 추정됩니다. 2008년 글로벌 금융위기의 주범인 미국 금융기관들이 서브프라임 모기지비우량 주택담보대출로 대출한 금액 약 1조 달러(한화 약 1100조 원)보다도 큰 금액이죠.

■ **그림4. 유럽 주요국 금융권의 부실채권 비율**(2015년 말 기준. 단위: %)

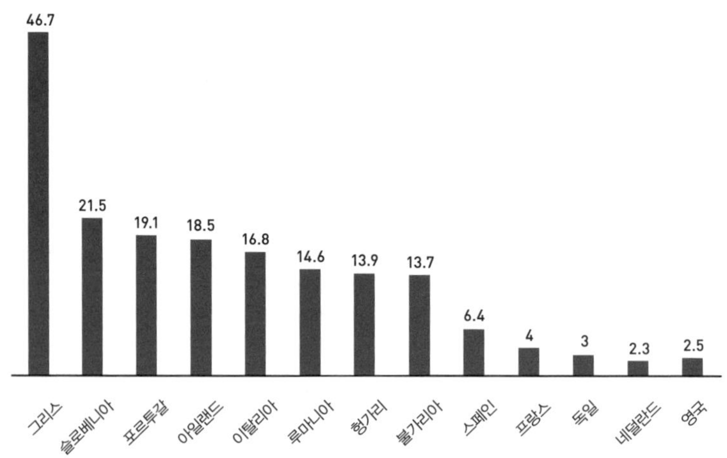

• 자료: 유럽은행감독청

이 중 유럽 최대 은행인 독일계 도이치뱅크Deutsche Bank는 유럽 금융기관 가운데 가장 위험한 폭탄이 되었습니다. IMF는 2016년 도이치뱅크를 주요 금융회사 가운데 가장 위험한 은행으로 지목하기도 했습니다.

도이치뱅크는 1870년에 설립된 은행입니다. 한때 세계 8대 투자은행Investment Bank, IB으로 성장했던 역사와 전통을 가진 금융기관이죠. 그러나 현재 도이치뱅크의 신용은 'BBB+'등급으로 추락했습니다. 우리나라 주요 은행들의 신용등급(AA~A등급)보다 한참 낮은 신세로 전락해 버렸습니다.

2016년 2월에는 도이치뱅크의 파산설이 나돌기까지 했습니다.

2015년 도이치뱅크가 68억 유로(한화 약 8조 7000억 원)에 이르는 천문학적 손실을 낸 데다, 자본금 확충을 위해 발행한 채권(코코본드*)에 대한 이자의 지급불능 가능성이 제기되면서 주가가 폭락했습니다. 당시 유럽에서는 도이치뱅크발 금융위기 시나리오까지 언급되었습니다.

투자자들이 대규모 손실과 이자지급 불능보다 주목한 것은 도이치뱅크가 보유한 파생상품이었습니다. 이름만 들어도 무시무시한 파생상품, 2008년 리먼브라더스를 파산으로 몰고 간 주범이기도 합니다.

도이치뱅크 등의 유럽 은행들은 ECB의 저금리 정책 때문에 예금과 대출 등의 기존 은행 업무로 돈을 벌 수 없게 되자 파생상품 시장에 적극적으로 뛰어들었습니다. 도이치뱅크를 포함한 유럽 은행들은 주로 원자재 가격이나 에너지 기업의 채권을 기초로 만든 파생상품을 취급한 것으로 알려져 있습니다.

파생상품은 구조가 매우 복잡하지만, 쉽게 설명하면 기초자산의 가격 변동 등을 조건으로 일종의 도박을 하는 것입니다. 원자재 관련 파생상품을 예로 들면, 미래 원자재 가격을 정해 놓고 이보다 오를지 내릴지에 대해 베팅하는 것이죠.

글로벌 금융위기 당시에는 미국계 투자은행들이 팔았던 서브프라임 모기지와 관련한 파생상품이 문제가 되었습니다. 당시 미국 금융기관들이 더 많은 돈을 벌기 위해 서브프라임 모기지와 관련한 고위험 파생상품을 마구 만들어 팔았던 것이 재앙의 씨앗이 되었지요.

결국 서브프라임 모기지가 지급불능 상태가 되자 이를 기초로 만들었던 신용 파생상품, 즉 부채담보부증권Collateralized Debt Obligation, CDO과 대출채권담보부증권Collateralized Loan Obligation, CLO, 신용부도스와프Credit Default Swap, CDS 등이 연쇄적으로 터지면서 엄청난 규모의 금융위기를 불러일으켰습니다. 당시에도 미국 투자은행들은 자신들이 만들어 낸 서브프라임 모기지와 관련한 파생상품의 규모조차 파악하지 못했습니다.

도이치뱅크가 보유한 파생상품 관련 자산 규모 역시 정확하게 파악되지 않고 있는 상태입니다. 파생상품은 특성상 재무제표(장부)에 기록되지 않는 '부외거래'가 많아 제대로 드러나지 않기 때문이죠.

도이치뱅크가 보유한 파생상품 자산 규모는 50조 달러, 많게는 100조 달러 이상으로 추정만 되고 있습니다. 2016년 기준 독일 GDP가 3조 4000억 달러인 점을 고려하면 국가 GDP보다 10~30배가량 많은 규모입니다.

도이치뱅크가 제2의 리먼브라더스가 될 수도 있다는 우려가 나오고 있는 것도 이런 이유 때문입니다. 이미 2016년 7월 도이치뱅크의 부도 위험을 나타내는 지표(CDS 프리미엄)는 2011년 유럽 재정위기 당시의 수준에 육박했습니다. 이는 주요 글로벌 금융기관 가운데 가장 높은 수치입니다.

앞서 글로벌 금융위기가 준 교훈에도 불구하고 비단 도이치뱅크뿐 아니라 대부분 유럽 금융권이 이 같은 파생상품 거래를 해온 것으로 파악됩니다. 최악의 상황은 파생상품으로 도이치뱅크 등의 유럽 대형 은행들이 도산하게 되는 시나리오입니다. 이 경우 2008년의 금융위기 못지않은 엄청난 후폭풍을 몰고 올 것으로 예상됩니다.

에너지 혁명이 예고하는 금융 쇼크

또 주목해야 할 이슈는 국제 유가입니다. 유가는 국제 금융시장과 밀접한 관계를 가지고 움직이죠. 최근 유가 움직임이 말 그대로 심상치 않은 상태입니다. 유가의 움직임은 단순히 금융시장에 혼란을 초래하는 것을 넘어 자칫 그 이상의 재앙을 몰고 올 수 있는 변수이기 때문에 주목해야 합니다.

인류의 문명은 석유의 발견과 함께 급속도로 발전했습니다. 증기기관의 발명으로 말미암은 산업혁명과 본격적인 공업 시대의 시작은 석유가 있었기에 가능했지요. 인류는 석유 문명을 개척하기 시작한 이래 매년 어마어마한 양의 석유를 뽑아 쓰고 있습니다.

불과 10~20년 전만 해도 석유 소비량을 줄이지 않으면 가까운 미래에 석유 자원이 고갈될 것이라는 예측이 매년 나왔습니다. 석유에 대한 의존도가 높아질수록 인류는 언젠가는 고갈될 에너지인 석유의 대체재를 고민해 왔습니다.

인류는 석유 자원 고갈을 우려하면서도 석유 사용량은 계속 늘려갔습니다. 그런데 재미있는 사실은 인류의 걱정과는 달리 매년 발표되는 석유 매장량은 오히려 늘고 있다는 것입니다. 기술 발전 덕분에 기존에는 확인되지 않았던 지표면 아래 석유 자원의 존재가 발견되고 있기 때문이죠.

물론 확인되는 매장량이 늘어나는 것일 뿐 어쨌든 석유는 한정된 자원이기 때문에 지금처럼 계속 쓰다 보면 언젠가 고갈될 것은 분명합니다. 석유가 모두 고갈되는 것은 언제일지, 인류가 쓸 수 있는 매장량이 실제로 얼마인지는 아직까지도 수수께끼입니다.

기술 발전이 금융시장을 뒤흔드는 모순

다행히도 석유 자원이 소모되는 속도보다는 인류의 에너지 기술 개발 속도가 더 빠릅니다. 석유를 대체할 에너지원이 속속 발견되고, 이를 경제적으로 채굴할 기술 개발이 이루어지면서 이제 석유 고갈을 인류의 위협으로 여기는 사람들은 거의 없어졌습니다.

신문이나 TV 뉴스, 경제 채널을 즐겨 보는 분이라면 '오일샌드' 또는 '셰일오일' 이야기를 들어 보았을 겁니다. 이런 에너지 자원을 '비전통 석유가스'라고 하는데, 석유를 대체할 에너지원으로 주목받고 있지요.

비전통 석유가스 자원은 점토나 모래 등에 원유가 5~15%가량 함유된 '오일샌드Oil Sand'나 모래와 진흙이 퇴적된 이른바 '셰일층'에 매장되어 있는 '셰일가스Shale Gas' 등을 말합니다. 이런 비전통 석유가스는 매장량이 막대하지만 채취하는 데 너무 많은 비용이 들어 존재가 무의미했습니다. 그러나 기술의 발전으로 채산성이 높아지면서 인류가 석유로부터 독립할 시점을 앞당기고 있지요.

에너지 혁명은 미국을 중심으로 진행되고 있습니다. 2008년 금융위기 이후 미국은 차세대 산업으로 비전통 석유가스, 셰일 에너지 산업 육성에 투자해 왔고 그 성과를 보고 있지요. 미국의 경기회복을 '셰일' 투자에 의한 일자리 창출과 제조업 부흥, 가계소득 상승과 소비 증가라는 선순환의 결과로 보는 전문가들도 많습니다.

아직까지 이 자원을 경제적으로 활용할 수 있는 기술력을 갖춘 나라는 미국이 유일합니다. 기술이 더 발전하면 언젠가는 미국뿐 아니라 다른 많은 나라도 석유에서 벗어나 셰일 에너지를 쓰는 날이 도래하겠지요.

석유로부터 벗어나는 에너지 혁명은 인류에게 큰 축복이라고 볼 수 있습니다. 특히 석유 한 방울 나지 않는 나라에는 더욱 그렇겠지요.

그러나 아이러니하게도 이러한 기술 발전이 금융시장에 미치는 영향은 긍정적이지만은 않습니다. 에너지 혁명이 가속화될수록 석유 가격은 떨어질 것으로 예상되는데, 현대 금융시장에서 급격한 유가 하락은 다양한 경로를 거쳐 불안을 야기하기 때문입니다. 기술 발전으로 예상되는 찬란한 미래가 현재로서는 금융시장을 흔드는 모순적 상황인 것이죠. 풍년이 들면, 쌀값이 떨어져 농민들 눈가의 주름이 깊어지는 것과 비슷합니다.

현대 금융시장에서 유가 하락은 동전의 양면으로 볼 수 있습니다. 저유가는 보통 우리나라 같은 무역 중심 경제 국가에 긍정적인 영향을 미치는 것으로 알려져 있지요.

원유를 많이 수입하는 우리나라의 경우 유가가 하락하면 원료 비용이 낮아지므로 국가 전반적으로는 손익계산서(경상수지)가 개선되는 효과를 볼 수 있습니다. 기업은 원재료 가격 하락에 따른 이익 증가 효과를 누릴 수 있고, 가계는 소비 여력이 증가할 여지가 생깁니다. 기업의 이익이 늘고 가계의 소비가 늘면 기업이 공급을 늘리기 위해 투자를 늘리는 등 경기가 계속 호황을 이어 가는 선순환 고리가 형성되는 측면이 있습니다.

그러나 이것은 언제까지나 경기가 호황인 국면에서 해당되는 이야기입니다. 경기가 침체된 국면의 유가 하락은 기업과 투자자 등 모든 경제 주체에게 경기회복에 대한 자신감을 상실하게 만듭니다. 원유의 수요 감소로 말미암은 저유가는 기업의 생산 활동이 정체된 것으로 받아들여지기 때문이죠.

이렇게 되면 기업은 투자를 줄이고 가계는 지갑을 닫습니다. 소비 감소가 생산의 감소로 이어지는 악순환으로 가는데, 이를 '디플레이션'이라고 하지요. 경기 침체의 전형적 현상입니다.

실제로 경기 호황기에는 유가가 꾸준히 오르고, 침체기로 접어들수록 유가가 하락하는 경향이 있습니다. 에너지 기술 발전과는 별개로 저유가가 경제와 금융시장에 부정적인 영향을 미치는 것은 이런 이유 때문입니다.

셰일 vs. 원유의 치킨게임

2014년 중반부터 보였던 국제 유가의 하락세는 눈여겨볼 필요가 있습니다. 원유 시장에 구조적 변화가 시작되었다는 신호탄이 되었기 때문입니다.

2014년 6월 20일 국제 유가 벤치마크(표준가격)인 '서부 텍사스산 중질유[WTI]' 가격이 1배럴(158.9리터)당 106.83달러를 기록한 이후 국제 유가는 하락하기 시작했습니다. 2015년 초에 50달러대가 붕괴될 때까지만 해도 반등할 것이라는 전망이 많았지만, 예상 밖으로 폭락세가 이어져 2016년 2월 12일에는 1배럴당 26.21달러까지 주저앉고 말았지요. 이날 국제 유가는 2003년 5월 이후 13년 만에 최저치를 기록했습니다.

유가가 한창 폭락하던 2016년 초에는 1배럴당 10달러 밑으로 떨어질 거라고 전망하는 금융기관도 나왔습니다. 다행히도 그 후 유가가 소폭 상승해 40~50달러 선에서 등락을 거듭하고 있습니다.

오랜 기간에 걸쳐 고유가와 저유가 시대가 반복되었지만, 전문가들은 이번 저유가가 장기적으로 지속될 가능성이 높다고 전망합니다. 기존 원유 공급 시장에 구조적 변화가 생겼기 때문입니다. 앞서 이야기한 기술의 발전으로 세상에 나오기 시작한 셰일오일, 셰일가스 등의 셰일 에너지 공급량이 늘면서 기존 원유 수요를 대체해 버린 것이죠. 갑자기 원유 공급량이 넘치게 된 것입니다.

반면, 주요 원유 수입국인 중국과 미국 등은 소비를 줄이고 있습니다. 중국의 경우에는 경기가 침체되면서 원유 수입량을 줄였고, 미국은 자체 기술로 개발한 셰일 에너지로 석유 수요를 빠르게 대체하고 있는 것이죠. 특히 셰일 에너지 기술을 확보한 미국은 막대한 셰일 자원으로 자국의 에너지 수요를 빠르게 채워 나가고 있습니다.

■ **그림5. 2014년 중반부터 급격히 하락하는 WTI 국제 유가 추이**(단위: 달러)

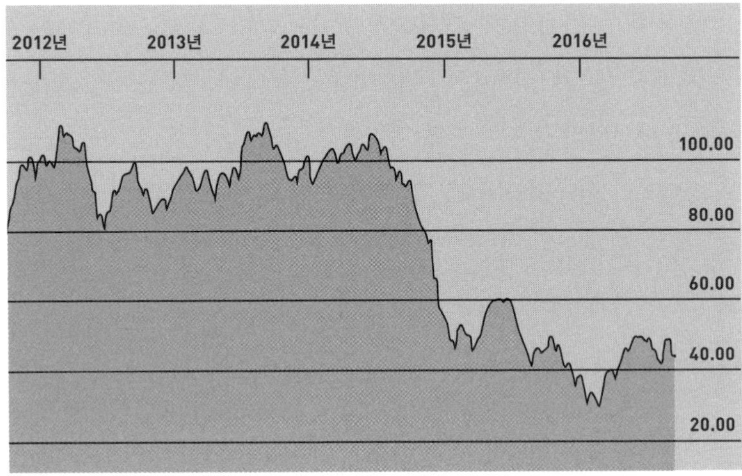

• 자료: Bloomberg

전 세계 최대 에너지 소비국이면서, 한때 중동 석유수출국기구 Organization of Petroleum Exporting Countries, OPEC의 최대 고객이었던 미국은 에너지 혁명을 통해 최대 에너지 생산국이 되었습니다. 최대 고객이 떠난 시장에서 아무래도 원유 값이 더 오를 수는 없겠지요.

더 큰 문제는 원유 시장에서 수요-공급 작동 체계가 완전히 무너졌다는 점입니다. 정상적인 시장이라면 제품 가격의 변화에 따라 수급이 조절되면서 정상 가격을 찾아가야 합니다.

원유 시장의 경우 가격이 하락하는 중인데도 공급량을 줄일 수 없는 상태가 되었습니다. 오히려 공급량은 계속 늘어나고 있습니다.

2000년대에 들어서는 사우디아라비아와 이란 등의 전통적인 OPEC 국가들은 물론 러시아와 브라질 등의 신흥국까지 원유 채취 사업에 뛰어들어 지속적으로 원유 공급량을 늘려 왔습니다. 이들 신흥국은 원유 가격이 계속 100달러 이상 높은 가격으로 유지될 것이라고 예상하고 여기저기서 빚을 끌어다 생산 설비를 확충하여 공급량을 늘리는 데 크게 일조했지요. 유가가 50달러를 밑도는 상황에서도 거대한 부채를 끌어다 쓴 신흥국들이 선택할 수 있는 방법은 '중단 없는 생산'밖에 없습니다.

OPEC 국가들과 신흥국 역시 원유 수요가 크게 늘어나지 않는 이상 감산을 한다고 해도 유가가 오르지 않으리라는 사실을 잘 알고 있습니다. 그럼에도 현금을 확보하려면 생산량을 계속 늘리는 방법 외에 선택지가 없는 것입니다. 감산은 곧 파산을 의미하니까요.

이렇듯 무리한 생산 설비 확장이 미국의 셰일 에너지가 등장했는데도 산유국들이 원유를 감산하지 못하도록 발목을 잡는 원인이 되었습니다.

당분간 원유의 과잉 공급이 지속될 수밖에 없는 이유가 여기에 있습니다. 2016년 말에 사우디아라비아를 중심으로 한 OPEC 회원국들이 원유 감산에 합의했다는 뉴스가 나오긴 했지만, 전문가들은 공급과잉 현상이 해소될 만큼 감산이 이루어질 가능성은 크지 않다고 진단합니다.

OPEC이 감산한다고 해도 러시아나 브라질 등의 신흥국이 협조하지 않으면 원유 시장의 공급과잉은 해소되기 어려운 구조입니다. 미국 셰일 업계 기술이 계속 고도화되면서 셰일 에너지가 원유 수요를 대체하는 속도도 더욱 빨라질 것입니다. 사실 원유 가격의 하락세는 미국의 셰일 업계에도 그다지 좋은 일만은 아닙니다. 유가가 하락할수록 셰일 업체들은 기술력을 높여 채산성을 확보해야만 하겠지요. 그러지 않으면 소비자들이 가격이 낮아진 원유 시장으로 다시 눈을 돌리게 될 테니까요.

미국의 셰일 업계 역시 유가가 하락할수록 기술 개발을 통해 가격 경쟁력을 계속 확보해야 하는 상황에 놓여 있습니다. 셰일 에너지를 생산하는 수많은 민간 기업들 사이에서 살아남으려면 더 낮은 가격으로 제품을 생산해야만 하기 때문이죠. 결국 원유를 생산하는 OPEC과 신흥국은 계속 원유를 쏟아내 가격 하락을 유도하고, 셰일 업체들은 이에 맞춰 더 낮은 가격으로 제품을 생산해야만 하는 '치킨게임' 구조가 되었습니다.

치킨게임은 둘 중 하나가 죽어야 끝납니다. 셰일이냐 원유냐라는 문제에 대해 아슬아슬한 합의점이 있을 수도 있겠지만, 결과적으로 둘 중에서 하나만 살아남게 될 겁니다. 치킨게임이 지속되는 동안 원유 가격은 요동을 치면서 지속적으로 국제 금융시장에 악영향을 주겠지요.

전문가들은 예전처럼 유가 1배럴당 100달러가 넘는 시대를 당분간은 보기 어려울 것이라고 예견합니다. 현재는 여러 상황을 고려하면 장기적으로 유가가 꾸준히 하락할 가능성이 더 높을 것으로 보입니다. 어디까지 하락할지는 아무도 모릅니다. 유가의 제3차 폭락이 시작한다면 글로벌 금융시장도 다시 큰 소용돌이에 휘말리게 될 겁니다.

유가의 오르내림은 경제적 파급효과를 가져오는 것은 물론이고 국제정치적 문제와도 맞물려 있습니다. 중동과 러시아 등 에너지 산유국과 미국 간의 에너지 치킨게임이 어떠한 정치적 불확실성을 가져올지는 알 수 없습니다.

에너지 혁명이 산유국 경제를 회복 불가능한 상태까지 몰고 간다면 전 세계에 금융 불안보다 더 큰 위협이 될 수 있습니다. 일각에서는 갈등의 골이 깊어지는 극단적 상황까지 간다면 군사적 마찰을 빚는 최악의 상황으로 전개될 가능성도 배제할 수 없다는 섬뜩한 전망이 나오기도 합니다.

가계 부채 1300조 원 시대, 한국판 '서브프라임 모기지'

이제 마지막으로 시선을 국내로 돌려 보겠습니다. 우리나라 역시 큰 폭탄을 안고 있습니다. 바로 가계 부채 문제입니다.

정부의 주택 공급 확대와 기록적인 저금리, '내 집 마련'에 대한 욕망이 한데 엉켜 국민들이 앞다퉈 은행 대출을 끼고 집을 구매하면서 우리나라 가계 대출 규모는 [그림6]에서 나타나듯 주요 신흥국 중에서 가장 높은 수준을 기록하고 있습니다.

■ **그림6. 신흥국 중 GDP 대비 가계 부채 비율이 가장 높은 우리나라**(단위: %)

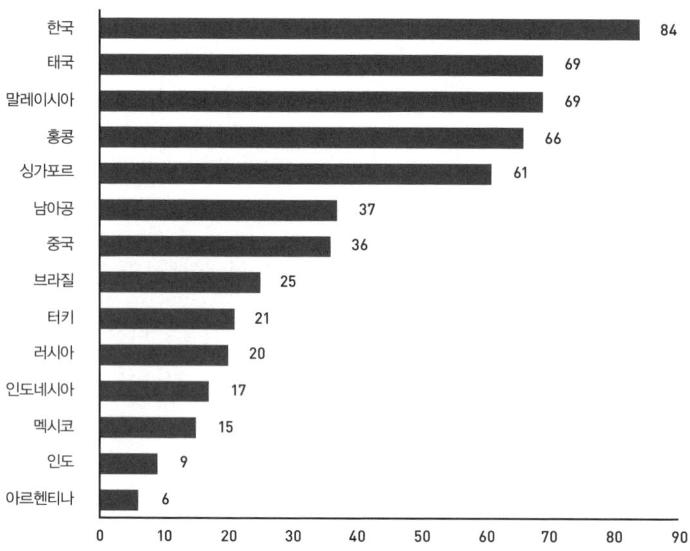

• 자료: 국제결제은행(BIS)

다른 신흥국들도 부채가 많긴 하지만 가계 부채보다는 기업과 정부의 부채가 많은 편입니다. 우리나라는 가계 부채뿐만 아니라 기업과 정부의 부채도 신흥국 가운데 가장 높은 수준을 보이고 있다는 점을 고려하면, 생각보다 부채 문제는 심각한 수준입니다.

안타깝게도 한국 주택시장에서 목격되는 현상은 2008년 미국 부동산시장이 붕괴되기 직전의 모습과 상당히 닮아 있습니다. 〈전 세계를 뒤흔든 2008년의 기억〉(32쪽)에서도 살펴보았듯이, 2000년대 초부터 부시 행정부가 저금리를 유지하면서 주택담보대출 장벽을 낮춘 것이 서민들의 주택 구매를 유도했고, 그 일이 결국 부동산시장 붕괴의 원인이 되었지요. 우리나라의 주택담보대출도 전반적인 구조는 거의 유사합니다. 서민들이 대규모 대출을 끌어들여 주택을 매입하는 수요가 부동산시장을 떠받치고 있는 구조인데, 당시 미국 상황도 이러했지요.

우리나라 사람들은 대부분 집값의 절반 이상을 대출금으로 마련해 집을 사는 것이 얼마나 위험한 도박인지 인지하지 못하고 있습니다. 2008년 금융위기가 오기 전까지 미국에서도 대출을 받아 집을 사고, 그 수요로 집값이 오르는 것이 위험하다고 생각하는 사람은 많지 않았습니다. 그렇게 저금리로 풀린 막대한 대출은 부동산시장으로 흘러 들어가 집값을 천정부지로 끌어올렸습니다.

영원할 것만 같았던 축제는 2004년 미국이 저금리 정책의 종말을 선언하고 금리를 올리기 시작하면서 막을 내렸습니다. 기준금리가 오르자 슬슬 문제가 수면 위로 드러나기 시작했습니다. 미국은 기준금리를 2004년부터 2년 사이에 4.5%가량 급격하게 끌어올렸습니다. 기준금리가 5%대에 진입하자 이윽고 폭탄이 터지고 말았습니다.

기준금리와 연동되어 오르는 대출금 이자를 갚지 못한 사람들이 하나둘 집을 내놓기 시작하면서 부동산시장을 떠받쳤던 모래성이 무너지기 시작합니다. 조그만 구멍으로 새는 물길이 강둑을 무너트리듯, 부동산시장은 순식간에 주저앉고 말았습니다.

급격하게 집값이 하락하는 상황에서 집을 내놓아도 팔지 못한 대출자들은 결국 신용불량자가 되었고, 파산하는 사람들이 속출했습니다. 그리고 빚을 갚지 못하는 사람들이 폭증하면서 이들에게 대출을 실행한 금융기관까지 연쇄적으로 파산하는 글로벌 금융위기로 이어지고 말았습니다.

금리 급등과 부동산 폭락이라는 최악의 시나리오

물론 우리나라에서 주택담보대출이 부실화된다고 해서 미국 부동산 시장 붕괴 시나리오와 똑같이 전개될 것이라고 단언할 수는 없습니다. 사실 2008년 글로벌 금융위기는 주택담보대출 부실화 자체가 원인이라기보다는 탐욕에 눈먼 금융기관들이 부실한 대출을 근거로 막대한 규모의 파생금융상품을 만든 것이 원인이었고, 그것이 터지면서 금융기관이 파산하고 금융 시스템이 붕괴된 것입니다. 즉 주택담보대출은 단초를 제공했을 뿐, 대형 붕괴의 원인은 사실 파생금융상품이었습니다.

우리나라는 사정이 조금 다릅니다. 국내 가계 대출 규모가 1300조 원에 육박하고 있긴 하지만 그동안 금융기관들이 이를 담보로 추가로 수익을 낼 수 있는 파생금융상품을 적극적으로 판매하지는 않았습니다. 금융감독 당국이 금융기관의 건전성을 지속적으로 감시하면서 관리해 왔기 때문이죠.

정부 당국자들은 이를 근거로 우리나라 가계 부채 문제와 서브프라임은 근본적으로 다른 문제라고 선을 긋습니다. GDP 대비 가계 부채 규모가 다른 선진국에 견주면 높은 수준이지만 미국처럼 금융 시스템의 붕괴로까지 연결되지는 않을 것이라고 합니다.

또 우리 국민이 이자 부담에도 불구하고 이자와 원금을 성실하게 잘 갚고 있어 주택담보대출의 연체율이 1% 미만으로 유지되고 있는 등 아직까지는 건전한 수준이라 크게 문제될 것이 없다고 주장합니다. 이렇게만 보면 천문학적인 가계 대출 규모에도 국내 금융시장에는 큰 영향이 없을 것이라는 정부의 설명에 고개가 끄덕여집니다.

그렇다고 폭증하는 가계 대출에 문제가 없다고 단정할 수 있을까요? 대규모 시장 붕괴를 동반하는 금융위기는 하나의 원인에서 시작해 그동안 인식하지 못했던 다양한 문제가 복합적으로 터져나오면서 나비효과처럼 번져 나간 결과입니다. 일단 가계 부채 시한폭탄에 불이 붙으면 어느 방향으로 폭발할지 누구도 예상할 수 없지요.

한국은행이 발표한 2016년 6월 금융시장 동향에 따르면 국내 금융권의 주택담보대출 금액은 500조 9000억 원으로 관련 통계를 작성하기 시작한 이래 사상 최고치를 기록했습니다. 전체 가계 대출이 1300조 원에 육박한다는 점을 고려하면 40%가량이 주택담보대출인 셈입니다.

한국은행의 기준금리 인하 기조가 장기간 이어지면서 은행권의 주택담보대출 금리는 2~3% 수준에서 계속 하락했고, 이른바 '집단대출*' 수요가 늘어 주택담보대출은 꾸준히 증가해 왔습니다. 빚을 내어 집을 사는 사람들이 계속 늘고 있다는 이야기인데, 집값이 쭉 오른다고 가정하면 모두가 윈윈Win-Win인 구조이지요.

안타깝게도 집값은 무한정 상승할 수 없습니다. 그리고 이미 집값은 우리 소득수준을 고려할 때 더는 오르기 어려운 정도까지 상승해 있습니다.

미국의 금리 인상 기조에 따라 국내 금리 인상 역시 불가피한 현실로 다가오고 있습니다. 금리 인상은 주택담보대출 금리 상승을 의미합니다. 금리가 오르면 불가피하게 대출자들이 부담하는 이자도 큰 폭으로 오를 수밖에 없지요. 금리가 어느 수준 이상으로 올라가면 신용도가 가장 낮은 대출자, 즉 이자 부담을 견디기 어려운 계층에서부터 연체가 시작됩니다.

이때부터 시한폭탄은 폭발 준비를 하게 되는 것이죠. 은행은 주택담보대출을 시행할 때 '기한이익상실' 규정을 둡니다. 이것은 쉽게 말해 이자나 원리금 지급이 일정 기간 연체됐을 때 대출금을 회수하는 절차입니다. 기한이익상실은 참 무서운 규정입니다. 몇 차례만 이자와 원금을 연체해도 금융기관이 대출금 회수를 위해 집주인의 의사와는 관계없이 강제로 집을 매각할 수 있기 때문입니다.

문제는 많은 대출자가 기한이익상실 규정에 대해 잘 모르고 있다는 점입니다. 은행에서는 이런 규정을 제대로 설명해 주지 않는 데다, 설명을 해준다고 해도 대출자들이 제대로 인지하지 못하는 경우가 태반입니다. 기한이익상실이 발생한 뒤에는 이자 계산법이 바뀌어 상당히 큰 금액의 이자도 내야 하지요.

어쨌든 금리가 점차 오르다 보면 소득에 비해 빠듯하게 주택을 구매해 온 사람들, 한계Marginal 지점에 있던 대출자들이 이자 부담으로 보유한 주택을 차례차례 매물로 내놓게 됩니다. 금리가 오를수록 이자 부담 때문에 자발적으로 내놓은 주택 매물과 기한이익상실로 인한 비자발적 매물이 계속 나오게 되겠지요.

과도한 부채를 감당하지 못하는 가계부터 매물을 내놓아 집값이 하락하기 시작하면, 주택시장 붕괴에 대한 공포감으로 더 많은 매물이 나와 가격이 폭락하는 악순환이 발생합니다. 미국의 부동산시장을 무너트린 연쇄 효과가 한국에서도 나타나게 되는 것입니다.

이미 우리는 미국 부동산시장 붕괴 과정을 잘 알고 있기 때문에 금리 인상과, 이에 따른 주택 가격 하락 신호만으로도 시장에 엄청난 공포가 밀려올 수 있습니다. 공포감만으로도 금융시장이 패닉으로 치달을 수 있다는 점은 역사가 증명하고 있지요.

많은 전문가가 과도한 가계 부채 문제를 꾸준히 경고하고 있습니다. 그럼에도 단기적으로 경기를 부양하려는 정부 당국은 이런 지적을 외면하기에 급급합니다. 현재의 주택 관련 가계 부채는 '규모가 크긴 하지만 관리할 수 있는 수준'이라고 대응할 뿐, 장기적으로 가계 부채를 연착륙시킬 수 있는 제대로 된 비전이나 해답은 전혀 제시하지 못하고 있는 실정입니다.

금리 급등에 따른 이자 폭탄과 집값 하락은 그야말로 최악의 시나리오입니다. 수년간 열심히 이자와 원금을 낸 서민들의 노력을 한순간에 물거품으로 만들어 버리기 때문입니다. 정부는 물론 전문가들과 대중도 대부분 이 최악의 시나리오를 인지하고 있고, 두려워하고 있습니다.

정책 당국자들과 일부 부동산 투자가들은 1300조 원에 육박하는 가계 부채가 언제 '한국판 서브프라임 모기지' 사태를 불러올지 모른다고 우려하면서도 현실화 가능성은 없다고 믿고 있습니다.

과연 그럴까요? '뭐, 괜찮겠지'라는 생각은 참으로 위험합니다. 보통 이런 분위기를 보이는 시장에서 큰 폭탄이 터졌으니까요.

깨어 있는 투자자만이 위기에서 기회를 엿본다

'이제 대세 상승이다!' 집단 최면에 걸린 순간을 조심하라

이번에는 금융위기, 시장 붕괴의 전조를 읽을 수 있는 신호에 대해서 이야기해 보려고 합니다. 위기는 항상 반복되고, 위기가 오기 전에 시장은 반드시 신호를 주지요.

그 신호는 바로 '거품'입니다. 앞서 금융시장의 역사에서 시장 붕괴 직전에 대중의 '쏠림 현상'이 나타난다고 이야기했지요. 여기서는 대중의 쏠림이 어떤 분위기에서 나타나게 되는지를 소개하려 합니다.

일단 신문 기사를 하나 보겠습니다. 2011년 4월 22일, 일간 신문 1면에 눈길이 가는 보도가 실렸습니다.

기사의 제목은 내용을 함축적으로 잘 드러냈습니다. 당시 국내 종

코스피 활황……'富의 효과'

명품시계·신사복 매출 늘고 수입차·대형가전도 잘 팔려……

"LG화학 주식이 50%나 올랐고 현대자동차 주식도 상당히 올라서 최근에 팔았어요. 솔직히 이 정도로 오를 줄은 몰랐는데, 덕분에 국산 대형차를 사려다 수입차를 살 수 있게 됐지요."(주부 문 모씨 · 서울 강남구)

"묻어뒀던 주식이 올라 모처럼 신사복 한 벌 장만했죠. 이탈리아 원단으로 만든 80만 원짜리인데 반맞춤해주는 고급품입니다. 일반 기성복만 입어봤는데 몸에 딱 맞는 게 확실히 비싼 게 좋더군요."(대기업 직장인 유 모씨 · 서울 성동구)

"증시 덕분에 여윳돈이 생겨서인지 고가 캠핑 장비 구매를 늘리는 사람이 확실히 많아졌어요. 전부 1000만 원쯤 되는 풀세트 구매자도 늘어나고 있는 추세입니다."(K아웃도어 업체 판매직원 L씨)

……

증시 활황에 따른 부의 효과(wealth effect)로 소비현장 곳곳에서 씀씀이가 달라지고 있다. 부동산은 사정이 다르다고 해도 적어도 증시만은 부의 효과를 분명 플러스 쪽으로 움직이고 있다. 기본 상품 대신 고가품을, 단품 대신 풀세트를, 기왕이면 멋지고 폼나는 프리미엄 상품을 선호하는 경향이 나타나고 있는 것. 21일 코스피는 2198.54로 사상 최고치를 기록했다. 최대 수혜자인 대기업 직원이나 증권가 일대 직장인들은 고급 슈트 정장에 명품 시계를 사면서 여유를 즐기는 모습이다.

……

국산 대형차 대신 1000만 원가량 추가 지출을 해야 하는 수입차로 바꿔 사는 사람도 늘고 있다. 증시 호황을 보여주듯이 계약금만 1억 원을 내야 하는 5억 원대 벤틀리 자동차에는 대기자들이 줄을 섰다. 지난 3월 한 달간 수입차 판매 대수가 사상 처음으로 1만대를 넘어선 것도 증시 활황과 관계가 있는 것으로 풀이된다.

특히 지난달 수입차 구매자 가운데 2000*cc* 이하 소형차를 구매한 사람이 44%나 된다는 사실이 그렇다. 보통 국산 중대형차를 이용해본 사람이 중대형 수입차로 갈아타는데, 동급 국산차보다 1000만 원 이상 비싼 수입 소형차가 이처럼 많이 팔린 것은 증시 활황으로 돈을 번 사람들이 생애 첫 차로 수입 소형차를 선택하는 경향이 강해졌다는 분석이다.

폭스바겐 공식 딜러인 클라쎄오토 정성훈 팀장은 "매장에서 고객을 만나보면 분위기가 소비 쪽으로 흘러가는 것을 확실히 느낄 수 있다"고 말했다.

합주가지수가 연일 오름세를 보이면서 민생 현장에서 나타나는 이른바 '부의 효과Wealth Effect'를 잘 조명했지요.

부의 효과란 경제학 교과서에 자주 등장하는 용어입니다. 사람들이 보유하고 있는 자산, 이를테면 부동산이나 주식, 펀드 등의 가격이 오르는 것만으로 실물경제에서 소비 증가가 나타난다는 이론이죠. 다시 말해, 실제로 소득이 늘어난 건 아니지만 자산 가격의 평가이익이 늘어난 것만으로도 사람들이 돈을 번 것으로 생각하고 소비를 늘리는 현상입니다. 한마디로 '내가 투자한 주식이 많이 올랐으니 오늘 한턱 쏜다'는 사람이 많아진다는 것이죠. 지갑에 돈이 들어온 게 아니라고 해도 말입니다.

이 기사에서는 가정주부와 직장인, 상가 판매직원의 인터뷰를 소개하면서 주가 상승으로 들뜬 시민들의 분위기를 전달했습니다. "보유하고 있던 주식이 50%나 올랐다. 그 덕분에 국산 차를 사려다가 수입 차를 살 수 있게 됐다"고 말하는 전업주부의 목소리와 "주식이 올라 모처럼 신사복을 장만했다"는 직장인의 말을 더해 현장감을 높였지요.

개인적으로 이 보도는 수준이 높다고 생각합니다. 눈에 보이는 현상만을 드러내는 데 그치지 않고, 한 차원 더 나아가 경제학적 이론을 접목하여 의미를 부여한 이런 신문기사는 언론인으로서 보아도 가치가 크지요.

당신은 이제부터 이런 기사를 접하고 "재미있네"라고 그냥 흘려 넘겨선 안 됩니다. 증시 관련 뉴스가 언론사의 주요 보도로 나오는 것은 중요한 신호이기 때문입니다.

투자와 재테크를 위해 신문을 보는 사람이라면 이런 뉴스를 접했을 때 경계심을 가져야 합니다. '나는 주식이 없어서 외제 차를 못 샀는데……. 지금이라도 주식시장에 뛰어들어야 하는 게 아닐까'라는 생각이 들었다면, 거품의 제물이 되는 것입니다.

이런 언론 보도를 보고 마음이 동요한다면, '아, 이건 앞으로 다가올 거품 붕괴의 신호가 아닐까'라고 반문해 보시길 바랍니다. 주요 언론 매체에서 증시 관련 뉴스를 주요 헤드라인으로 편성하고 방송 뉴스까지 가세해 '대세 상승론'을 이야기하는 시점 이후에는 항상 폭락이나 큰 위기가 왔기 때문입니다.

매스컴에서 쏟아 내는 시황 보도는 쓰나미의 전조다

위 기사는 우리나라를 포함해 전 세계 증시가 2008년 금융위기의 충격에서 벗어나 회복세를 거쳐 슬슬 거품이 끼기 시작한 시점에 나왔습니다.

실제로 기사가 나오기 바로 전 날인 2011년 4월 21일, 코스피는 2198.54포인트로 마감해 사상 최고치를 기록했습니다. 이날의 코스피 사상 최고치 기록은 2016년 말까지도 유지되고 있지요.

당시 전 세계 증시는 중국 경기 회복의 과실을 톡톡히 누리고 있었습니다. 중국 경제는 글로벌 금융위기가 터진 뒤로 빠르게 회복되었고, 금융위기 이후 2년 만인 2010년 말에는 연간 경제성장률(GDP

기준) 10.4%를 기록해 두 자릿수 성장을 달성했습니다.

우리나라 경제도 수혜를 보았습니다. 주요 수출 기업의 실적이 개선되면서 현대기아차를 비롯한 자동차 부품 관련 회사(자동차주), LG화학과 SK이노베이션·OCI 등 '화학 업종', S-Oil 등 '정유 업종'처럼 경기 확장기에 실적이 늘어나는 회사들이 주도주로서 주식시장을 끌어올렸습니다.

자동차와 화학, 정유의 앞 글자를 따 이른바 '차車·화化·정精'이라는 단어가 주식시장에서 회자되면서 언론 보도와 증시 분석 리포트 등에 자주 오르내리기도 했습니다. 특히 기아차 주가는 금융위기 직후인 2008년 말 5700원이었던 것이 2011년 4월 3년 만에 7만 2000원까지 올라 12배 이상 급등했습니다. 여의도 일대에서는 '기아차가 사람 팔자 고쳐 준 이야기' 등이 '지라시'의 소재로 오르내리기도 했습니다.

이미 여의도 금융가는 물론 언론에서도 '추가 상승'을 외치고 있었습니다. 일부 보도는 여의도 증권 업계 전문가들의 말을 인용해 '코스피 3000 시대'가 열릴 것이라고 예상하기도 했지요.

"뉴스 헤드라인에 증시 이야기가 나오는 시점이 꼭지"라는 증시 격언은 이번에도 틀리지 않았습니다. '코스피 활황…… 富의 효과'라는 기사가 나온 당일부터 증시는 미끄러지기 시작했고, 정확히 3개월 뒤인 2011년 8월부터 대폭락이 시작되었습니다.

이번에는 미국과 유럽에서 동시에 터졌습니다. 2011년 7월 미국에서 14조 5800억 달러에 이르는 막대한 연방 정부 부채의 상환 문제가 제기되면서 사상 초유의 미국 '디폴트채무불이행' 문제가 대두되었지요. 유럽에서는 그리스가 부도 위기에 직면했다는 뉴스가 나왔습니다. 그리스의 유로존 탈퇴, 이른바 '그렉시트' 이슈는 전 세계 증시의 불확실성에 불을 붙였습니다.

2011년 8월 5일 금요일, 미국 신용평가기관인 '스탠더드 앤드 푸어스Standard & Poor's, S&P'가 미국 국채 신용등급을 AAA에서 AA+로 강등하면서 본격적인 쇼크가 시작되었습니다. 미국 신용등급이 하락한 것은 1941년 이후 70년 만에 처음이어서 충격이 더 컸지요.

참 부끄러운 건, 미국의 신용등급이 강등하기 직전까지도 국내 언론은 대부분 낙관론 일색이었다는 사실입니다. 일부 신문은 미국 정치권이 합의해 디폴트까지 가는 위험을 피하게 됐다는 추측성 기사를 근거로 '지금이 기회'라고 보도하기도 했지요. 이처럼 큰 쇼크가 오기 전까지 어떤 언론 매체에서도 미국의 신용등급이나 부채 문제를 제대로 분석하지 못했습니다.

[그림7]은 2011년 8월 증시 폭락을 앞두고 국내 언론이 주요하게 다룬 뉴스를 나열한 것입니다. 증시의 움직임과 보도의 흐름을 보면 참 허망합니다. 증시 주변에서 나오는 보도가 어느 정도까지 한 치 앞을 내다보지 못하는지 잘 알 수 있지요. 심지어 폭탄이 터지기 직전으로 가면 갈수록 낙관론의 강도가 강해지는 모습까지 보입니다.

국내 증시는 미국의 신용등급 하락과 동시에 폭락을 거듭해 순식간에 1680선까지 20% 이상 폭락하고 말았습니다. 쇼크를 피하지 못한 투자자들은 큰 피해를 입었고, 대중매체에는 여의도 증권가 객장

■ 그림7. 2011년 8월 위기를 앞두고 대세 상승론으로 뒤덮인 언론 보도

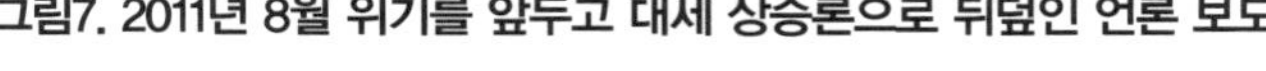

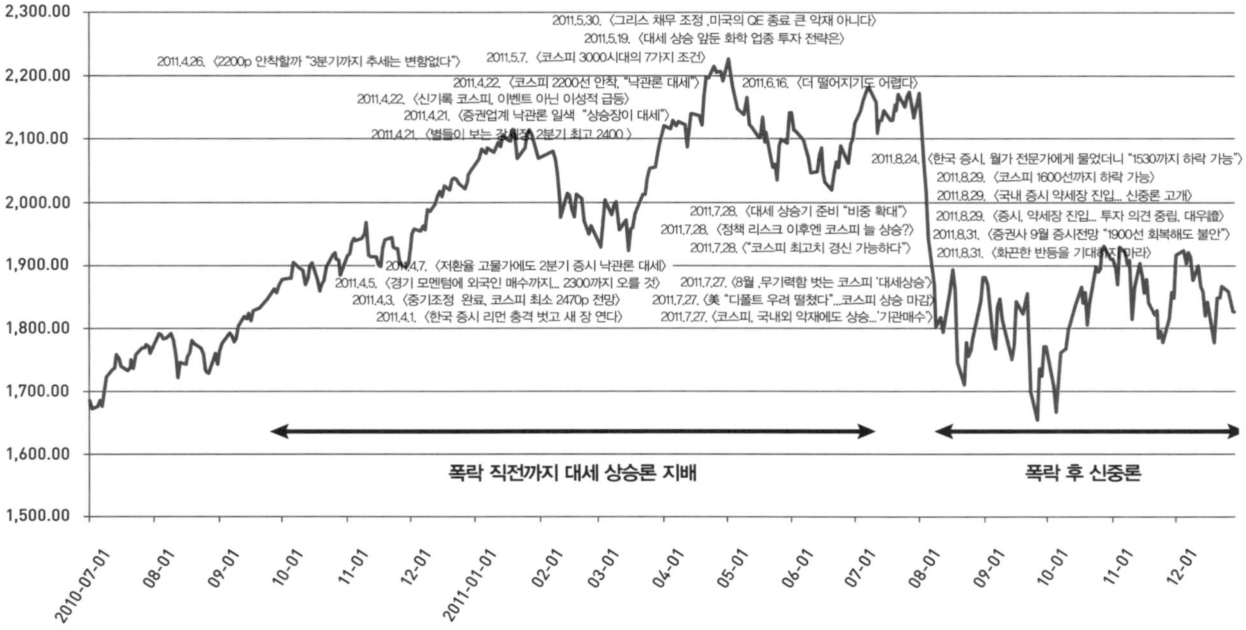

에서 망연자실해 있는 노인들의 모습을 담은 영상과 사진이 보도되었습니다. 2008년 금융위기 당시와 똑같은 풍경이었습니다.

언론 보도가 새로운 사회 현상을 앞서서 포착해 대중에 알려야 하건만 유독 증시에서는 항상 뒷북을 치는 경향이 있습니다. 일부 전문지는 발 빠르게 증시의 변화상을 보도하기도 하지만, 주요 메이저 언론일수록 이 같은 후행성은 더 뚜렷하게 나타납니다.

왜 이런 현상이 반복되는 걸까요? 증시에 대한 언론 보도가 뒷북만 치는 이유는 여러 가지가 있겠지만, 시황 예측을 주요 뉴스로 크게 쓰려면 높은 수준의 확신이 필요하고, 이런 확신이 들 때는 필연적으로 상승의 마지막 지점인 경우가 많기 때문이라고 봅니다.

오를 수도 있고 내릴 수도 있는 증권 시황 뉴스를 주요 뉴스로 보도하려면 뭔가 예전과는 다른 특징이 있어야 하겠지요. 증시가 신기록을 세웠다든지, 수년 만에 전고점 돌파를 앞두고 있다든지, 외국인이나 기관의 일간 순매수가 최장기간 기록을 돌파했다든지, 뭔가 수치로 보여줄 수 있는 객관적 데이터가 필요합니다.

합리적인 데이터 없이 "이번엔 뭔가 달라. 앞으로 큰 장이 온다"는 식의 보도는 주요 언론 매체의 보도 방식이 아닙니다. 그랬다가는 "언론사가 대중을 상대로 약을 판다"는 비난의 화살만 받게 되겠지요.

저 역시 근거도 없이 '질러 본다'는 식으로 보도하는 것은 자칫 다수의 투자자를 오도할 수 있어 옳지 않다고 생각합니다. 언론사는 점쟁이가 아니며, "사라", "팔아라"를 조언하는 증시 전문가 집단이 아닙니다.

앞으로 오를지 고꾸라질지를 모르는 증시에서 주가 상승세가 심상치 않다는 심증만을 근거로 '주가가 신기록을 향해 갈 것'이라는 기사를 머릿기사로 뽑을 곳은, 적어도 주요 언론사 가운데는 없습니다.

언론사에서 수없이 다양한 분야에서 쏟아지는 뉴스 가운데 증권 기사를 주요 꼭지로 써야겠다고 마음먹을 때는 상당 부분 상승이 진행된 이후인 경우가 많습니다. 이런 데이터가 눈으로 확인되는 시점은 호황 또는 상승 사이클의 '끝물'일 가능성이 크지요.

주가 상승 초입에 지금의 흐름이 상당 기간 이어질 것이라는 확실한 '물증'이 있어야 하는데, 그런 것은 존재하지 않습니다. 그처럼 확실한 증거가 있다면 증시에서 돈을 잃는 사람은 없겠지요.

언론사들은 국내외 다수의 전문가들이 예상하는 전망치나 보고서 자료, 그리고 멈출 줄 모르고 우상향하는 증시 지표에서 근거를 찾습니다. 언론사 주변에서 증시 상승을 외치는 전문가들이 많아질수록, 그리고 앞으로 희망적인 미래가 열릴 것이라는 주장에 동의하는 사람들이 많아질수록 언론사는 확신을 가지고 이를 보도하게 되는 것이죠.

언론사의 시각과 상식은 대중을 대변하는 면이 있습니다. 언론사 편집 책임자의 눈에 증시가 들어왔다는 것은 다른 많은 시민 역시 관련 뉴스에 관심이 크다는 것을 의미합니다.

이런 보도가 나오는 시점에는 대부분 대중도 이의를 제기하지 않습니다. 인터넷 주식 전문 사이트나 뉴스의 댓글을 봐도 희망 섞인 이야기가 가득하지요.

여기저기 경쟁 매체에서 증시 관련 내용을 크게 다루는 것을 보면 다른 매체들도 확신을 가지고 보도하게 되고, 이런 과정을 거치며 시장은 온통 장밋빛 전망으로 물들어 갑니다. 이런 분위기가 이어지면 모든 언론사가 결국 대세 상승 논리에 매몰되고 말지요. 심각한 시장 붕괴 시점이 닥치기 직전까지도 관성적으로 '대세 상승론'을 반복하는 실수를 범하게 되는 것입니다.

다가올 금융시장 붕괴의 원인을 정확히 예측해 내는 것은 불가능하지만, 위기가 임박했을 때 이를 다른 사람보다 먼저 감지할 방법은 있습니다. 시장 주변이 대세 상승론에 휩쓸리는 분위기를 파악해 내는 것입니다. 대중의 쏠림 현상은 시장이 꼭지로 향하고 있다는 것을 가장 확실하게 보여주는 증거입니다.

불가능해 보였던 수치가 눈앞에 보이고, 지금까지와는 다른 뭔가 새로운 시대가 열릴 것 같은 착각에 빠지는 시점이 오면 십중팔구 쏠림 현상이 발생합니다. 대중의 쏠림이 거품을 만들어 낸 이후에는 항상 큰 붕괴가 우리를 기다리고 있지요.

그러나 대중의 분위기를 객관적으로 읽어 내는 것이 말처럼 쉬운 일은 아닙니다. 보통의 투자자들은 본인 역시 대중의 일부이기 때문에 '집단 최면' 현상이 발생하면 덩달아 휩쓸려 갈 가능성이 크지요.

인류 문명에 증권시장이 등장한 뒤로 지금도 여전히 "소문에 사서 뉴스에 팔아라"라는 격언이 깨지지 않는 진리로 받아들여지고 있습니다. "뉴스에 팔아라"라는 말은 다수의 투자자들에게 정보가 알려지면서 대중이 흥분하는 시점을 조심해야 한다는 뜻입니다.

'위기의 시대'를 준비하는 사람들은 항상 이 격언을 새기고 살아야 합니다. 신문이나 방송을 평소에도 유심히 관찰하다 보면, 분명 어느 순간부터 뉴스에 증시 관련 보도의 빈도가 높아지는 때를 발견할 수 있을 겁니다. 시장에 거품이 생겨나고 있는 상황을 객관적으로 감지할 수 있다면 성공적인 재테크의 8할 정도는 달성했다고 보셔도 될 것 같습니다.

'대세 상승 집단 최면'은 어떤 질병인가?

시장이 활황기에 접어들면 어느 순간부터 적정 수준을 넘어서게 됩니다. 거품(버블)이 생기는 것이죠. 거품이 생기고 난 이후에는 큰 폭의 금융시장 붕괴가 옵니다. 거품의 규모가 크면 클수록 붕괴 속도는 빠르고 깊이도 깊습니다.

거품은 대중의 쏠림 현상으로 만들어진다고 했습니다. 대중이 한 쪽으로 쏠리는 것은 '집단 최면' 현상 때문입니다. 금융시장이 붕괴되는 위기가 오기 직전에는 항상 시장이 마지막 불꽃을 태우는 시기가 있습니다. 이 시기에 대중들은 최면에 빠져 강한 상승을 확신하게 되는 반면, 전문 투자자들은 타오르는 불길에서 위기를 직감하고 이탈하기 시작합니다.

불장난에 휩쓸리지 않고 기다리는 사람들은 위기 이후에 오는 기회를 잡을 수 있습니다. 반대로 최면 현상에 홀려 뭉칫돈을 넣으면 타오르는 불길에 투자금을 까맣게 태워 버리는 결과를 맞이하게 되는 겁니다.

투자자들이 경계해야 할 이 집단 최면은 '확증 편향'으로 일컬어지는 현상입니다. 이른바 '보고 싶은 것만 보게 되는' 것이죠. 그칠 줄 모르고 치솟는 주가, "앞으로도 더 간다"며 투자를 부추기는 증권사와 언론사, 이를 뒷받침하는 경제지표나 정부 정책 등 3박자가 맞아떨어지면 "이번에는 다를 것"이라는 집단 최면 현상을 불러일으키게 됩니다.

집단 최면에 걸리는 과정을 한번 관찰해 보겠습니다. 다음은 주식투자 경험이 거의 없는 직장인 김 씨가 집단 최면에 걸리는 장면입니다.

김 씨는 최근 주변 지인이 "주식으로 대박을 냈다"는 말을 듣고 마음이 싱숭생숭해졌다. '내가 너무 일만 하고 정직하게 살아서 돈을 못 버나'라는 생각과 함께, 신문을 집어 들었다. 증시가 사상 최고치를 기록해 유례없는 호황을 이어 가고 있으며, 앞으로도 당분간 상승 추세가 이어질 것이라는 기사가 눈에 들어왔다.

입으로는 '주식은 아무나 하나. 나 같은 사람은 하면 안 돼'라고 중얼거렸지만, 이미 마음속 깊은 곳에서 주식이나 펀드에 손을 대고픈 욕구가 꿈틀댄다.

김 씨는 나름대로 자신이 객관적이라고 믿으면서 매일 주식시장을 체크한다. '아마 곧 빠지겠지?'라고 생각하고 지켜봤지만 주가는 계속 날아가고 있다. 오를 만큼 오른 것 같은데 좀처럼 주가가 빠지지 않고, 잠시 조정을 거쳤다가 다시 전고점을 돌파하는 상황이 반복된다.

언론 보도에서는 장밋빛 전망이 계속 나온다. 정부는 경기 활성화 장기 대책을 내놓았고, 수출은 사상 최대치를 기록하고 있다고 한다. 주변 지인들도 만날 때마다 주식을 사야 한다고 이야기한다. '정말 그런가' 하는 생각이 들면서 점점 조바심이 난다. 쉽게 하락하지 않는 주가를 보면서 김 씨는 지금의 주가 상승은 버블이 아니라 실제 경제성장에 따른 것이라고 믿게 되고, 앞으로도 계속 오를 것이라고 확신하게 된다.

그 뒤로는 주가 상승에 대한 정보만 눈에 들어오기 시작한다. 그리고 기다리던 조정(일시적인 주가 하락세)이 오면 들어가기로 마음먹고 기다린다. 마침내 기다렸던 조정이 온다. 최면에 걸린 김 씨는 홀린 듯이 증권사를 찾게 된다. 그러나 안타깝게도 이때의 조정은 조정이 아니라 큰 하락의 시작이다.

김 씨처럼 최면에 걸린 사람이 많아질수록 주변 사람들도 최면에 빨려 들게 되고, 집단 최면 현상이 시장 전체를 뒤덮게 됩니다. 마치 좀비 영화에서 하나둘씩 좀비가 되다가 마을 전체가 좀비화되는 장면과 비슷하지요.

대세 상승이라는 집단 최면은 좀비보다 더 무서운 전염병입니다. 언론 뉴스는 이러한 최면 현상을 더 광범위하게 퍼트리는 역할을 하지요. 집단 최면에 걸리면 자신이 보유한 주식이나 부동산 등 재산의 가격이 상승할 것이라는 믿음이 강해져 확신에 이르게 됩니다. 일반 투자자는 물론 좀 '배웠다는' 사람들도 피할 수 없을 정도로 집단 최면은 강력합니다.

이렇게 최면 상태에서 투자를 하면, 가격이 하락하고 반토막까지 가도 그 확신이 좀처럼 변하지 않습니다. 한참 지나고 나서 더는 가망이 없는 상태까지 다다라서야 비로소 최면에서 깨어나게 됩니다.

찬란한 미래에 대한 기대, 지나치면 거품이 된다

2000년대 초에 미국에서 시작된 이른바 '닷컴 버블' 붕괴 역시 투자자들의 집단 최면이 만들어 낸 신기루가 무너진 사건입니다. 닷컴 버블 붕괴도 2008년 글로벌 금융위기만큼이나 파괴력이 컸습니다. IMF 사태로 무너졌던 국내 증시는 1999년 말 1000포인트를 회복했지만 곧바로 새로운 밀레니엄의 첫 해인 2000년 1월부터 무너져 내려 다시 500선으로 대폭락하는 아픔을 겪었습니다.

당시 닷컴 버블은 인터넷이라는 '기술의 진보'로 펼쳐질 찬란한 미래의 기대감에서 시작되었습니다. 새로운 천 년을 여는 2000년 초의 키워드는 단연 '인터넷'이었습니다. 당시는 개인용 컴퓨터PC와 인터넷이 급속도로 일반에 보급되던 때였지요.

인터넷은 인류가 만든 가장 혁신적인 발명품으로, 인터넷의 등장은 제4차 산업혁명에 비유되었습니다. 언제 어디서든 정보를 얻을 수 있고, 시간과 공간을 뛰어넘는 커뮤니케이션을 가능케 해주는 이

도구가 바꿀 인류의 혁신적인 미래에 우리 모두가 흥분하고 있었습니다.

인터넷이 바꿀 세상에 대한 변화와 장밋빛 전망은 주식시장에 빠르게 반영되고 있었습니다. 미국 나스닥은 1998년 초 1600선이었던 것이 2년 만인 2000년 3월에는 5132.52선으로 사상 최고치를 찍었습니다.

2000년 '닷컴 버블 붕괴'의 교훈

이런 분위기에서 '닷컴.com'이라는 말이 생겨났습니다. 아시다시피 닷컴은 인터넷 홈페이지 주소명(URL)을 상징하는 용어이죠. 닷컴은 인터넷을 기반으로 한 사업 모델을 가진 신생 회사를 지칭하는 일반용어로 통용되었습니다.

당시 전 세계 금융시장은 말 그대로 '비이성적 과열'이 지배하고 있었습니다. 신생 인터넷 기업들에 대한 기대감은 정말 대단했습니다. 특히 미국에서는 사업 모델이 제대로 검증되지도 않은 신생 인터넷 기업이 증시에 상장되었고, 투자자들이 이런 주식에 거액을 쏟아부으면서 하루가 다르게 주가가 치솟았습니다.

회사 이름에 '닷컴'만 붙어 있으면 돈을 투자하겠다는 사람들이 줄을 서는 집단 최면 현상이 발생한 겁니다.

이런 닷컴 집단 최면 현상은 이윽고 국내에도 상륙했습니다. 인터넷을 기반으로 한 벤처회사들에 대한 기대감이 커지면서 시중의 뭉칫돈이 증시로 유입되었습니다. 벤처회사들이 많이 상장되어 있는 코스닥시장에 개인 투자자들이 벌 떼처럼 몰려들었지요. 1998년 말 751.80포인트를 기록했던 코스닥지수는 2000년 초에는 2600포인트까지 치솟았습니다.

영원할 것 같던 잔치는 결국 2000년 3월에 막을 내렸습니다. 마침내 우리가 잘 아는 닷컴 버블 붕괴가 시작된 것입니다. 미국에서 거품이 꺼지고 난 뒤부터 폭락하기 시작해 그해 연말에는 반토막이 났고, 코스닥은 꾸준히 하락하다가 한 해 동안 무려 80%가량 폭락해 2000년 말에는 520선 아래로 주저앉았습니다.

많은 기업이 신기루처럼 무너졌지만, 그중에는 알짜 회사도 있었습니다. NHN과 다음 등 성공한 국내 포털 기업도 이때 탄생했지요. 이런 기업에 투자한 사람들은 수익을 냈겠지만, 그렇지 않은 투자자 대부분은 닷컴 버블 붕괴의 희생양이 되고 말았습니다.

당시에도 매스컴에서 연일 보도되는 '대세 상승론'이 여지없이 쓰나미의 신호 역할을 해주었습니다. '인터넷 황금기 30년은 간다', '대세 상승장…… 연말 1100 간다' 등 1999년 말 뉴밀레니엄을 앞두고 국내 신문기사에는 앞으로 증시 상승세를 점치는 보도들이 쏟아졌습니다.

매스컴에서는 각종 전문가들의 말을 인용해 밀레니엄인 2000년에도 1999년과 같은 증시 호황이 이어질 것이라고 예상했습니다. 1999년 11월과 12월 증권사들이 제시한 2000년도 종합주가지수 예상치도 장밋빛 일색이었습니다.

인터넷 황금기 30년은 간다

미국 '신경제' 막강한 영향력 지속 여부 관심……

뉴밀레니엄이 한 달 앞으로 다가왔다.

지구촌은 새로운 밀레니엄을 맞아 축제 준비가 한창이다. 국가는 국가대로 '1000년 대계 짜기'에 여념이 없다. 기업들은 생존과 발전을 위해 새로운 밀레니엄을 준비하고 있다. 인간도 스스로 어떻게 살아가야 할지 고민에 빠져 있다. 세계는 지금 변화와 변혁의 한복판에 놓여 있는 셈이다.

희망과 환희에 가득 차 있지만 다른 한편으로는 불안과 회의도 적지 않다. 다가올 뉴밀레니엄은 지난 세기와는 달리 변화 속도가 훨씬 빠르다는 점에서 그렇다.

……

인간 삶의 양태에서부터 사고, 국가 경제·사회적 시스템을 뿌리째 흔들어 놓을 게 분명하고 이미 이 같은 조짐이 나타나고 있다.

20세기 말 세계를 강타하고 있는 인터넷 물결은 모든 것을 바꾸어 놓았다. 전통적 산업은 그 힘을 잃고 있으며 지식시대 도래로 인간 가치관을 전환시켰다.

……

경제·사회·인간생활을 송두리째 바꾸어 놓은 인터넷의 발전은 앞으로 적어도 30년은 계속될 것으로 전망된다. "인터넷은 차가 지나간 고속도로와 같은 구실을 한다. 인터넷은 정보의 고속도로다. 정보 이동량이 많아지면 끊임없이 확장될 것이다."

1999.12.1

한국투신 "주가 내년 최고 1350 전망"

대우證은 내년 1분기 1300 예상

내년 주식시장은 기업들의 실적호조와 경기호황, 금리안정 등에 힘입어 종합주가지수가 최고 1350까지 상승할 것으로 전망된다.

한국투자신탁은 7일 '2000년 경제와 주식시장 전망' 보고서를 통해 내년 종합주가지수대를 최저 900부터 1350까지로 내다봤다. 분기별로 보면 4분기에는 뉴밀레니엄에 대한 기대와 기업실적 호전 등을 바탕으로 1250선까지 오르는 강한 상승세를 보일 것으로 예상했다.

……

대우증권 리서치센터는 이날 '2000년 주식시장 전망' 자료에서 내년 4분기에 최고 1300까지 올라 사상 최고치를 경신할 것이라고 분석했다.

……

대우증권은 내년 4분기에 미국 경제가 연착륙하면서 국외 증시가 안정적인 상승 흐름을 타 국내 주가에도 긍정적인 영향을 미치고 경기확장세가 이어지면서 기업들의 실적 호전이 지속돼 주가 상승의 기반을 다질 것이라고 분석했다.

1999.12.8

당시 한 증권사는 2000년 진입을 목전에 두고 다음해 국내 경제성장률이 6.5~7%에 달하고, 종합주가지수는 1300~1400선까지 상승할 것으로 내다보았습니다. 주도주는 정보통신과 인터넷 관련 주가 될 것이라고 전망했지요.

이런 전망이 나온 지 한 달도 되지 않아 닷컴 버블 붕괴가 시작되었고, 전 세계 증시가 폭락했습니다. 증권사와 언론 매체의 보도를 믿고 투자했던 투자자들은 큰 손실을 보았지요.

닷컴 버블 붕괴를 통해서도 우리는 중요한 가르침을 얻을 수 있습니다. 뭔가 세상이 달라지고 있다는 꿈과 희망, 그리고 자신감이 넘치는 사회 분위기 속에서 시장이 활활 타오르고 있을 때 이미 화산은 폭발할 준비를 합니다.

끓어오르는 활화산 아래에서 불길에 뛰어드는 어리석은 짓을 하면 안 됩니다. 화산이 폭발할 때까지 멀찌감치 떨어져 기다리는 것이 현명합니다. 위기 이후에는 분명히 기회가 옵니다. 이것이 1987년 블랙먼데이와 2000년대 초반 닷컴 버블 붕괴, 2008년 금융위기 등 전 세계를 공포로 몰아넣었던 금융시장 붕괴의 역사가 가르쳐 주는 교훈입니다.

중국인에 이어 한국 투자자까지 울린 '후강퉁' 신기루

최근 목격된 집단 최면 전염병은 2015년 상반기에 있었습니다. 이른바 '중국 증시 쇼크'가 중국 투자자들은 물론이고 국내 투자자들까지

늪에 빠트렸던 사건이죠.

2014년 하반기에 접어들자 중국 증시는 하루가 멀다 하고 치솟기 시작했습니다. 중국 증시에 관심을 갖고 바라보던 사람들은 초반에는 '곧 상승세가 끝나겠지'라고 생각하며 경계하는 모습을 보였지요.

그러나 우려와는 달리 중국 증시 상승세는 1년이 지나도록 꺾이지 않았습니다. 경계심을 가졌던 개인 투자자들은 점점 집단 최면에 빠져들기 시작했습니다. 그리고 이미 엄청나게 치솟아 있는 중국 증시에 확신을 가지고 뛰어들기 시작했습니다.

2015년 4월 제가 만난 증권사 직원은 이렇게 이야기했습니다.

"요즘 중국 투자 안 하면 시대에 뒤처지는 겁니다. 중국 사람들 돈이라면 환장하잖아요. 요즘 중국 사람들이 말이에요, 주식에 눈을 떠가지고 진짜 엄청나게 투자하고 있어요. 중국에 가보면요, 개미들이 요즘 불나방처럼 주식시장으로 달라붙고 있대요. 무슨 말인지 아시죠? 지금은 뭐 분석이 필요 없어요. 업종 불문하고 중국 주식 그냥 아무거나 사두세요. 지금 당장 사세요. 안 그러면 늦어요, 늦어."

그는 "지금 중국 주식 안 사면 정말 후회한다"며, '후강퉁沪港通*' 시대가 열린 지금 중국 증시 상승세는 그저 시작일 뿐이니 자신만 믿고 여윳돈이 있으면 무조건 중국 펀드에 가입하라고 침을 튀기며 이야기했습니다.

당시 중국 증시는 2008년 이후 줄곧 2000선 안팎에서 등락하다

■ 그림8. 2006년 이후 중국 상하이종합 증시 흐름

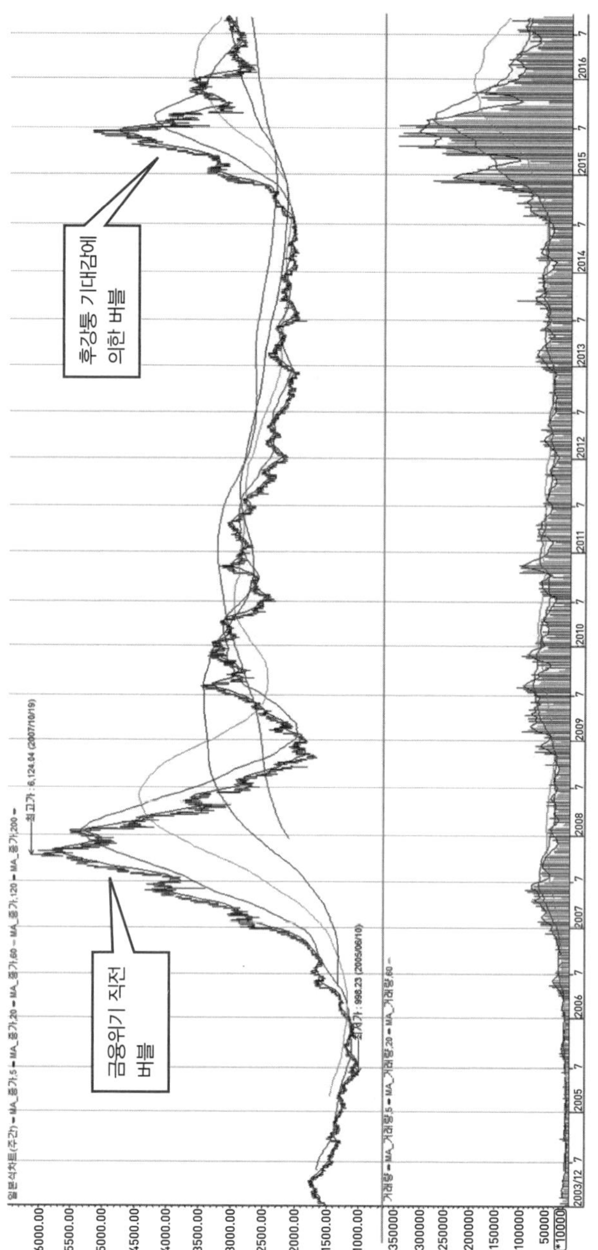

가 7년 만에 다시 3000선을 회복하면서 가파른 상승 곡선을 그리고 있었습니다.

당시 중국 상하이 증시가 다시 호황기를 누리게 된 것은 두 가지 이유 덕분이었습니다. 첫째는 글로벌 금융위기 이후 중국의 빠른 경기회복이고, 둘째는 중국 정부가 외국인 개인 투자자의 중국 내 자본시장 투자를 허용한 '후강퉁' 제도입니다. 중국 자본시장은 후강퉁 덕분에 외국인 투자금이 밀려 들어오면서 역사적 전환점을 맞고 있었습니다.

후강퉁 제도는 2014년 11월 17일부터 정식으로 시행되었습니다. 이때부터 중국 이외의 국적을 가진 개인 투자자들도 중국 증시에 투자할 수 있는 길이 열렸습니다.

그전에는 외국인 개인 투자자들이 중국 증시에 투자할 기회가 없었습니다. 오로지 중국 정부로부터 승인을 받은 외국인 기관투자가, 이른바 '적격외국기관투자가Qualified Foreign Institutional Investor, QFII'만이 중국 주식시장에 투자할 수 있었지요.

후강퉁이 처음 개장한 직후에는 국내 투자자들의 참여가 많지 않았습니다. 과거 중국에 투자했다가 '덴' 기억이 있어 중국에 대한 감정이 그리 좋지만은 않았기 때문일 겁니다.

그러나 중국에 대한 미심쩍은 감정도 치솟는 증시 앞에서는 금세 녹아 내리고 말았습니다. 두 자릿수 성장률을 보이면서 천지개벽하고 있는 중국이 드디어 자본시장 문을 열고 외국계 자금을 받아들이겠다고 천명하자 전 세계 자금이 중국으로 밀려들고 있었으니까요.

앞서 제가 만났던 증권사 직원의 말은 참 그럴듯했습니다. 중국 경제성장률이 최근 크게 둔화되기는 했지만 여전히 전 세계를 통틀어 가능성이 가장 높은 시장임은 분명해 보였으니까요. 게다가 중국은 성장률 하락 문제를 해결하기 위해 각종 경기 부양 정책도 적극적으로 내놓고 있었습니다.

증권사 직원은 또 "후강퉁뿐 아니라 이후 중국 선전 증시를 외국인 개인 투자자에게 개방하는 '선강퉁深港通'까지 실시된다고 하니 그때까지 쭉 중국 자본시장이 활황을 이어 갈 것"이라고 설명했습니다.

실제로 2000선에서 등락을 거듭하던 상하이종합지수는 2015년 3월 급등하기 시작해 4월에는 4000선을 돌파했습니다. 그 후에도 상승세는 무섭게 이어졌지요. 주가는 고삐 풀린 말처럼 끊임없이 달리더니 6월에는 5000선까지 돌파했습니다.

사실 중국 증시는 지난 2008년과 아주 흡사한 흐름을 보이고 있었습니다. 과거 중국 증시는 2006년부터 2007년 말까지 채 2년도 되지 않아 990선에서 6100선까지 6배 이상 뛰어올랐지만, 금융위기가 들이닥친 2008년 한 해 동안 상승분을 모두 반납하는 대폭락 사태를 겪었습니다. 당시 중국 증시의 폭락은 중국 개인 투자자들의 계좌를 깡통으로 만들었지요.

사람들은 중국 증시가 과거에 이러한 대폭락 사태를 경험한 사실을 알고 있었습니다. 그러나 어느 순간부터 '이번에는 다르다'라는 생각이 투자자들의 머릿속을 지배하게 되었지요. '이번 상승세가 적어도 전고점까지는 가겠지' 하는 믿음이 생기기 시작했습니다.

2015년 4월, 상하이종합지수가 4000선을 넘어서자 그 믿음은 더욱 확고해졌습니다. 집단 최면 상태가 온 것이죠. 국내 증권사들도 앞다퉈 중국에 투자하는 펀드 상품을 내놓기 시작했습니다. 매일같이 '10년을 보유하면 집 한 채를 장만해 줄 중국 주식'과 같은 추천 종목들이 쏟아졌지요.

당시 중국 현지에서는 상하이종합지수가 무려 7000선까지 상승할 것이라는 증권사 리포트가 발간되기도 했습니다. 실제로 중국의 광다光大증권은 "이 같은 상승세가 유지된다면 2015년 하반기에는 상하이종합지수가 7000선에 도달할 수 있다"는 분석 보고서를 내놓아 눈길을 끌기도 했지요.

그러나 이번에도 중국 증시 대세 상승이라는 집단 최면 현상이 나타나는 순간부터 거품 붕괴는 시작되고 있었습니다. '이번에는 다르다'라는 믿음은 또 개인 투자자들을 배신하고 말았습니다. 2015년 6월부터 시작된 중국 자본시장의 붕괴, 이른바 '중국 금융 쇼크'가 현지는 물론 전 세계 금융시장의 회복세에 찬물을 끼얹었습니다.

상하이 증시는 2015년 6월 12일 5170선을 밟은 뒤로 빠르게 붕괴했습니다. 2016년 1월에는 2600선까지 주가가 하락해 6개월 사이에 절반가량 주저앉게 되었지요. 그 후에도 중국 증시는 불안한 흐름을 이어 갔고, 중국 증시가 급락할 때마다 국내 증시의 변동성도 커지는 흐름을 이어 갔습니다.

후강퉁을 통해 중국에 투자했던 우리나라 투자자들도 큰 손실을 보았습니다. 당시 국내 증권사들은 중국 본토와 홍콩에 투자하는 펀

■ **그림9. 국내 중국 투자 주식형 펀드 설정액 추이**(단위: 억 원)

• 자료: 에프앤가이드, ETF포함

드를 앞다퉈 내놓았는데, 공교롭게도 중국 시장의 폭락은 국내의 중국 관련 펀드 설정액이 가파르게 커진 순간부터 시작되었습니다. 국내 투자자들의 소중한 돈이 중국 증시 거품을 만드는 데 일조한 것입니다.

[그림9]는 국내 주식형 펀드 가운데 중국 본토에 투자하는 펀드의 금액(설정액)을 나타낸 것입니다. 2015년 상반기 대중 투자자들이 급격히 시장에 밀려드는 한복판에서 증시 붕괴가 시작된 것을 확인할 수 있지요.

국내의 중국 펀드는 대부분 당시의 중국 증시 쇼크로 말미암은 폭락으로 입은 손실을 오랜 시간이 지난 지금까지 여전히 만회하지 못하고 있는 실정입니다. 여기서도 맨 처음 이야기했던 '버블의 법칙'을 확인할 수 있습니다. 앞서 이미 살펴보았지만 중요한 문제이니만큼 한 번 더 이야기를 하겠습니다.

금융시장은 거품을 만들어 내고, 거품이 어느 정도 부풀어 오르면 쓰나미로 거품을 청소합니다. 2015년 하반기부터 2016년 초까지 중국 시장에서 나타난 버블 붕괴가 그것을 여실히 보여주었습니다.

쓰나미가 왜 생기는지, 언제 올지는 정확히 알 수 없습니다. 여기서 말씀드리고 싶은 한 가지 확실한 사실은 항상 대중들의 쏠림이 거품을 만들고, 거품이 커지면 쓰나미가 온다는 것입니다. 따라서 쓰나미의 징후를 읽을 수 있는 가장 확실한 신호는 바로 대중의 쏠림이라고 할 수 있습니다.

우리는 모두 대중의 한 사람이기 때문에 쏠림 현상에 휩쓸릴 가능성이 있습니다. 그러므로 위기에서 오는 기회를 잡으려면, 대중의 쏠림 현상과 집단 최면을 경계하고 언제든 쓰나미가 올 수 있다는 점을 곱씹으면서 깨어 있어야만 합니다.

| Part 2 |

위기의 끝에서 반짝이는 기회를 잡아라

위기의 시대를 준비하는 **투자 마인드**

전문가들이 예찬하는 장기 투자가 무조건 정답은 아니다

이제 본격적으로 '위기의 시대'의 재테크에 대한 이야기를 해 보려고 합니다. 우리가 추구하는, 위기를 기다리는 전략에서는 기존의 투자 상식이 통하지 않습니다. 위기의 시대에는 우리가 옳다고 믿고 있는 재테크나 투자의 상식이 오히려 우리의 소중한 자산에 손해를 가져오는 결과를 초래할 수 있습니다.

지금부터 이야기할 내용은 실제로 큰돈을 굴리는 트레이더들과 성공적인 재테크를 하고 있는 재야의 투자자들이 귀띔해 준 '고수들의 재테크 마인드'입니다. 정통적 가치투자를 지향하는 일부 투자자들은 다소 동의하지 못하는 내용이 포함되어 있을 수도 있으나, 널리

양해를 바랍니다. 세상에는 다양한 의견이 존재하니까요.

우선 첫 번째 주제는 우리가 모두 선善이라고 믿고 있는 '장기 투자'가 과연 정답이냐는 문제입니다. 결론적으로 말하면, 증권 전문가들이나 재테크 전문가들이 예찬하는 장기 투자는 위기의 시대에 덮어놓고 좋은 결과를 가져다주지는 않습니다.

장기 투자는 무조건 옳은 투자법일까?

"10년을 보유하지 못할 주식이라면 10초도 보유하지 마라!"

투자의 귀재 오마하의 현인, 워런 버핏Warren Buffett이 남긴 아주 유명한 말입니다. 재테크에 관심 있는 사람 가운데 이 문구를 들어 보지 않은 사람이 있을까 싶습니다. 재테크 시장에서 워런 버핏이 남긴 말은 마치 속담처럼 반드시 지켜야 할 규칙으로 받아들여지고 있는데, 그중에서도 이 문구가 단연 가장 유명합니다.

워런 버핏의 이 명언은 장기 투자를 권하는 대표적인 관용구로 사용되고 있습니다. 많은 증권 전문가들이 매일 시황에 따라 10초에 한 번씩 부화뇌동하는 개인 투자자들의 어리석음을 지적하면서 바로 이 문구를 써먹곤 합니다. 텔레비전, 특히 증권방송에서도 '장기 투자와 복리의 마법' 등을 주제로 설명하면서 많은 전문가들이 워런 버핏의 말을 인용해 "결론은 장기 투자"라고 이야기하지요.

그러나 이런 방송을 만약 워런 버핏이 본다면 어떤 반응을 보일까요? 아마도 머리를 긁적이면서 "이게 아닌데"라고 중얼거릴 겁니다.

사실 “10년을 보유하지 못할 주식이라면 10초도 보유하지 마라”라는 그 말의 진의는 장기 투자를 강조한 것이 아니기 때문입니다.

워런 버핏이 강조하려 했던 것은 오래 투자하는 ‘인내심’이 아닙니다. 물론 인내심도 중요하지요. 그러나 워런 버핏이 인내심보다 강조하고자 했던 부분은 ‘10년을 보유할 만큼 가치 있는 주식’, 즉 미래가 유망한 주식을 잘 골라야 한다는 것입니다. 장기 투자는 그다음 이야기지요.

다시 말해 10년을 보유해도 아깝지 않을, 미래가 확실한 물건을 잘 고르는 것이 최우선입니다. 그 후에는 매일 변하는 시황에 흔들리지 말고 인내심을 갖고 그 주식을 보유해야겠지요. 본질적으로는 오랫동안 한곳에 투자하는 인내심보다는 어디에 투자하느냐가 더욱 중요하다는 말입니다.

장기 투자는 10년 동안 묻어 둘 수 있는 좋은 물건일 때에만 필요한 것입니다. 시원치 않은 물건을 아무리 오래 붙들고 있어 봐야 좋은 결과를 기대할 수는 없겠지요. 따라서 전문가들이 “무조건 오래 투자하라”고 이야기한다고 해서 그 말을 그냥 맹신해서는 안 됩니다. 어디에 투자해야 할지 고민하지 않은 채 무조건 오래 투자하는 맹목적인 장기 투자는 매우 위험합니다. 특히 위기를 앞둔 시점에 이러한 장기 투자는 바람직하지 못한 결과를 초래할 가능성이 매우 큽니다!

장기 투자는 훌륭한 투자 전략이라고 할 수 있지만, 가장 효율적인 투자라고 보기는 어려운 면이 있습니다. 특히 위기를 앞둔 시점에 장기 투자를 했다가는 ‘함정’에 제대로 걸려들 수 있습니다.

장기 투자의 함정이라면 아마도 '아무리 기다려도 수익이 나오지 않는 상황'을 의미하겠지요. 앞으로 설명하겠지만, 장기 투자 도중에 2008년과 같은 대형 위기를 맞게 된다면 그동안의 투자는 완전히 무너지고 회복 불능 상태가 되고 맙니다. 큰 쓰나미를 겪은 이후에는 아무리 기다려도 수익이 나지 않습니다. 본전을 찾는 것도 쉽지 않지요. 기껏 오래 투자해서 상처와 손실만 남게 되는 것입니다.

가까운 미래에 위기가 올 수 있다고 보면, 맹목적인 장기 투자는 별로 좋은 전략이라고 보기 어렵습니다. 단기적으로 시황에 따라 대응하면서 적절히 '갈아타는' 투자(매매)가 더 적합할 수 있습니다. 적절히 갈아탈 자신이 없다면 차라리 위기가 올 때까지 투자에서 손을 떼고 기다리는 편이 더 나을 수 있습니다.

시장이 불안할 때는 방망이를 최대한 짧게

앞으로 다가올 금융위기의 쓰나미를 대비하면서 위기 이후의 재테크 골든타임을 도모하고자 한다면 장기 투자의 함정을 경계해야 합니다.

장기 투자는 잠시 잊어버립시다. 가벼운 마음으로 방망이를 짧게 쥐고 재테크에 임하면서 위기를 준비하는 편이 좋습니다.

그렇다고 장기 투자를 영영 하지 말라는 것은 아닙니다. 장기 투자는 때가 있습니다. 1~2년간 묻어 두는 긴 투자는 우리가 그토록 기다리는 재테크 골든타임이 왔을 때, 그때 시작해야 합니다.

단기 투자는 '트레이딩'이라고도 합니다. 트레이딩은 재테크족의 소중한 재산을 지키기 위해 꼭 필요한 전략 중 하나입니다.

큰 위기가 도래하거나 위기 이후 시장의 분위기가 급변하는 상황이 예상된다면 장기 투자를 고집하기보다는 단기 매매를 활용해 적극적으로 대응해야 합니다. 특히 극심한 공포심으로 시장 붕괴가 발생한 상황에서는 시장의 분위기에 맞는 적절한 대응이 매우 중요합니다. 쓰나미가 오고 있는데도 장기 투자를 한다는 이유로 투자를 유지하고, 언젠간 회복될 것이라는 희망을 가지고 커지는 손실을 바라만 보고 있어서는 안 된다는 이야기입니다.

장기 투자가 말처럼 쉽지 않듯, 단기 투자도 결코 만만하지 않습니다. 단기 투자는 부화뇌동하여 매수와 매도를 반복하는 것을 의미하지 않습니다. 시장의 분위기에 따라 적절하게 사고, 적절하게 파는 전략이죠. 이를 위해서는 고도의 노하우와 경험이 필요합니다.

사실 장기 투자보다는 단기 투자에 더 많은 노력이 필요합니다. 장기 투자는 그냥 묻어 놓은 채로 관심을 끊고 생업에 종사하면서 자연스럽게 이루어질 수 있지요.

그러나 단기 투자는 매일 시황을 체크해야 하고, 변덕스러운 시장의 움직임을 보면서 마인드 컨트롤을 해야 하는 어려움이 있습니다. 한편으로는 기회가 왔을 때 적절하게 대응할 수 있는 판단력도 필요하지요.

재테크에 성공하려면 맹목적인 소신 투자를 고집하기보다는 장기적 안목에서 시장의 사이클을 이해하고, 투자 계획과 원칙을 수립한 뒤 상황에 맞게 실행하고 대응하는 능력이 있어야 합니다.

어느 정도 투자에 내공이 쌓여 넓은 시야를 갖게 되면 시장의 큰 순환이 그려집니다. '상승→버블→붕괴→회복→상승→버블'로 반복되는 사이클 가운데에서, 장기 보유 목적의 투자와 시장의 분위기가 전환되는 시점의 단기 트레이딩이 조화를 이루어야 '괜찮은' 재테크 결과가 나올 수 있습니다.

'장기 적립식'으로 모은 월급이 위기의 제물이 된다

장기 투자와 함께 꼬리표처럼 쫓아다니는 용어가 '적립식'입니다. "소액이라도 계속 쌓아 나가다 보면 원금이 꾸준히 늘어난다"거나 "복리효과까지 더해지기 때문에 장기 적립식 투자야말로 정보가 부족한 개인 투자자들을 부자로 만들어 줄 유일한 방법"이라는 조언을 금융회사에서 귀에 못이 박이도록 들으셨을 겁니다.

우리나라에서도 적립식 상품은 재테크족 사이에서 상당히 대중화된 투자 문화로 자리 잡았습니다. 눈 딱 감고 매월 꾸준히 돈을 넣으면 목돈으로 불어날 거라고 생각하고 많은 사람이 적립식 상품에 가입합니다. 실제로 많은 금융회사가 '적립식으로 모아서 목돈을 만들어 준다'는 식으로 홍보합니다.

그런데 이상하지요. 주변에서 장기 적립식 재테크로 부자가 되었다는 사례를 찾기가 쉽지 않습니다. 수소문해 보면 이런저런 금융상품으로 적립식 투자를 하고 있는 사람들을 쉽게 찾을 수 있습니다. 그중에는 5년 이상 투자해 온 사람들도 많습니다.

그러나 많은 개인 투자자가 돈을 벌지 못했습니다. 오히려 '아직도 손실을 회복하지 못했다'고 호소하는 사람들이 더 많지요. 왜 그럴까요? 적립식 상품이 형편없어서일까요? 사실 적립식 투자의 성과는 상품의 품질보다는 타이밍에 달려 있습니다. 언제 적립식 투자를 시작하고, 언제 끝내느냐가 성과를 좌우한다는 것이죠.

적립식 투자는 성과가 아무리 좋았다고 해도 시장이 붕괴되는 위기를 피하지 못하면 그동안 피땀 흘려 모은 월급이 모두 '위기의 제물'이 되는 구조를 가지고 있습니다.

좀 더 이해하기 쉽게 설명해 보겠습니다. 적립식은 초반에는 투자금액이 적기 때문에 주가나 펀드 수익률이 아무리 많이 오르내려도 눈에 보이는 수익과 손실은 크지 않습니다. 그런데 매월 월급을 꾸준히 모아서 2~3년이 지나 꽤 많은 목돈이 모여 있다면 이야기가 달라지겠지요.

만약 이때 수익률이 고꾸라진다면 어떻게 될까요? 100만 원씩 2~3차례 적립된 상황에서 10% 손실이 나는 것과 이렇게 2~3년간 적립된 투자금에 10% 손실이 발생하는 것은 하늘과 땅 차이입니다.

적립식 투자 초기에 호황기를 만나 수익률이 좋았다고 가정합시다. 그러나 적립식으로 투자한 지 3년 정도 지난 시점에 2008년과 같은 위기를 만나게 된다면 앞서 펀드로 벌어들인 돈을 모두 잃게 되는 건 물론이고 원금도 큰 손실을 보게 될 겁니다.

반대로 투자 초반에는 좀 지지부진했다고 해도 시간이 갈수록 수익률이 높아진다면 전체 투자 성과는 매우 좋아집니다. 즉 적립식 투자는 투자 기간의 펀드 수익률이 V, 또는 J 모양의 곡선을 그려 주어야 성공적인 결과를 가져옵니다. 전반전에는 잘나가다가 후반전에 고꾸라지는 역V자 형태를 그린다면 적립식 투자는 그야말로 실패하게 되는 것이죠. 투자 기간 중에 2008년 글로벌 금융위기와 같은 상황을 만나게 되는 경우가 좋은 예입니다.

장기 적립식 투자는 투자를 시작하고 어느 정도 시간이 흐른 상황에서 큰 위기를 만나게 되면 결코 좋은 성과를 기대할 수 없습니다. 펀드나 보험 상품처럼 적립식으로 이루어지는 투자는 대부분 이러한 구조를 가지고 있습니다. 주기적으로 투자금을 납입해 나가는 투자법이 가진 한계라고 볼 수 있지요.

물론 적립식 금융상품에 가입한 순간부터 계속 수익률이 우상향한다면 가장 좋은 시나리오겠지만 현실적으로 이러한 수익률 곡선은 존재하지 않습니다. 시장에서는 늘 호황, 버블 형성, 붕괴의 사이클이 반복되기 때문입니다.

앞서 이야기했지만, 쓰나미가 금융시장을 휩쓸고 간 다음이 장기 적립식 투자를 하기에 최적의 시점입니다. 이 시기에 투자하면 장기적으로 V형 곡선의 수익률을 기대해 볼 수 있습니다. 이러한 원리는 사실 적립식 투자뿐 아니라 다른 여러 투자에서도 마찬가지입니다.

반복되는 시장의 사이클과 적립식 투자의 구조를 이해했다면 금융상품 투자를 언제 시작해야 할지, 그 답은 이미 나와 있습니다. 언제 위기가 닥칠지 모르는 상황에서 오랜 기간 돈이 묶이는 적립식 투자를 시작하는 것은 별로 바람직하지 않습니다. 기다렸다가 위기 이후

회복이 시작될 때 적극적으로 투자에 나서는 것이 옳은 선택이라고 봅니다.

위기를 피해야 기회를 잡는다

"정말 그때 그 순간은 아직도 잊혀지지가 않습니다. 일주일 동안 악몽을 꾸는 것 같았으니까요. 내일이 오는 게 두려울 정도였습니다. 매일같이 장대 음봉이 분단위로 계속 이어졌어요. 말 그대로 망연자실했습니다.

떨어지는 기세에서 정말 '날개가 없다'는 말이 실감났습니다. 저점? 그런 걸 생각할 겨를이 없었어요. 내일은 반등하겠지 하는 기대로 출근하면, 어김없이 폭락……. 하염없이 시장을 바라보고만 있을 수밖에 없었죠. 정신을 차리고 보니 고객 계좌는 회복 불능 상태가 되어 버렸더라고요."

그리스의 디폴트 우려로 말미암은 유럽의 재정위기로 증시가 급격하게 무너지고 있었던 2011년 8월 어느 날, KDB대우증권의 직원은 당시 상황을 위와 같이 표현했습니다. 그 자신이 십수년간 증권사에서 영업일을 하며 크고 작은 금융위기를 겪었지만 '쇼크'가 발생해 투매가 나타날 때는 늘 이성적 판단을 하기가 쉽지 않다고 합니다.

매일 증시를 들여다보는 전문가들도 위기 상황에서는 정신을 차리기가 힘들다고 말합니다. 시장을 뒤흔드는 위기가 오면 전문가라는 사람들의 뇌조차 마비되는데, 일반 개인 투자자인 우리는 오죽할까요.

패닉 장세가 오면, 대부분 사람이 공포에 질려 사고가 멈춰 버립니다. 붕괴 원인을 분석하거나 그에 대응하는 정상적 사고를 하지 못하고 우왕좌왕하지요. 설령 정신을 차리고 있다고 해도 시장은 사람들이 위기의 원인과 대응 전략을 고민할 여유를 주지 않고 빠르게 무너집니다.

펀드매니저에게 2008년 금융위기와 2011년의 위기가 갑자기 터졌을 때 어떤 심정이었는지 물어 본 적이 있습니다. 그는 "도시 한복판에서 갑자기 억수같이 소나기가 쏟아지는데, 우산은 없고 주변을 둘러봐도 비를 피할 처마조차 없어 쫄딱 비를 맞고 있는 기분"이었다고 표현했고, 그 말이 참 공감 갔습니다.

그래도 그나마 시장에서 '투자 활동'을 업으로 삼고 사는 사람들은 공포감이 지배하는 분위기 속에서도 재빨리 냉정을 찾고 행동에 나섭니다. 그리고 이들은 '시장은 끝없이 붕괴되는 것이 아니라 항상 그 끝이 존재하며, 위기의 끝자락에서부터 반드시 기회의 씨앗이 자란다'는 사실을 잘 알고 있습니다.

시장에서 잔뼈가 굵은 진짜 선수들은 위기가 왔을 때 어떻게 행동할까요? 지금부터는 이에 대한 해답을 함께 찾아보도록 하겠습니다.

재테크 골든타임을 잡는 3단계

위기의 시대에 성공적인 재테크를 하는 첫 단계는 위기가 왔을 때 휩쓸리지 않고 재산을 지켜내는 것입니다. 그러려면 위기 직전에 나타나는 거품에 뛰어드는 오판을 하면 절대 안 되겠지요.

일단 쓰나미를 잘 피했다면, 그다음에는 앞으로 열릴 기회의 시간을 기다리면서 효율적인 투자 전략을 짜기만 하면 됩니다.

결론적으로 이야기하면, 위기 시대의 재테크는 3단계로 정리할 수 있습니다. '첫째, 위기를 피하라. 둘째, 바닥을 기다려라. 셋째, 기회의 시간이 오면 재테크 골든타임을 누려라.'

시장에 금융위기가 닥쳐 거품이 붕괴하기 시작하면, 많은 투자자의 관심은 '과연 이 붕괴의 끝이 어디인가? 도대체 바닥은 어디인가?'에 쏠리게 됩니다. 시장은 한 치 앞도 예측할 수 없기 때문에 바닥이라고 생각한 곳에서 다시 붕괴하기도 하고, 더 붕괴할 것 같다가도 반등하면서 안정을 되찾기도 합니다. 그러다가 다시 걷잡을 수 없이 와르르 무너져 내리는 것이 시장의 움직임이죠.

꾸준히 추락하는 상황에서는 바닥을 정확하게 판단하기가 쉽지 않습니다. 시장에 대한 예측은 신의 영역이기 때문입니다. 다행스럽게도 바닥을 정확히 예상하는 작업이 재테크 골든타임으로 가기 위한 필수는 아닙니다. 여기서 정밀한 분석을 통해 정확히 바닥을 예측하는 방법을 소개하려는 것도 아닙니다.

바닥 예측보다 우선적으로 투자자들이 생각해야 할 것이 있습니다. 쓰나미를 무조건 피해야 한다는 것입니다. 갑자기 닥친 위기를 피하지 못하고 큰 손실을 내면 그 후에는 기회를 잡을 실탄도, 의욕도 없어지는 상태가 되고 말기 때문이죠.

뒤에서 자세히 이야기하겠습니다만, 위기에 휩쓸리지 않고 자산을 잘 지켜 놓기만 하면 그 후에는 어느 정도 신뢰도가 높은 바닥 구간을 찾는 방법이 존재합니다. 비록 정확한 바닥 구간을 찾지 못했다고 해도 재테크 골든타임으로 가는 데 큰 영향을 미치는 것도 아닙니다.

어쨌든 쓰나미가 왔을 때는 여러 투자처에 투자되어 있는 소중한 재산이 휩쓸려 가지 않도록 재빨리 '대피'를 시켜야 합니다. 그러려면 평소에 투자자산의 엉덩이가 무거워서는 곤란합니다. 이 책의 서두에서 '위기에서 기회를 잡으려면 엉덩이가 가벼운 금융자산 위주로 재테크 포트폴리오를 구성해야 한다'고 했던 것을 기억하시죠? 위기가 왔을 때 언제든지 매도해 현금화할 수 있거나 '헤지Hedge, 위험 회피'가 가능한 자산에 투자되어 있어야 빠르게 위기에 대처할 수 있습니다.

그러나 쓰나미를 동반한 폭풍우가 막 몰아치려 할 때 투자자산을 대피시킨다는 것이 그리 쉽지만은 않습니다. 투자자산을 대피시키려면 '비용'이 발생하는데, 사람들은 대부분 그 비용을 매우 아까워하기 때문이죠.

과연 이 폭풍우가 쓰나미를 몰고 올지 아니면 소나기에 그칠지 모르기 때문에 개인 투자자들은 보통 '설마' 하는 생각으로 안일하게 대처하는 실수를 저지르고 맙니다. 물론 폭풍우가 소나기에 그칠 수도 있습니다. 그러나 진짜 쓰나미라면 어떻게 될까요? 투자자산은 통째로 파도에 휩쓸려 산산조각 나고 말 겁니다. 그보다는 혹시 모르는 위험에 대비해 대피시키는 것이 더 낫지 않을까요.

여기서 말하는 '대피 비용'을 전문적인 말로 손절매Loss-cut 또는 '헤지 비용'이라고 합니다. 손절매는 말 그대로 손실Loss를 자르는Cut 것이죠. 시장이 크게 흔들릴 때 발 빠른 손절매는 일부 손실을 확정하지만 투자자산을 현금화해 추가적인 가격 하락 위험에서 벗어나게 합니다.

그런데 이 손절매가 말처럼 쉽지 않습니다. 투자자들은 대부분 투자자산 가격이 하락하면 심리적으로 고통스럽기 때문에 무의식적으로 '반등하겠지'라는 생각을 갖게 됩니다. 부정적 정보는 스스로 거부하면서 긍정적 정보만 인식하려는 '자기방어 본능'이 작용합니다. 그렇게 계속해서 손절매를 미루다가 위기를 맞게 되고, 결국 반 토막 또는 반의반 토막까지 평가손실이 커져 더는 견디기 힘든 상황이 되어서야 실패를 인정하고 후회하지요.

증시 전망이 매우 어둡다고 판단될 때는 손실을 줄이면서 투자자산을 안전하게 대피할 수 있는 결단력이 필요합니다. 그렇다면 주가 대폭락이 발생하면 무조건 손절매해야 하는 걸까요? 일반 투자자들의 오해 가운데 하나가 손절매는 빠르면 빠를수록 좋다고 생각하는 것입니다. 그러나 꼭 그렇지는 않습니다. 주가가 하락했다고 무조건 빠른 손절매가 능사는 아닙니다. 그랬다가는 주가의 오르내림에 부화뇌동하기 쉬우니까요.

제가 만났던 재테크 고수들은 하나같이 손절매에 대해 확실한 원칙을 가지고 있었습니다. 예를 들어 본전 대비 -5%, -10%, -15% 등의 마지노선을 정해 둡니다. 그 이상 손실이 발생하면 깔끔하게 손절매하고 그 이후에 나타나는 기회를 기다리는 것이죠.

투자에서 손절매는 끝이 아니라 새로운 출발을 뜻합니다. 손절매가 아까워 위기를 피하지 못하면 다음에 도래하는 기회를 잡을 수 없다는 점을 꼭 기억하십시오.

당신이 모르는 '고급 정보', 거래량은 알고 있다!

쓰나미를 피했다면 드디어 재테크 골든타임을 향한 8부 능선은 넘은 겁니다. 성공적인 재테크에 절반은 다가섰다고 볼 수 있겠지요.

두 번째 단계는 언제 올지 모르는 기회의 신호를 포착하는 일입니다. 앞서 이야기한 위기의 끝자락, 바로 '바닥'을 찾는 단계이죠. 개인투자자들이 위기 이후 공포감이 지배하는 시장에서 위기의 끝자락을 정확하게 파악해 내기는 쉽지 않습니다.

앞서 이야기했듯이 우리의 목표는 정확한 바닥을 찾는 것이 아닙니다. 위기 이후에 오는 기회를 잡는 것이죠. 쓰나미를 제대로 피하기만 하면, 투자를 시작하는 타이밍이 바닥보다 조금 빠르거나 늦는다고 해도 크게 문제가 되지는 않습니다. 바닥 이후 재테크 골든타임은 생각보다 오랜 기간 천천히 지속되니까요.

그래도 어느 시점부터는 슬슬 마음의 준비를 해야 합니다. 바닥을 완벽하게 예측하는 것은 불가능하지만 '아, 이쯤 되면 바닥이 형성되어 가는 구간이 오겠구나'라고 짐작할 수 있는 신호는 분명 존재합니다.

바로 거래량을 보는 것입니다. 오랜 기간 자본시장에서 트레이딩을 해온 전문가들은 하염없이 붕괴하는 시장 가운데서 기회를 포착할 수 있는 가장 믿을 만한 신호가 '거래량'이라고 말합니다.

증시의 오랜 격언 가운데 "가격은 속일 수 있어도 거래량은 속일 수 없다"는 말이 있습니다. 거래량이야말로 대중 투자자들이 유일하게 기댈 수 있는 확실한 정보입니다. 거래량은 누구나 쉽게 참고할 수 있지만 가장 간과하기 쉬운 지표이기도 합니다.

증시가 꾸준히 하락하다가 거래량이 큰 폭으로 늘어나면서 진정되는 모습을 보인다면 그 부근이 바닥일 가능성이 높습니다. 그 이유는 다음과 같습니다.

투자를 업으로 삼고 있는 대형 투자기관들은 그들만의 네트워크를 가지고 정보를 공유합니다. '그들만의 네트워크'는 외국계 기관투자가들과도 연결되어 있습니다. 기관투자가들 사이에서도 시장 정보의 핵심인 메이저 그룹은 그들끼리만 공유하고 있는 정보를 토대로 '더는 시장이 무너지지 않을 것'이라는 확신이 서는 구간에서 매집을 시작합니다.

정보의 양이 제일 많은 핵심 그룹에서 시작해 기관투자가들이 서서히 매집을 해나가면서 어느 순간 거래량이 큰 폭으로 늘어나는데,

이러한 지점에서 바닥을 형성할 가능성이 매우 큽니다.

대규모 기관투자가 자금이 유입되면 시장의 지지력은 매우 단단해집니다. 이때부터는 악재나 부정적인 뉴스에도 시장은 잘 붕괴되지 않습니다. 기관투자가의 매수세가 유입되면 될수록 점점 단단한 바닥권이 형성되어 갑니다.

이 국면에서 개인 투자자들은 어떤 모습을 보일까요? 기관투자가들이 매집을 시작할 때 다수의 개인 투자자는 극도의 공포감에 휩싸인 채로 시장에서 도망칩니다.

이렇게 한 차례 대규모 손바뀜(개인→기관)이 일어나고 나면 기회의 문이 열리기 시작합니다. 시장이 이제 바닥을 쳤다는 사실을 확인한 기관투자가들이 차츰 들어오면서 증시는 다시 회복되는 흐름을 보입니다. 이때까지도 개인 투자자들은 기회가 왔다는 사실을 잘 인식하지 못합니다.

그러다가 일정 수준까지 회복되고 한창 상승 국면으로 접어들고서야 대중 투자자들은 시장으로 되돌아옵니다. 개인 투자자들이 밀려들어와 다시 거품을 만들어 내면서 붕괴의 서막을 알리는 사이클이 시작되는 것이죠.

[그림10]을 한번 볼까요. 이것은 지난 2008년 글로벌 금융위기와 2011년 유럽 재정위기 당시 코스피 200의 주가와 거래량을 주간 단위로 나타낸 자료입니다.

2008년 9월 투자은행 리먼브라더스가 파산한 이후 공포 상태가 지속되다가 2008년 연말께부터 2009년 초까지 거래량이 크게 늘면

■ 그림10. 2008년 글로벌 금융위기와 2011년 유럽 재정위기 당시의 코스피 200 거래량

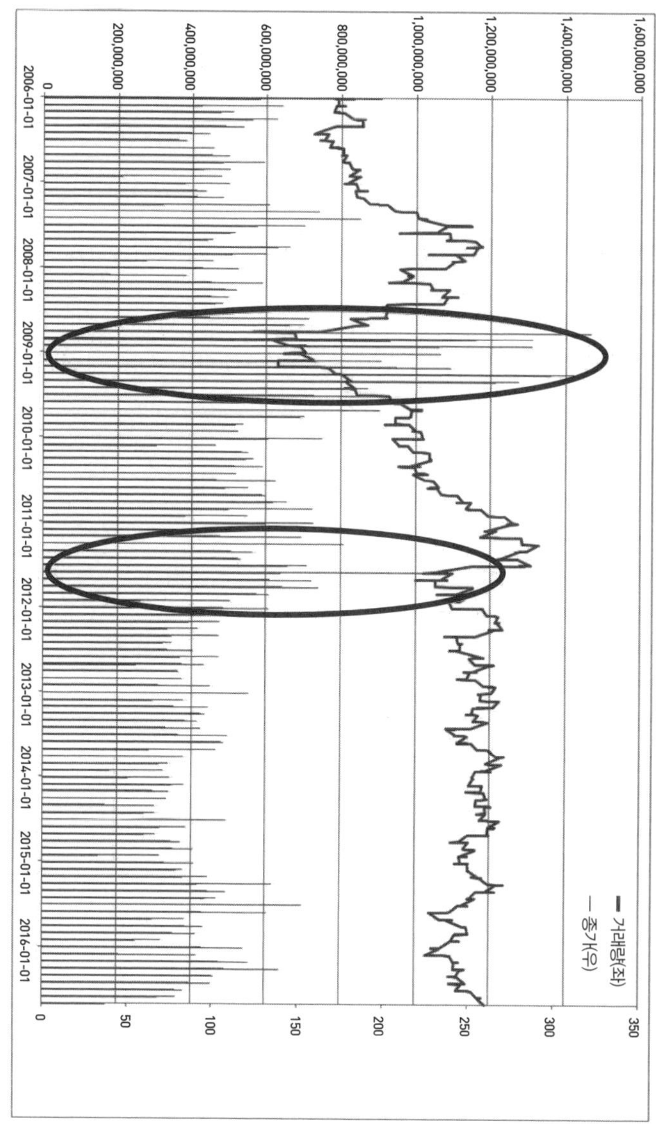

서 시장이 더 이상 하락하지 않는 흐름이 보입니다.

당시 시장 상황은 '아비규환'이었지만 이 단계에서 정보를 가진 핵심 기관투자가들이 공격적으로 시장에 진입한 것을 거래량으로 확인할 수 있습니다. 그 후부터 다시 몇 차례 거래량이 크게 늘어나는 모습이 보이지요. 그리고 시장이 차츰 회복되면서 상승 흐름으로 가는 사이클을 관찰할 수 있습니다.

2008년 글로벌 금융위기 시점뿐 아니라 2011년 유럽 재정위기 당시에도 시장 붕괴 상황에서 유사한 장면이 반복되었습니다. 시장이 크게 하락한 이후 거래량이 크게 치솟는 지점을 전후로 단기적인 바닥 구간이 형성되는 모습이 보이지요.

개별 주식에서도 마찬가지로 거래량을 통해 변곡점을 예측해 볼 수 있습니다. [그림11]은 삼성전자 주가와 거래량 추이입니다.

주가가 하락세를 보이다가 거래량이 큰 폭으로 높아지는 구간에서 바닥을 형성하는 경우가 많습니다. 이는 기관투자가들이 많이 거래하는 대형주에서 더 도드라지게 드러나는 특징이기도 하지요. 핵심 정보와 함께 면밀한 분석력까지 갖춘 소수 기관투자가들이 정보를 공유하면서 집단적으로 움직이기 때문에 기관 거래 비중이 높은 대형주에서는 거래량이 신뢰도 높은 신호를 줍니다.

다만, 개인 투자자의 비율이 높은 코스닥 주식 같은 경우 거래량의 변화와 주가의 관계는 크게 의미가 없습니다. 개인 투자자들은 정보가 많지 않아 시세 변화에 따라 투자심리가 요동치고, 집단적으로 움직이지 않아 유의미한 거래량을 만들어 내지 못하기 때문입니다.

■ 그림11. 삼성전자 주가와 거래량

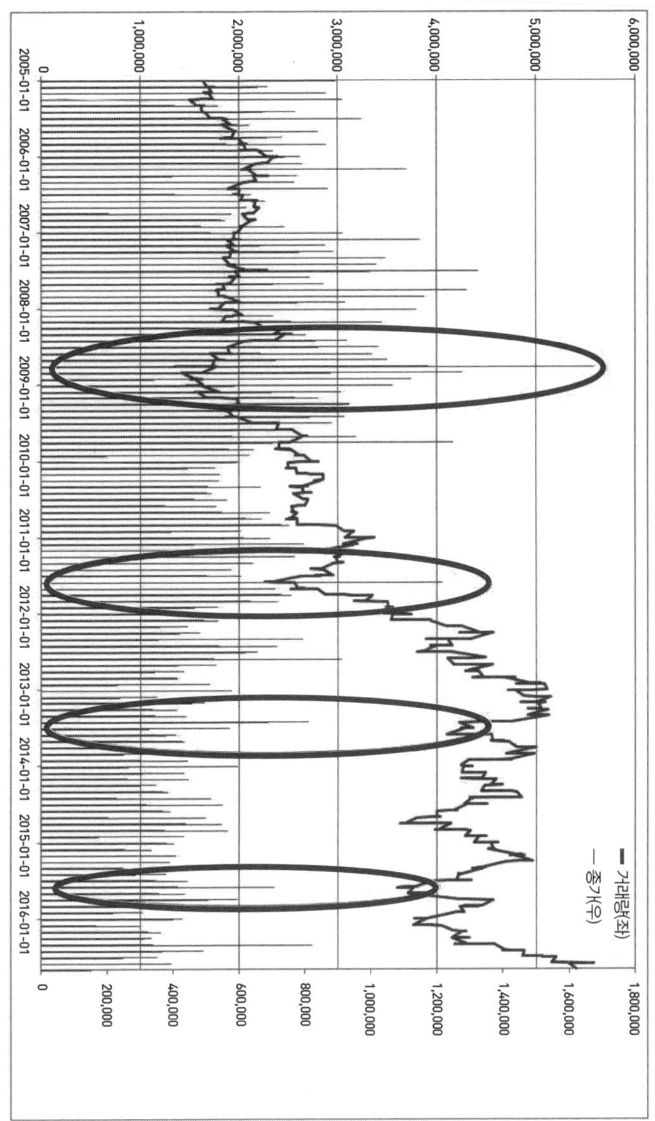

우리 같은 개인 투자자들이 시장을 선도하는 핵심 기관투자가들의 정보력을 따라갈 수는 없습니다. 그렇지만 다행히도 고급 정보를 가진 기관투자가들은 거래량이라는 발자국을 남깁니다. 정보력이 낮은 개인 투자자들이 그나마 실패 확률을 줄이면서 바닥을 찾을 수 있는 방법은 바로 이 거래량을 참고하는 것입니다.

당신이 모르는 고급 정보는 거래량이 알고 있습니다. 핵심 기관투자가들이 고급 정보를 가지고 거래한 발자취를 찾아 좇는 것은 어떤 소문을 믿는 것보다 바닥을 찾는 확실한 방법이라고 할 수 있습니다.

반복되는 **위기**에서 깨닫는 **투자의 지혜**

준비된 사람들에게 위기는 항상 축복이었다

1997년 IMF 위기와 2000년 초 닷컴 버블 붕괴에 이어, 2008년 글로벌 금융위기와 2011년 유럽 재정위기까지 2000년대 들어 금융시장에서 터졌던 일련의 사건은 우리를 시험에 들게 했습니다.

대다수 개인 투자자는 이를 '악몽 같은 기억'으로 회상하지만, 어떤 사람들은 '축복 같은 시간'이라고 말합니다. 바로 위기에서 살아남아 기회를 쟁취한 '승리한 사람들'이죠.

투자자들에게 공포를 주었던 위기들은 시장을 크게 흔들어 놓은 뒤에는 항상 크고 작은 재테크 기회를 선물했습니다. 이 기회를 놓치지 않았던 사람들은 되려 위기에 감사합니다. 일부 투자자들은 부의 기반을 이때 마련했고, 이미 상당한 부를 가진 사람들은 이 시기를 거치며 더 큰 부자가 되었지요.

계층 이동의 사다리를 내려 준 금융위기

2000년대 들어 금융시장에서 나타난 위기 중에서도 투자자들에게 가장 큰 시련을 주었던 사건은 단연 2008년의 글로벌 금융위기일 겁니다.

위기는 많은 사람을 고통으로 몰아넣었습니다. 준비되지 않은 상태에서 들이닥친 금융위기는 투자자들이 애써 쌓은 공든 탑을 완전히 무너뜨렸습니다.

국내 금융시장 역시 미국에서 시작된 위기로 직격탄을 맞았지요. 2008년 상반기부터 미국 주가가 추락하기 시작하면서 국내 주식시장이 동반 폭락하고 환율이 급등(원화 값 폭락)하는 등 금융시장이 본격적으로 흔들리기 시작했습니다.

금융위기 직전까지도 많은 투자자가 동남아시아와 중국 등 기대수익률이 높은 해외 펀드에 뭉칫돈을 넣었습니다. 그러나 금융위기로 전 세계 주식시장이 완전히 폭락하면서 펀드 대부분은 반토막을 면치 못했습니다.

부동산시장도 마찬가지였습니다. 위기에 대한 공포감으로 부동산 수요가 급감하면서 미분양이 크게 속출했지요. 2000년대 초부터 강남 지역에서 시작된 부동산 상승세가 서울 강북 지역과 수도권까지 확장되고 있었는데, 금융위기 이후 상황이 완전히 달라졌습니다. 전세 수요마저 끊기면서 세입자를 구하지 못하는 '역전세난'까지 나타나게 되었지요. 은행 대출을 받아 집을 사서 전세를 내주었던 다주택자들이 세입자를 구하지 못해 집을 내놓거나 경매로 넘기는 상황도 속출했습니다.

이렇게 금융위기는 부자가 되고픈 전 국민의 희망을 완전히 짓밟았습니다. 재테크에 열중해 오던 국민 대다수는 금융위기를 맞아 졸지에 생존을 걱정해야 할 처지로 내몰리게 되었습니다.

이렇게 금융위기는 많은 사람을 고통으로 몰아넣었지만, 어떤 사람들에게는 고마운 존재였습니다. 계층 간 '부의 이동'을 가능케 한 '사다리' 역할을 해주었기 때문이죠.

증권사나 은행 등의 금융회사가 VVIP로 관리하는 고객들 가운데 상당수는 1997년 IMF와 2008년 금융위기 시대에 부를 이룬 사람들입니다. 전대미문의 위기였던 1997년의 IMF 사태 당시에는 부동산 가격이 크게 폭락해, 헐값에 쏟아진 부동산을 쓸어 담아 부자가 된 사람이 많았습니다. 10년 뒤인 글로벌 금융위기에는 금융시장이 완전히 무너져, 헐값에 쏟아진 유가증권에 투자한 사람들이 기회를 잡았지요.

제가 만났던 재테크 고수들은 애널리스트나 펀드매니저처럼 전문적인 식견을 갖고 있지도 않았고, 각종 데이터를 근거로 금융시장에 대한 자신의 전망을 논리 정연하게 설명하는 능력을 갖추지도 못했습니다. 그러나 투자에 관해서는 자신만의 소신과 철학이 확실하고, 그 철학을 바탕으로 움직여 나름대로 성공적인 재테크를 해왔다는 자부심이 대단했지요.

투자 고수 대부분은 자신을 '역발상 투자자'라고 소개합니다. 사람들은 증권시장에서나 부동산시장에서 가격이 오르는 물건에 관심을 갖게 마련입니다. 보통 사람들은 가격이 하락하는 물건에는 거의 눈길도 주지 않고, 가격이 오르는 물건을 보면 사고 싶은 욕구가 생깁니다. 이건 인간의 본능적인 심리이죠.

그러나 고수 재테크족들은 정반대의 생각을 합니다. 주식이나 부동산 가격이 오를 때 '왜 오르는지' 면밀히 관찰하기보다는 가격이 떨어질 때 '왜 떨어지는지'를 집중적으로 연구합니다. 이것이 진짜 시장의 사이클에 의한 하락인지, 아니면 공포심 때문인지를 판단한 뒤에 과도하게 가격이 하락했다는 판단이 들면 적극적으로 달려듭니다.

또 고수들은 지나친 욕심으로 자신이 가진 모든 재산을 투자자산에 노출하는 위험한 행동을 하지 않습니다. 평소에는 현금이나 현금화가 쉬운 금융자산을 보유하면서 은행 이자 수준보다 높은 기대수익률을 목표로 재테크를 합니다.

항상 준비된 자세로 1년이고 2년이고 기회를 보고 있다가, 확실하게 골든타임이 왔다는 생각이 들 때 욕심을 부려 적극적으로 수익률을 높이는 작업에 나섭니다. 공포와 두려움으로 시장이 붕괴할 조짐을 보일 때 과하게 쏟아지는 매물을 적극적으로 흡수하는 것이죠.

투자강연회에서 중소기업체 사장님과 대화할 기회가 있었습니다.

환갑을 훌쩍 넘긴 이 사장님은 그리 큰 규모로 사업을 하고 있지는 않았지만 재테크가 재미있고 관심이 많아, 시간이 날 때마다 금융회사나 언론사가 진행하는 투자설명회에 참석해 경제 동향과 금융시장 동향을 체크하는 분이었지요.

"사업과 투자는 비슷하면서 다릅니다. 일단 돈을 벌기 위한 것이라는 목적은 같지요. 사업은 대중을 좇아가야 합니다. 대중이 원하는 제품을 만드는 것이 수익으로 연결되는 것이죠. 그런데 투자는 이와는 백팔십도 달라요. 투자에서 기회는 많은 사람이 모인 곳에 존재하지 않습니다. 대중을 따라가면 반드시 실패하게 되어 있어요."

이 사업가는 여러 증권사의 많은 프라이빗뱅커Private Banker, PB와 거래하고 있었는데, 2008년 금융위기 당시 고객들이 빠져나가면서 PB들이 직장을 잃고 문을 닫는 지점이 속출하는 것을 보고는 점점 기회가 오고 있음을 직감했다고 합니다. 그리고 적당한 시점에 제일 친했던 PB를 통해 적극적으로 금융자산 투자를 늘렸는데, 그 후 5년 만에 2배가량 수익을 냈다고 합니다.

이 사업가만이 아닙니다. 우리나라에서는 생각보다 많은 재테크 고수가 금융위기 이후 역발상 투자로 큰 부를 축적했습니다. 위기가 부자를 더욱더 부자로 만들어 주고, 새로운 부자들을 탄생시켜 부의 사다리 역할을 한 것이죠.

이런 사실은 [그림12]와 [그림13]의 통계에서도 확인할 수 있습

■ **그림12. 2008년 이후 급격히 늘어나는 한국의 금융자산 부자들**(단위: 천 명)

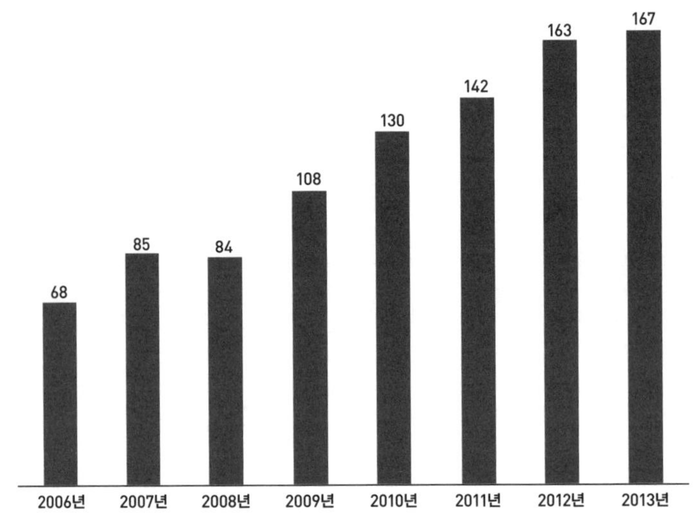

• 자료: KB금융지주경영연구소

니다. KB금융지주경영연구소에 따르면, 2013년 3월 말을 기준으로 금융자산을 10억 원 이상 보유해 '부자' 타이틀을 단 사람은 16만 7000명을 기록했습니다. 2008년에는 8만 4000명에 불과했던 것이 금융위기 이후 5년 만에 2배가량 급증한 것입니다. 이들이 보유한 금융자산 총액도 2013년 말에는 369조 원으로 2008년 말의 179조 원과 비교해 2배 이상 늘어났습니다.

이른바 '부자'라고 하는 고수들이 금융위기 이후 기회를 놓치지 않고 적극적으로 투자해 재테크 골든타임에 올라탔다는 것을 보여주는 데이터입니다.

■ **그림13. 한국 부자들의 금융자산 보유액 추이**(단위: 조 원)

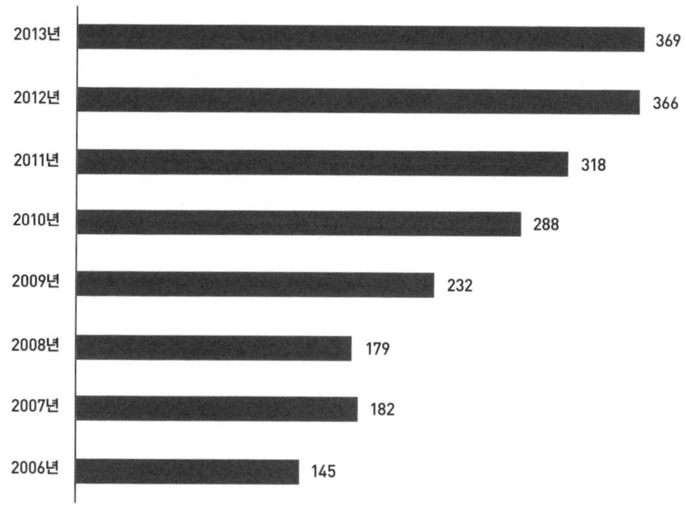

• 자료: KB금융지주경영연구소

또 재산이 많은 사람일수록 부동산보다 금융자산 비중이 높다고 짐작할 수 있습니다. 2008년 글로벌 금융위기 이후 부동산보다는 금융시장에서 더 많은 투자 기회가 나타났기 때문이죠. 부자들은 이를 놓치지 않고 금융시장 쪽으로 재산을 대거 이동시켰던 것입니다.

보통 사람들은 금융위기는 다시는 오지 않아야 할 재앙이라고 생각합니다. 그러나 부자들의 생각은 다릅니다. 위기는 '반복되는 축복'이라고 생각하지요. 앞서 투자설명회에서 만난 사업가는 이렇게 말했습니다.

"앞으로 언제가 될지 모르겠지만 2008년 금융위기 같은 기회가 꼭 온다는 믿음을 가지고 있습니다. 다음번에 위기가 오면 전 세계 금융시장이 뿌리부터 흔들리게 될 테지만 분명 더 큰 기회를 잡을 수 있을 거라고 확신합니다. 물론 제 사업은 좀 힘들어지겠지만요."

반복되는 위기가 가르쳐 준 교훈

금융시장에서 거품 붕괴의 경험은 투자자들에게 많은 교훈을 주었습니다. 그러나 투자자들은 위기에서 배운 가르침을 금세 잊어버리고 또다시 같은 실수를 반복했습니다.

대중은 거품이 발생하면 불나방처럼 뛰어듭니다. 그리고 거품을 걷어 내는 쓰나미에 휩쓸려 좌절감과 상실감에 몸부림치다가 막상 기회의 시간이 도래했을 때는 모두 시장을 떠나 버립니다.

언제가 될지 모르겠지만 앞으로 다가올 '위기의 시대'에는 이런 실수를 반복하면 안 됩니다. 그러려면 위기가 준 교훈을 잊지 말고, 시장의 움직임에 경계심을 갖는 눈을 가져야 하겠습니다.

금융시장 붕괴의 역사를 보면 공통적으로 발견되는 몇 가지 특징이 있습니다. 대표적인 것이 앞서 소개했던 대중의 '쏠림 현상'이죠. '대세 상승'이라는 집단 최면이 시장에 전염병처럼 번지면 대중의 조

바심과 성급함이 비합리적인 과열을 만들어 냅니다. 그리고 자산 가격에 어느 정도 거품이 형성되고 난 뒤에는 거대 자본이 이탈하기 시작하면서 시장이 붕괴되는 패턴을 보입니다.

결국 대중의 탐욕이 거품을 만드는 것입니다. 이건 거의 '진리'에 가깝습니다. 금융위기의 역사가 증명하는 것이기도 하지요. 대중의 탐욕 없이는 거품이 형성되지 않으며, 거품이 없으면 아무리 큰 악재가 와도 시장은 잘 붕괴하지 않습니다.

지금부터 소개해 드릴 내용은 '대중의 쏠림 현상'과 함께 금융위기의 역사가 가르쳐 준 또 다른 교훈입니다. 과거 금융시장에서 거품이 붕괴될 때 보였던 패턴에서 우리가 잊지 말고 기억해야 할 만한 특징이 없는지를 살펴보고자 합니다. 증시의 움직임 자체를 분석하는 것이라 기술적인 내용이 포함되어 있습니다.

기술적 분석*은 국가 경제나 기업 등 투자자산의 본질 가치보다는 과거 보였던 패턴에 주목하는 분석 기법입니다. 이런 기술적 분석을 신뢰하는 투자자도 있지만, 전혀 신뢰하지 않는 투자자도 있습니다. 본질 가치에 대한 이론적 근거 없이 과거의 패턴으로 미래를 예단하는 것은 '백미러로 앞을 보려는 무리한 시도'라는 말에 어느 정도 동의합니다. 저도 기술적 분석을 크게 신뢰하지는 않습니다.

그러나 2008년의 글로벌 금융위기처럼 공포감이 지배하는 시장의 움직임은 국내 경제나 기업에 대한 논리적 분석으로는 설명되지 않지요. 사실 이렇게 공포감이 지배하는 시장은 본질 가치보다는 '심리'에 의해 움직이는 경향을 보입니다.

이렇게 '비정상적인' 상황에서는 내재 가치를 분석하는 일이 그다지 유용한 분석 기법이 되지 않는다고 생각합니다. 이런 면에서 보면 과거 위기가 발생했던 시기의 기술적 패턴을 참고해 중요한 교훈을 얻는 작업은 그 나름의 의미가 있다고 볼 수 있지요.

투자자를 두 번 울리는 '베어마켓 랠리'

10층짜리 아파트 건물 옥상에서 농구공을 던져 떨어뜨리면 어떤 일이 일어날까요? 빠르게 수직 낙하하는 공은 바닥을 친 뒤 다시 높이 튀어 오릅니다. 어느 정도 튀어 오른 공은 다시 아래로 방향을 바꿔 바닥을 치고 다시 튀어 오르고 바닥을 치기를 반복하다가 더는 튀어 오를 힘이 없을 때 바닥에서 데굴데굴 굴러 어딘가에 처박히게 되지요.

시장이 붕괴될 때의 모습이 이 농구공의 움직임과 같습니다. 거품이 낄 대로 낀 증시가 무너질 때 곧바로 수직으로 하락해 땅바닥에 처박히는 현상은 나타나지 않습니다. 어느 정도 하락한 이후 다시 반등했다가 다시 하락하고, 다시 반등했다가 하락하는 일종의 '저항'이 발생합니다.

산이 깊으면 골이 깊듯, 높은 곳에서 추락할수록 반등하려는 시도는 더 자주 나타납니다. 그러다 더 이상 반등할 여력이 없어지면 그제야 완연한 '패닉 장세'로 진입하게 됩니다.

하락 사이클 초입에 주의해야 할 상황이 바로 이것입니다. 말하자면 농구공이 다시 튀어 오를 때입니다. 이런 구간을 '베어마켓 랠리Bear Market Rally'라고 합니다. 우리 말로는 약세장 초반에 발생하는 반등기 정도가 되겠네요.

베어마켓 랠리 이후에는 추가로 다시 하락 장세가 나타납니다. 이때를 기회로 착각해 올라타면 결과적으로 투자자들은 두 번 울게 되니 주의해야 하겠지요.

베어마켓 랠리에 대해 좀 더 자세히 들여다보겠습니다. 증시에서 강세장은 '불마켓Bull Market'이라고 하고, 추세적인 약세장은 '베어마켓Bear Market'이라고 합니다. 베어마켓 랠리는 하락 사이클의 끝자락인 '패닉'이 찾아오기 직전까지 시장이 일시적으로 회복되면서 반등하는 구간을 뜻합니다. 즉, 농구공이 계속 튀어 오르는 구간을 말하는 것이죠.

베어마켓 랠리의 또 다른 표현이 있는데, 바로 '서커스 랠리Sucker's Rally'입니다. 개인적으로는 이 용어가 베어마켓 랠리의 진실한 의미를 좀 더 잘 설명하는 것 같습니다.

영어 단어 'Sucker'는 비속어로 '어리석은', '잘 속아 넘어가는'이라는 뜻입니다. '서커스 랠리'는 '어리석은 투자자들을 시장으로 끌어들이는 랠리'라는 의미를 담고 있지요. 한 차례 시장이 붕괴한 뒤 대중 투자자들을 다시 시장으로 끌어들이기 위해 단기적으로 나타나는 '가짜 랠리'라는 것입니다.

이런 현상이 나타나는 것은 대체로 개인 투자자들의 성급함 때문입니다. 일반 투자자들은 급락 이후의 일시적 반등을 회복 신호로 착

■ 그림14. 2008년 금융위기 당시 나타났던 베어마켓 랠리

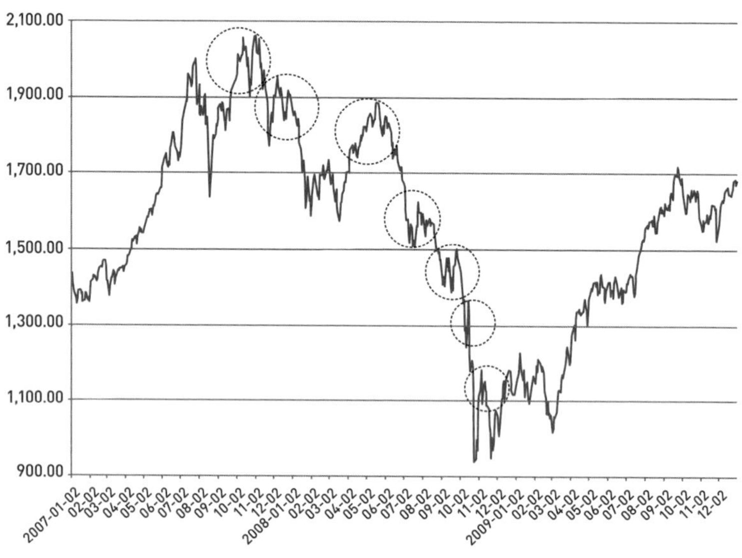

각하고 "이제 돈을 벌 기회가 왔다"며 욕심을 부려 진입하게 됩니다. 이런 착각을 하는 투자자들이 일시에 몰려들면서 베어마켓 랠리를 만들어 내는 것인데, 개인 투자자들이 몰려드는 기간에 기관투자가나 외국인 투자자들은 물량을 처분하고 시장 이탈을 시도합니다. 기관투자가들이 어느 정도 이탈하고 나면 다시 하락 장세가 연출되지요. 베어마켓 랠리 이후에는 더 큰 하락이 기다리고 있습니다.

물론 시장이 한 차례 붕괴된 뒤 곧바로 V자로 반등해 계속 오르는 현상이 나타날 때도 있습니다. 이런 반등은 시장이 상승 사이클에 있을 때 종종 보입니다. 거품이 붕괴되는 구간에서 V자 반등은 흔히 나

타나는 현상은 아닙니다.

대규모 거품 붕괴가 나타나는 상황을 살펴보면, 베어마켓 랠리는 적어도 한 차례 이상 목격됩니다. 또 반등이 매우 폭발적이라는 특징이 있습니다.

국내 증권회사가 1990년부터 2008년까지 미국 증시(S&P 500)와 한국 증시에서 나타났던 베어마켓 랠리의 기간과 상승률을 분석한 흥미로운 자료가 있어 소개합니다.

138쪽의 표를 보면 과거 베어마켓 랠리가 나타난 구간은 통상 적게는 20일, 많게는 70일 이상 랠리가 지속됐습니다. 그 기간에 두 자릿수 이상 상승률을 보인 것으로 나타나고 있지요. 서커스 랠리의 시각에서 보면, 하락기에 접어든 시점에서 이렇듯 큰 폭의 회복세는 시장이 어리석은 투자자에게 "어서 들어오라"고 보내는 신호입니다.

우리는 베어마켓 랠리가 주는 교훈을 꼭 기억해야 합니다. 시장이 붕괴될 때는 성급하게 진입해서는 안 됩니다. 베어마켓 랠리를 적어도 한 차례는 확인해야 하는 것이죠.

산이 높으면 골이 깊지요. 높은 곳에서 떨어질수록 다시 튀어 오르는 베어마켓 랠리가 더 자주 나타날 수 있다는 점을 기억해 두고 시장을 관찰해야 합니다! 욕심에 마음이 동요해 베어마켓 랠리에 올라타면 쓰나미에 휩쓸려 갈 가능성이 커진다는 점을 꼭 기억합시다.

■ 1990~2008년 S&P와 코스피에서 나타난 베어마켓 랠리의 기간과 상승률

지수	베어마켓 랠리 기간	거래일	상승률
S&P 500	2001.1.2 ~ 2001.1.30	20일	7.0%
	2001.4.4 ~ 2001.5.21	33일	19.0%
	2001.9.21 ~ 2002.1.4	73일	21.4%
	2002.2.7 ~ 2002.3.19	28일	8.3%
	2002.10.9 ~ 2003.1.14	67일	19.9%
	2008.3.10~2008.5.19	50일	12.0%
	평균	45.2일	14.6%

지수	베어마켓 랠리 기간	거래일	상승률
KOSPI	1990.9.17 ~ 1990.10.24	28일	40.7%
	1991.6.22 ~ 1991.8.6	38일	29.2%
	1995.8.17 ~ 1995.10.14	48일	12.6%
	1996.3.13 ~ 1996.5.7	45일	17.6%
	1997.3.24 ~ 1997.6.17	69일	28.4%
	1997.12.12 ~ 1998.3.2	59일	63.8%
	2000.5.29 ~ 2000.7.10	30일	29.8%
	2001.4.10 ~ 2001.5.29	35일	28.7%
	2002.10.10 ~ 2002.12.3	39일	26.1%
	2008.3.17 ~ 2008.5.16	41일	20.0%
	평균	43.2일	29.7%

쓰나미가 완전히 지나가면 기회의 문이 열린다

위기의 쓰나미가 다 지나가고 나면 드디어 기회의 문이 열리기 시작합니다. 본격적으로 행동을 개시할 때가 다가오고 있는 겁니다. 서두를 필요는 전혀 없습니다. 하루, 이틀, 일주일 늦었다고 해서 기회가 저 멀리 달아나 버리지는 않으니까요.

위기 이후에 재테크 골든타임은 짧으면 수개월, 길게는 몇 년 이상 지속됩니다. 조급해하지 않아도 됩니다. 앞서 이야기한 거래량 등을 참고해 바닥 구간이 확실히 지나갔는지를 확인하고, 본격적인 행동에 나서도 결코 늦지 않습니다. 지금이 바닥 구간인 것 같다는 판단이 들더라도 성급하게 행동을 개시하기보다는 조금 시간을 두고 느긋하게 지켜보는 것이 현명하겠지요.

거품이 붕괴하며 비이성적 공포가 지배하는 상황에서는 경제나 기업의 본질 가치에 근거한 분석이 별로 힘을 발휘하지 못합니다. 쓰나미가 거품을 청소한 뒤 기회의 문이 열리고 나서야 내재 가치 분석에 따른 투자가 큰 힘을 발휘할 수 있지요. 노다지처럼 쏟아지는 저평가된 우량 종목들을 입맛에 맞게 쇼핑할 수 있는 때가 바로 이 시기입니다.

기업의 내재 가치가 현재 주가보다 높은지 낮은지를 평가할 수 있는 주가수익비율Price Earning Ratio, PER*이나, 회사가 보유한 자산의 가치에 비해 주가가 높은지 낮은지를 평가할 수 있는 주가순자산비율Price Book Value Ratio, PBR* 등을 고려해 투자에 나선다면 틀림없이 승률이 매우 높은 게임을 할 수 있습니다.

좋은 투자처를 골라 장기·적립식으로 투자하는 전략도 바로 이 구간에서부터 필요합니다. 굳이 주식 투자가 아니더라도 재테크 골든 타임에는 ETF, 적립식 펀드, 부동산 등 다양한 투자자산을 활용해 볼 수 있습니다. 필요하다면 이때 제대로 된 전문가의 도움을 받아 재테크 포트폴리오를 체계적으로 수립해 보는 것도 좋습니다.

위기 이후 재테크에 나설 때 절대 성급할 필요가 없다는 점을 마지막으로 강조하고자 합니다. 기회를 잡았으니 빨리 부자가 되자는 생각은 하지 마십시오.

개인 투자자들은 펀드매니저나 증권사 직원처럼 단기간에 수익을 내어 실력을 입증해야 할 이유가 전혀 없습니다. 우리가 가진 재산을 잘 지켜 내면서 안전하게 재테크를 즐기면 됩니다.

쓰나미를 슬기롭게 피한 뒤에는 느긋하게 즐기면서 바닥을 기다립시다. 그리고 적당한 시점에 '기회의 열차'에 올라타 열차가 천천히 속도를 올리기를 기다리다 보면, 시장은 분명히 투자자들의 인내심에 보상을 해줄 겁니다.

천재지변과 정치 이벤트에 의한 폭락은 기회

2011년 12월 19일 월요일, 여의도 국숫집에서 점심을 먹고 있었습니다. 정오께 식당 안에 켜져 있던 텔레비전 뉴스에서 긴급 속보가 흘러나왔습니다.

'〈속보〉 北 김정일 사망 공식 발표'

북한 조선중앙TV에서 여성 앵커가 "김정일 국방위원장이 지난 2011년 12월 17일 오전 8시 30분 심장마비로 사망했다"라고 보도하는 화면이 반복적으로 재생됐습니다. 깜짝 놀라 곧바로 휴대전화로 증권 시황을 확인했습니다. 아니나 다를까, 이날 코스피 장중 차트에 장대 음봉이 나타나 있었지요.

이날 코스피는 전 거래일이었던 2011년 12월 16일(금)의 1839.96포인트 대비 3.42% 하락한 1776.93포인트로 마감했습니다.

투자자들은 갑작스러운 악재로 망연자실했습니다. 김정일 사망 소식이 전해지자 국내 증권가는 '증시 긴급 진단'이라며 너도나도 단기 증시 전망을 쏟아 냈습니다.

증권사들은 대부분 "김정일 사망 이후 후계 구도가 불안한 상황이라 지켜봐야 한다"라는 경계론을 내놓았지요. 일부 증권사에서는 극도의 공포감을 드러내기도 했습니다.

"앞선 북한 악재들은 시장에 큰 영향을 미치지 못했지만 이번에는 다르다. 단순한 질병에 의한 사망이 아니라 다른 이유가 있다면 추가 폭락도 배제할 수 없다."

증권가에서 예상한 것과는 달리, 코스피는 김정일 사망 이후 얼마 되지 않아 낙폭을 모두 회복했습니다. 3일 뒤인 2011년 12월 21일에는 김정일 사망 발표 직전보다 높은 1847.49포인트까지 뛰어올랐지요. 그 후 연말까지 상승세가 이어졌고, 이듬해인 2012년 연초까지 오름세가 이어지더니 2012년 2월에는 2000선을 돌파하게 됩니다. 지정학적 위험이나 천재지변 등의 갑작스러운 악재는 오히려 매수 기회라는 교훈은 이번에도 틀리지 않았습니다.

국내 증시에서 가장 잦은 빈도로 나타나는 돌발 악재는 단연 북한 변수입니다. 김정일 사망 사건 이전에도 북한의 무력 도발이나 핵실험 등이 있었지만 당일 증시에 크고 작은 충격을 주었을 뿐 그 강도는 오래 지속되지 않았습니다.

북한의 무력 도발 같은 지정학적 리스크나 천재지변, 국제정치 이벤트에 의한 돌발적 악재는 시장의 단기적 움직임에 영향을 줄 뿐 큰 추세를 변화하는 직접적 원인이 되지는 않습니다.

실제로 1994년 7월 8일 김일성 사망이 발표된 날에도 코스피는 장중 0.8%가량 하락했으나, 장 막판에는 오히려 상승세가 몰려 올랐습니다. 그 후 1999년 6월 15일 '1차 연평해전'과 2002년 6월 29일 '2차 연평해전'부터 2010년 11월 23일 '연평도 포격 사건'과 2011년 12월 19일 '김정일 사망'에 이르기까지, 북한 관련 사건이 발생하면 당일에는 크고 작은 충격을 받지만 짧게는 2~5일, 길게는 1개월 뒤에는 충격 이전 수준을 회복하는 모습을 보였습니다.

예기치 못한 돌발 악재가 잠시 시장을 흔들 수는 있겠지만 그뿐이죠. 이런 충격은 오래 지속되지 않습니다. 시장은 생각보다 이성적이거든요. 금방 정신을 차리고 이전 상태로 되돌아가게 되어 있습니다. 북한 정권이 붕괴되거나 갑작스럽게 통일이 되지 않는 한, 북한 이슈는 앞으로도 증시 자체의 흐름을 크게 바꾸지는 않을 거라고 봅니다.

■ **그림15. 북한 리스크 발생 이후 국내 증시 흐름**(매년 1월 1일 기준)

2,500.00
2,000.00
1,500.00
1,000.00
500.00
0.00

1995년
1996년
1997년
1998년
1999년
2000년
2001년
2002년
2003년
2004년
2005년
2006년
2007년
2008년
2009년
2010년
2011년
2012년
2013년
2014년
2015년
2016년

1999.6.15 1차 연평해전
2002.6.29 2차 연평해전
2006.10.9 북한 1차 핵실험
2009.5.25 북한 2차 핵실험
2010.3.26 천안함 침몰 사건
2010.11.23 연평도 포격 발생
2011.12.19 김정일 사망
2013.2.12 북한 3차 핵실험
2016.1.6 북한 4차 핵실험

이런 점을 염두에 둔다면, 갑작스러운 정치 이벤트나 천재지변이 발생할 때 우리가 어떻게 행동해야 할지 어느 정도 감을 잡을 수 있습니다. 만약 개인 투자자들의 쏠림이나 거품 징후가 없는 상황에서 갑작스러운 악재에 의한 폭락이 온다면, 두려워하기보다는 과감히 용기를 내보는 것도 좋겠습니다.

시장은 예측하는 것이 아니라 대응하는 것이다

앞서 성공한 개인 투자자들은 대부분 '역발상 투자자'라고 했지요. 고수들의 또 다른 공통점은 '철저하게 원칙에 입각해' 투자를 한다는 것입니다. '막연히 어디서 좋은 정보를 들었다'거나 '믿을 만한 증권 전문가가 추천했다'는 이유로 투자하지 않지요. 그들은 자신만의 원칙을 가지고 확신이 들 때만 움직입니다. 투자를 진행할 때뿐만 아니라 투자 이후에도 계속 투자를 이어 갈 것인지 아니면 이익을 실현할 것인지, 또는 손실을 감내하고 빠져나올 것인지 등에 대한 자신만의 철저한 원칙이 있습니다.

흔히 '재테크 고수들은 투자할 때마다 성공하겠지'라고 생각하는데, 그렇지 않습니다. 당연히 고수들도 실패합니다. 다만 실패할 때는 손실을 적게 내고, 한 번 성공할 때 많은 수익을 올리는 것이 실제 고수들의 투자 패턴입니다.

재난 대응 시나리오를 만들라

개인 투자자들은 자신이 고른 종목이나 펀드에 한 번 투자하면 '맹신'에 가까운 믿음을 갖게 됩니다. 여러 가지 이유가 있겠지요. 스스로 연구했을 수도 있고, '믿을 만한' 사람에게 정보를 들었을 수도 있습니다.

'반드시 오른다'는 대세 상승 최면에 걸린 개인 투자자들은 확신을 가지고 주식이나 펀드에 뭉칫돈을 넣습니다. 그리고 3% 손실을 보고, 5%, 10%까지 손실이 커져도 '언젠가는 오르겠지'라는 생각에 사로잡혀 있습니다.

이렇게 안일하게 생각하다가 손실률이 15%를 넘어 30~50%로 불어나면 그제야 상황이 심각하다는 것을 깨닫습니다. 손실이 너무 커져 손절매를 하지 못하다가 결국 투자금을 거의 날리는 지경까지 가고 나서야 '조금이라도 건지자'는 생각으로 매도해 버리는 겁니다. 대부분 개인 투자자가 이런 패턴으로 투자금을 날리게 됩니다.

고수들은 많은 개인 투자자가 투자에 실패하는 가장 큰 이유에 대해 '시장(주가)에 대한 자신의 전망을 지나치게 믿기 때문'이라고 지적합니다. 고수들은 이렇게 말합니다.

"좋은 종목을 잘 골라 투자하면 성공한다고 생각하지만, 그렇지 않습니다. 물론 좋은 종목을 고르는 것이 중요하지요. 그러나 진짜 투자 성과를 결정짓는 것은 어떤 주식이나 펀드에 돈을 넣느냐가 아니라 투자한 이후 어떻게 행동하느냐입니다."

그들은 선불리 시장(주가)을 예상하지 않습니다. 오히려 "시장은 예측하는 것이 아니라 대응하는 것"이라고 말하지요. 흔히 개인 투자자들은 주가나 시장을 얼마나 정확하게 전망하느냐가 투자 성과에 영향을 미친다고 생각합니다. 그러나 고수들의 생각은 다릅니다. '항상 자신이 틀릴 수도 있고, 심지어 틀릴 확률이 더 많다'라는 인식을 가지고 있습니다. 그들은 "투자 성과를 결정하는 것은 정확한 분석과 전망이 아니라 체계적인 대응"이라고 말합니다.

실제로 시장의 움직임을 예상하는 것은 무의미한 일일 때가 더 많습니다. 시장은 인간들이 자신의 움직임을 예상하려는 시도가 얼마나 우스운 일인지를 증명이라도 하듯 인간의 예상과는 정반대의 행보를 보이죠.

고수들은 "소중한 돈을 투자했다면 재난 대응 시나리오를 만들어 놓고 체계적으로 움직여야 한다"라고 말합니다. '일단 투자해 놓고 기다리면 언젠가는 오르겠지'라는 생각은 무책임한 자세라는 것이죠. 그렇다고 엄청나게 정교한 시나리오가 필요한 것도 아닙니다. 복잡할 이유가 없고, 복잡할 필요도 없지요.

금융시장에서 투자자산이 움직일 수 있는 방향은 세 가지입니다. 오르거나 내리거나 아니면 횡보하는 것, 그 이상의 다른 움직임은 불가능합니다. 세 가지 움직임에 맞춰서 대응 시나리오를 만들어 놓고 실행하기만 하면 되는 것이죠.

아래의 표는 '재난 대응 시나리오'의 간단한 예시입니다. 우선 '시나리오 1'은 투자를 시작하자마자 손실이 발생하는 상황입니다. 사실 대부분 이렇게 진입 직후에는 손실을 보면서 시작합니다. 투자하자마자 수익이 나오기를 바라는 것은 욕심이죠. 투자자산 가격이 하락세로 시작했더라도 실망하지 말고 시나리오대로 움직이면 됩니다.

'시나리오 1'에서 중요한 것은 손절매 전략을 잘 수립해 놓는 것입니다. 어느 수준까지 하락하면 그때가 바닥이 아니었다는 점을 인정하고 빠져나와야 전형적인 개인 투자자의 실패 전철을 밟지 않습니다.

이를테면, 5% 이상 하락하면 바로 빠져나온다고 생각하고 진입하는 것입니다. 실제로 손절매를 해야 하는 상황이 발생하면, 원칙에 따라 뒤돌아보지 말고 빠져나와야 합니다. 빠져나온 뒤에는 다시 바닥을 관찰하면서 기회를 찾아야 합니다.

■ **투자 이후 대응 시나리오 예시**

종류	진입 직후	구체적 대응 전략
시나리오 1	하락	1. 손절매 기준가격 설정(-3%, -5%, -7% 등) 2. 기준 이하까지 하락할 때는 서커스 랠리로 판단하고 손절매 3. 손절매 기준 위에서 하락하다 상승세로 전환되면 시나리오 2 가동
시나리오 2	상승	1. 편안한 마음으로 시장 관찰 2. 목표 수익률(5%, 10%, 15%, 20% 등)을 설정하고, 넘어서면 매도 3. 목표 수익률에 도달하지 못하고 손실 구간으로 진입 시 시나리오 1 재가동
시나리오 3	횡보	1. 일정 수준 이상 상승·하락이 나올 때까지 대기 2. 시장 등락에 따라 시나리오 1 또는 시나리오 2 가동

다행히 5% 이상 하락하지 않고 반등하여 오름세를 보인다면 이제 '시나리오 2'를 가동해야 합니다. '시나리오 2'로 진입했다면 게임에서 첫 세트를 따낸 것입니다. 심리적으로 우위를 점한 상태라고 할 수 있겠지요. 그러면 편한 마음으로 금융시장의 움직임을 즐길 수 있게 됩니다. 여기서 중요한 점은 탐욕을 경계해야 한다는 것입니다. '시나리오 2'에 진입해 있다면 목표 수익률을 정해야 합니다. 목표한 수익률이 달성되면 일단 수익을 챙기고 다음 진입 시점을 고려하는 식으로 운용해 나가는 것이 좋습니다.

'시나리오 3'은 진입 이후 횡보하는 경우입니다. 천천히 시장의 흐름에 몸을 맡기는 구간이라 할 수 있습니다. 재미없는 흐름을 보이고 있지만, 오히려 이런 구간이 상승 또는 하락의 에너지를 응축하는 기간입니다. 횡보하다가 손실 구간으로 돌아서면 '시나리오 1'을 가동해 대응해야겠지요. '시나리오 1'을 가동했다가 금세 이익이 나오는 구간으로 진입하면 '시나리오 2'를 적용해 시장에 대응하면 됩니다.

이런 시나리오는 주식에서는 물론 앞으로 소개할 ETF, 금, 달러 등의 투자에서도 필요합니다. 재난 상황에 대비할 수 있는 시나리오를 가지고 있어야 언제 금융시장에 불어닥칠지 모르는 쓰나미에 휩쓸리지 않을 수 있습니다.

투자자 개인의 성향에 따라서 손절매 전략이나 목표 수익률 등은 달라질 수 있겠지요. 투자자산의 종류에 따라서도 전략은 달라져야 합니다.

시나리오 자체가 정교할 필요는 없습니다. 오히려 정교한 시나리오는 그대로 따라 하기 힘들기만 하지요. 손실에 대한 두려움이나 수익에 대한 욕심에 얽매이지 않고 투자자가 자신이 수립한 원칙을 잘 지켜 나가는 것이 중요합니다.

창의적 재테크 마인드가 필요하다

"금리가 낮아서 은행에 돈을 넣어 놓으면 손해라고 하죠. 부동산은 지금보다 더 오를 것 같지 않고, 그렇다고 주식형 펀드에 투자하자니 시장이 재미없는 것 같은데……. 도대체 어떻게 해야 재테크로 돈을 벌 수 있나요?"

길어지는 불황으로 주식과 부동산 등의 대중적인 투자자산이 '재미없는' 상황이 되면 눈에 띄는 재테크 수단을 마땅히 찾기 어렵습니다.

"투자할 곳이 없다"고 말하는 개인 투자자들은 금융회사에서 개최하는 투자설명회를 쫓아다니기도 합니다. 강연자가 말하는 '투자 유망 종목'이나 '앞으로 뜨는 부동산'을 찾아 헤매다 이미 오를 대로 오른 상태에서 상투를 잡는 투자자를 많이 보았습니다.

이런 투자자들은 보통 재테크 수단에 대한 시야가 매우 좁다는 공통점이 있습니다. 자신이 해봤던, 경험이 있는 투자자산에만 집중하고 다른 재테크에는 눈을 잘 주지 않는 것이죠. 부동산에 투자했다가 큰 실패를 맛보고도 "큰돈을 벌려면 부동산을 해야 한다"라며 모델하우스를 찾아간다거나, 주식 투자에 실패하고도 앞으로 '기가 막힌 재료로 크게 오를 주식'을 찾아 헤맵니다. 기존 재테크 습관을 답습하면서 실패를 거듭하고도 스타일을 계속 고수하다가 시장이 크게 흔들리는 위기를 맞고 회복 불가능한 상태가 되는 비극을 겪게 됩니다.

자신이 생각하는 투자 전략만 고집하다 보면, 넓은 금융시장 속에서 나타나는 기회를 누릴 수 없습니다. 현대 금융시장에서 주식이나 부동산은 수많은 재테크 수단 가운데 일부일 뿐이죠.

지금은 모든 시장의 움직임이 돈이 되는 시대입니다. 금융 시스템이 만들어 낸 금융상품 가운데는 불황이나 공포를 먹고 자라는 투자자산도 있지요. 한편 시장의 움직임과는 무관하게 고정적인 수익을 낼 수 있도록 설계된 상품들도 있습니다. 이를 잘 활용하면 재미없는 시장에서 돌파구가 보이기도 합니다.

지금까지 위기의 시대에 우리 개인 투자자들이 기억해야 할 '투자 마인드'에 대해 살펴보았습니다. 다음 장에서부터는 위기의 시대와 재테크 골든타임을 맞이해 효과적으로 이용해 볼 만한 투자 아이템을 살펴보려 합니다.

금융시장이 현대화되는 만큼 다양한 투자 기회를 제공하는 상품이 계속 나오고 있습니다. 펀드이면서도 주식처럼 거래할 수 있는 ETF가 대표적입니다.

ETF를 통하면 주식시장뿐 아니라 현재 금융시장에 존재하는 대부분의 투자자산에 손쉽게 투자할 수 있습니다. 투자자산 가격이 하락하는 구간에서도 이익을 낼 수 있는 '인버스Inverse 유형'의 ETF도 있지요. 주식만이 아니라 유가나 화폐, 금이나 은 등에도 접근할 수 있습니다.

이러한 ETF를 활용하면 다양한 시나리오 전략을 수립할 수도 있습니다. 여러 투자자산의 움직임을 어떤 식으로 활용할지 고민하다 보면 위기의 시대를 대비하면서 다양한 투자 기회를 발견할 수 있을 겁니다.

그럼 지금부터 성공적인 재테크를 위한 필수 투자 아이템을 살펴보겠습니다.

| Part 3 |

재테크 골든타임을 위한 필수 투자 아이디어

상위 1% 재테크 고수들이 즐기는 투자 아이템

성공적인 재테크를 함께할 최고의 동반자, ETF

이제 당신이 '재테크 골든타임'이라는 기회의 시간에 대해 어느 정도는 감을 잡았으리라고 생각합니다. 반복되는 위기, 그 이후에는 항상 재테크 골든타임이 펼쳐졌고, 우리 개인 투자자들은 이런 기회의 시간을 잡아야만 성공적인 투자를 할 수 있습니다.

망망대해의 한가운데에서 재테크 골든타임 쪽으로 방향키를 맞추셨나요? 자, 이제 본격적으로 닻을 올리고 항해를 시작해 봅시다.

당신은 '10년 만의 기회'를 가져다줄 재테크 골든타임으로 향하는 배를 운전하는 항해사입니다. 그 배를 재테크 골든타임으로 이끌어 줄 다양한 실전 투자 아이템을 지금부터 소개합니다.

주식과 펀드의 장점을 결합하다

가장 먼저 소개하고자 하는 아이템은 앞서 몇 차례 언급했던 '상장지수펀드ETF'입니다. 재테크 골든타임을 함께할 동반자를 딱 하나만 꼽으라면, 단연 ETF입니다.

그렇다면 ETF는 무엇일까요? 재테크에 관심이 많은 분이라면 아마도 ETF를 접해 보았을 것입니다. 그러나 여전히 개인 투자자들에게 ETF는 생소한 투자상품입니다. 생각보다 많은 개인 투자자가 ETF를 굉장히 복잡한 파생상품으로 알고 있지요. ETF에 대해 전혀 들어 본 바가 없거나 접해 보지 않은 투자자도 상당히 많습니다.

쉽게 말해, ETF는 '주식처럼 거래할 수 있는 펀드'라고 보면 됩니다. 흔히 ETF를 펀드와 주식의 장점만을 결합한 상품이라고 합니다. ETF가 펀드의 장점인 분산투자와 주식의 장점인 매매 용이성을 동시에 가지고 있기 때문입니다.

ETF는 오전 9시부터 오후 3시 30분까지 매일 6시간 30분 동안 열리는 정규 주식거래 시간에 일반 주식거래와 마찬가지로 홈트레이딩시스템Home Trading System, HTS을 통해 거래할 수 있습니다. ETF는 강력한 장점을 세 가지 정도 들 수 있습니다. 첫째는 높은 환금성, 둘째는 낮은 거래 비용, 셋째는 다양한 투자가 가능하다는 점입니다.

일단 ETF는 여러 금융상품 중에서도 환금성이 가장 뛰어납니다. 주식처럼 매매할 수 있기 때문에 따로 정해진 투자 기간이 없습니다. 정규 주식거래 시간이라면 언제라도 매도하여 현금으로 회수할 수 있습니다.

언제 어느 순간에 우리에게 다가올지 모르는 쓰나미를 만났을 때는 쉽게 방향키를 조정해 위험을 피할 수 있어야겠지요. 위기가 닥쳤을 때 재빨리 현금으로 바꿀 수 있는 투자자산으로 포트폴리오를 구성해 놓아야 쓰나미에 휩쓸리지 않을 수 있습니다. ETF는 이 조건을 가장 잘 충족하는 투자상품입니다.

ETF의 두 번째 장점은 거래 비용이 적게 든다는 것입니다. 금융상품을 거래할 때는 세금이나 수수료가 발생하는데, 그것을 거래 비용이라고 합니다. 앞으로 더 살펴보겠지만, ETF의 거래 비용은 주식이나 펀드와는 비교가 되지 않을 정도로 유리합니다. 금융상품을 통틀어서 가장 낮다고 봐도 무방할 정도이죠.

그와 더불어 ETF를 통하면 국내는 물론 해외에 존재하는 대부분의 금융시장에 간접적으로 투자할 수 있습니다. 주식시장은 물론이고 채권시장, 파생상품시장, 외환시장, 원자재시장, 귀금속시장, 부동산시장, 심지어 해외 금융시장에도 투자할 수 있지요. 우리에게 기회의 시간이 도래했을 때 ETF를 활용하면 다양한 투자자산으로 선택지를 크게 넓힐 수 있습니다.

이런 투자도 가능하다!

ETF에 대해 좀 더 구체적으로 살펴보겠습니다. ETF는 2002년 10월 국내에 처음 선보였습니다. 당시 KODEX 200 ETF와 TIGER 200

ETF 등 코스피 200을 추종하는 ETF 4개 종목이 처음으로 증시에 상장되어 거래하기 시작했지요.

코스피 200은 국내 시가총액 상위 200개 종목을 묶어서 만든 지수입니다. 코스피 200을 추종하는 ETF는 코스피 200 지수 등락률과 똑같이 움직이도록 설계되어 있습니다. 그동안은 코스피나 코스피 200과 같은 지수의 오르내림을 바라볼 수밖에 없었는데, 코스피 200 ETF가 등장하면서 지수 자체를 사고 팔 수 있게 된 겁니다.

그로부터 14년이 지난 2016년 8월 증시에 상장된 ETF 종목은 226개로 늘었고, 시장 규모는 23조 8000억 원 수준으로 급성장했습니다. 국내 ETF 시장은 세계 10~12위권 규모입니다.

ETF와 사촌 격인 상장지수증권Exchange Traded Note, ETN*도 115개 종목이 상장되어 있습니다. ETN은 ETF로는 구현하기 어려운 투자자산을 금융상품으로 만들 수 있습니다. ETF와 ETN을 통해 개인 투자자들도 지구상에 존재하는 투자자산 대부분에 간접적으로 투자할 수 있는 길이 열렸습니다. 그만큼 투자자들에게 다양한 투자 기회가 생긴 것이죠.

그렇다면 얼마나 다양한 ETF가 존재하는지 한 번 알아볼까요. 투자자들 사이에서는 KODEX 200 ETF 등의 코스피 200 지수를 추종하는 ETF 상품이 가장 널리 알려져 있는데, 증시에는 생각보다 다양한 상품이 존재합니다. 한국거래소 홈페이지(www.krx.co.kr)에 접속하면 국내 증시에 상장되어 있는 모든 ETF의 종목 정보를 얻을 수 있습니다.

■ **종류별 주요 ETF 상장 현황 및 거래 비용 체계**

국내 주식형	**시장대표지수형**	KODEX 200, KOSEF 200, TIGER 200, KINDEX 200, TIGER KOSPI 50, KBSTAR 200 등
	섹터지수형	KODEX 반도체, KODEX 은행, TIGER 미디어통신, KODEX 에너지화학, KODEX 건설 등
	스타일/테마지수형	TIGER 가치주, KODEX 삼성그룹, KOSEF 고배당, KODEX 블루칩, GIANT 현대차그룹, KBSTAR 수출주 등
해외 주식형		KODEX CHINA H, KODEX JAPAN, TIGER 유로스탁 50, KODEX 미국에너지, ARIRANG 미국고배당주 등
채권형		KBSTAR 국고채, KODEX 국고채, KOSEF 통안채, KBSTAR 우량회사채, KOSEF 10년 국고채 등
통화형		KOSEF 달러선물
상품형		TIGER 원유선물, KODEX 골드선물, TIGER 농산물선물, KODEX 구리선물, KODEX 콩선물, TIGER 금속선물 등
부동산형		KIDEX 미국리츠부동산, TIGER US리츠
파생형 (레버리지/인버스)		KODEX 레버리지, KODEX 인버스, TIGER 레버리지, TIGER 인버스, KINDEX 레버리지, KINDEX 인버스, KOSEF 달러인버스선물, KOSEF 10년 국고채 레버리지, KODEX 인버스국채선물 10년, KINDEX 일본레버리지, ARIRANG 차이나H 레버리지, TIGER 원유인버스선물 등

• 자료: 한국거래소

위의 표에서 확인할 수 있듯이, 현존하는 ETF는 크게 시장대표지수형, 섹터지수형, 스타일/테마지수형, 해외 주식형, 채권형, 통화형, 상품형, 부동산형, 파생형(레버리지/인버스)으로 세분화되어 있습니다.

시장대표지수형의 대표 주자는 바로 KODEX 200 ETF, TIGER 200 ETF, KINDEX 200 ETF, KBSTAR 200 ETF, ARIRANG 200 ETF 등입니다. 모두 코스피 200 ETF이죠.

이들 상품은 모두 코스피 200 지수를 추종한다는 점에서는 동일합니다. KODEX는 삼성자산운용의 상호이고, TIGER는 미래에셋자산운용의 상호입니다. 또 KINDEX는 한국투자신탁운용, KBSTAR는 KB자산운용, ARIRANG은 한화자산운용의 ETF 상호이지요. 초코파이에 비유하면, 오리온 초코파이와 롯데 초코파이가 거의 비슷하지만 맛이 조금 다른 것과 마찬가지로 같은 유형의 ETF이지만 운용회사의 '능력'에 따라 ETF의 품질에도 다소 차이가 있습니다. 훌륭한 운용사가 만든 ETF일수록 기초자산*의 움직임을 잘 따라가지요.

섹터지수형 ETF는 반도체, 자동차, 은행, 건설 등 같은 업종의 종목에 한꺼번에 투자할 수 있도록 만들어진 상품입니다. 예를 들어, 섹터지수형 ETF 가운데 'KODEX 자동차 ETF'에는 현대차와 기아차, 현대모비스, 한국타이어와 금호타이어 등 완성차 업체와 자동차 부품 업종 주식이 포함되어 있습니다.

스타일/테마지수형 ETF는 주식시장에서 유행하거나 시장을 선도하는 투자 스타일을 복제한 형태의 상품입니다. 은행이나 증권사에서 투자할 수 있는 일반 공모형 펀드를 보면 가치투자 펀드, 중소형주 펀드를 포함해 다양한 전략으로 운용되는데, 이렇게 전략을 가지고 운용되는 ETF가 스타일/테마지수형 펀드입니다. 사실상 증권사나 은행을 통해 공모형 펀드에 가입하지 않더라도, ETF를 통해 낮은 비용으로 원하는 스타일의 투자를 할 수 있습니다.

섹터지수형이나 스타일/테마지수형 ETF는 이름만 봐도 어떤 자산에 투자하고 있는지 직관적으로 파악할 수 있습니다. 이름만 봐도

■ 자산운용사별 ETF 상호

종류	운용사
KODEX	삼성자산운용
TIGER	미래에셋자산운용
KINDEX	한국투자신탁운용
KOSEF	키움자산운용
ARIRANG	한화자산운용
마이다스	마이다스에셋자산운용
KBSTAR	KB자산운용
마이티	동부자산운용
TREX	유리자산운용
GIANT	대신자산운용

'아, 이게 어떤 성격을 가진 ETF이겠구나'라는 것이 보인다는 말이죠. 이를테면 'KODEX 미국에너지 ETF'는 미국의 에너지 관련 업종에 투자하는 ETF이고, 'KODEX 반도체 ETF'는 반도체 관련 기업에 투자하는 상품이라는 점을 곧바로 알 수 있습니다.

그렇다면 과연 ETF 안에는 어떤 종목이 투자되어 있는 걸까요? ETF 구성 종목은 한국거래소 홈페이지나 HTS를 통해 쉽게 확인할 수 있습니다.

'KODEX 반도체'에는 증시에 상장된 반도체 관련 회사들의 주식이 시가총액 비중에 따라 편입되어 있습니다. 2016년 10월을 기준

■ 그림16. ETF 상세 구성 종목 화면

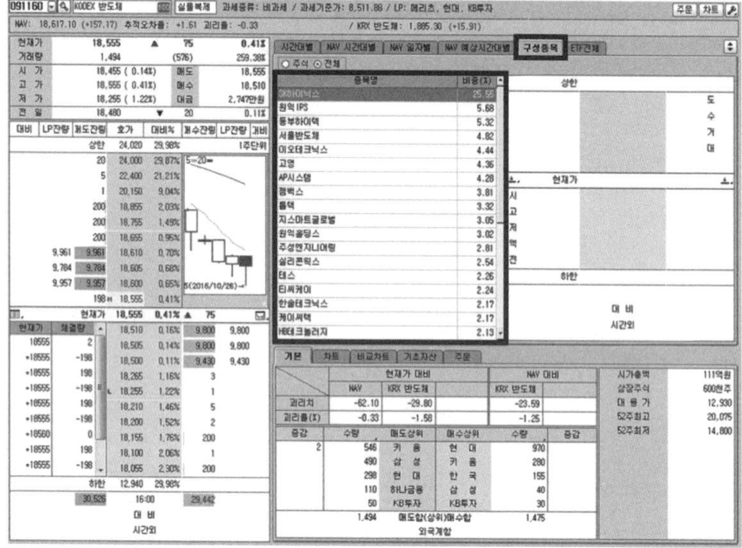

으로 총 30개의 종목이 투자되어 있는데, 가장 많은 비중을 차지하는 종목이 SK하이닉스입니다. 전체 펀드의 25%를 차지하고 있지요. 이외에도 원익IPS, 동부하이텍, 서울반도체, 이오테크닉스 등 주요 반도체 회사의 주식이 골고루 담겨 있는 것을 확인할 수 있습니다.

게다가 ETF를 통하면 전문가들의 영역이었던 채권에도 쉽게 투자할 수 있습니다. 2016년 8월 채권 관련 ETF는 20여 개 종목이 상장되어 있습니다. 국고채 가격(금리)과 연관되어 움직이는 국고채 ETF는 물론 통화안정채권이나 회사채 가격과 연동되는 ETF도 있지요.

일별 채권 가격 변동폭의 2배로 움직이도록 설계된 레버리지 ETF

도 재미있습니다. 채권 투자에 위험성을 다소 가미해 기대수익률을 높인 'KOSEF 10년 국고채 레버리지 ETF'가 대표적입니다.

기관투자가나 큰손 개인 투자자들의 전유물이었던 해외 채권이나 원유, 금, 농산물 투자 역시 ETF나 ETN을 통하면 우리 같은 개미 투자자들도 접근할 수 있습니다.

현대 금융시장에서 ETF라는 금융상품의 존재는 축복입니다. 뒤에서 '위기의 시대'에 관심을 가져야 할 투자자산으로 금, 외환 등에 대해서도 이야기하겠지만, 과거에 소액 개인 투자자들은 생각하기 어려웠던 이런 투자 역시 ETF를 통해 문호가 완전히 개방되었습니다.

ETF는 재테크 골든타임을 준비하기에 안성맞춤인 투자처입니다. 아직 ETF에 친숙하지 않은 투자자라면 지금이라도 ETF와 친해지기 바랍니다.

저비용 고효율, 재테크 고수들의 베스트셀러

앞서 잠깐 이야기했던 ETF의 강력한 장점 중 하나가 바로 낮은 거래 비용입니다. ETF는 주식이나 일반 펀드와 비교하면 거래 비용이 매우 저렴합니다. 거래 비용이란 금융상품을 거래할 때 들어가는 여러 가지 비용을 말합니다. 증권거래세(0.3%)와 이자·배당소득세(15.4%) 등의 세금과 증권사에 지불하는 주식거래 수수료가 대표적인 예입니다.

거래 비용 가운데 제일 부담이 큰 것이 바로 세금입니다. 특히 매매 금액의 0.3%에 이르는 증권거래세가 가장 크지요. 0.3%면 별것 아니라고 생각할 수도 있지만, 투자 금액이 크다면 꽤 부담스러운 금액이 됩니다. 만약 1억 원어치 주식을 거래했다고 치면, 30만 원가량을 고스란히 세금으로 내야 하니까요.

금융상품을 거래할 때 발생하는 배당소득세도 만만치 않습니다. 배당소득세는 매도 금액에서 매수 금액을 뺀 금액, 즉 이익의 15.4%입니다. 예를 들어 1000만 원을 투자해 1100만 원에 매도했다면 100만 원의 15.4%인 15만 4000원을 세금으로 내야 합니다.

그러나 ETF에 투자하면 각종 세금을 면제받을 수 있습니다. ETF는 일단 가장 큰 증권거래세 면제 대상입니다. 정부는 ETF 정착을 위해 국내에 상장된 ETF(ETN 포함)에 증권거래세 면제 혜택을 주고

■ **종류별 주요 ETF 세금 구조**

국내 주식형	시장대표지수형	증권거래세(0.3%) 비과세	매매차익 비과세
	섹터지수형		
	스타일/테마지수형		
해외 주식형			배당소득세(15.4%) 원천징수
채권형			
통화형			
상품형			
부동산형			
파생형(레버리지/인버스)			

• 자료: 한국거래소

■ **비과세 특례 대상에 포함된 해외 ETF 현황**

투자 지역	비과세 특례 대상 ETF
미국	TIGER 나스닥 100 TIGER 나스닥바이오 TIGER 미국다우존스 30
유럽	TIGER 유로스탁스배당 30
중국(A주)	KINDEX 중국본토 CSI 300 KODEX 중국본토 A 50 KBSTAR 중국본토 대형주 CSI 100 TIGER 차이나A 300
중국(H주)	KODEX China H TIGER 차이나 TIGER 차이나H KBSTAR 차이나H주(H)
일본	KODEX Japan KINDEX 일본Nikkei 225(H) TIGER 일본니케이 225
기타	TIGER 라틴

• 자료: 한국거래소

있습니다.

또 국내 주식에 투자하는 펀드나 ETF에 한해서는 배당소득세도 면제하고 있습니다. 따라서 국내 주식에 투자하는 국내 주식형 ETF를 매수하면 사실상 세금을 한 푼도 내지 않고 거래할 수 있게 되는 것입니다.

그동안에는 해외에 투자하는 ETF를 매수할 때는 배당소득세를 냈는데, 최근 이러한 ETF에도 면세 혜택이 적용되고 있습니다. 정부가 해외 투자형 ETF 거래의 활성화를 위해 2016년 8월부터 미국과 유럽, 중국, 일본 등의 해외 주식에 투자하는 ETF에도 비과세 혜택을 주고 있기 때문입니다.

2016년 8월에는 TIGER 나스닥 100 ETF, TIGER 유로스탁스배당 30 ETF 등 16개 종목이 비과세 특례 대상에 포함되어 있는데, 앞으로 대상을 확대해 나갈 것으로 전망합니다. 재테크 골든타임에 ETF를 동반자로 결정했다면, 이런 비과세 혜택이 있는 ETF를 중심으로 종목을 선택하는 것이 조금이라도 알뜰한 투자를 하는 데 도움이 되겠지요.

세금 이외에도 주식을 매매할 때는 증권사에 브로커리지brokerage, 중개 수수료를 내야 합니다. 마찬가지로 ETF를 거래할 때도 브로커리지가 발생합니다. ETF를 거래할 때의 브로커리지는 매우 낮은 편이라 사실상 무시해도 되는 수준입니다.

ETF 브로커리지는 증권사마다 다르고 ETF 종류별로도 차이가 있지만, 대체로 0.01~0.03%입니다. 잘 찾아보면 ETF 중개 수수료를 면제하는 이벤트를 상시적으로 진행하는 증권사도 있으니, 조금만 노력하면 공짜로 ETF 투자를 할 수 있습니다.

ETF는 은행, 증권사 등의 금융상품 판매사*를 통해 가입하는 상품이 아니기 때문에 판매보수*도 없습니다. ETF를 보유하는 동안 ETF 운용사*에 지불하는 '운용보수*'가 있긴 하지만, 일반 펀드와 비교하면 거의 없다고 봐도 무방합니다.

은행이나 증권사 창구에 가 보면 여전히 코스피나 코스피 200 지수를 추종하는 공모펀드에 가입하는 투자자가 많습니다. 코스피 등의 특정 지수나 업종별 투자를 하고 싶다면 일반 펀드보다 ETF가 매매 비용 측면에서 훨씬 유리하다는 점, 꼭 기억하십시오.

위기를 기회로 만드는 ETF 투자법

KODEX 200과 TIGER 200 등 코스피 200을 추종하는 ETF와 함께 시장에서 가장 인지도가 높으면서도 거래가 많은 상품이 바로 레버리지 ETF와 인버스 ETF입니다. ETF 일간 거래 대금의 대부분을 차지하고 있다고 봐도 될 정도이죠.

우선 레버리지 ETF는 코스피 200 지수 상승률의 2배씩 움직이도록 설계된 상품입니다. 예를 들어 코스피 200 지수가 오늘 1% 올랐다면, 레버리지 ETF는 2% 오르는 식이죠. 레버리지 ETF에 100만 원을 투자했다면, 2만 원의 평가이익이 발생합니다. 반대로 코스피 200 지수가 1% 하락하면 2% 손실이 납니다. 얻을 때는 더 얻고, 손실이 나면 더 많이 잃는 상품입니다.

가장 대표적인 레버리지 ETF는 삼성자산운용이 운용하는 KODEX 레버리지입니다. 미래에셋자산운용의 TIGER 레버리지, 한국투자신탁운용의 KINDEX 레버리지, KB자산운용의 KBSTAR 레버리지도 있지만, 거래량 측면에서는 KODEX 레버리지와 TIGER 레버리지가 압도적 우위를 점하고 있습니다.

특히 ETF가 국내에 처음 선보였을 때부터 삼성자산운용이 선도적으로 시장에 진입해 상품을 쏟아 내면서 KODEX ETF가 일종의 '선점 효과'를 누리고 있습니다. 대일밴드가 밴드를 상징하듯이, ETF 시장에서는 KODEX가 ETF를 상징하는 상품처럼 되었지요. 사람들이 KODEX ETF를 찾으면서 거래량이 풍부해지고, 거래량이 풍부한 ETF에 투자자들이 몰려 거래량이 더 늘어나는 선순환 구조가 형성되었습니다. 최근에는 미래에셋 계열의 TIGER ETF도 거래량이 늘어나는 추세에 있습니다.

어쨌든 레버리지 ETF는 개인 투자자들에게 매우 훌륭한 투자 기회를 제공하는 상품입니다. 다만, 레버리지 ETF에 투자할 때 한 가지 주의할 점이 있습니다. 이 상품이 장기 투자보다는 단기 투자에 적합하도록 만들어졌다는 것입니다.

투자자들이 착각하는 것 중 하나가 특정 기간 동안 레버리지 ETF에 투자했을 때 코스피 200 수익률의 2배가 될 거라는 믿음입니다. 그러나 사실은 그렇지 않습니다. 레버리지 ETF의 수익률이 코스피 200의 2배라는 것은 하루 단위의 이야기입니다. 누적 수익률에서까지 2배인 것은 아닙니다. 레버리지 ETF를 장기 투자하는 것은 심각한 독이 될 수 있습니다. 이를테면 1년 동안 코스피 200 수익률이 10%라고 해서 레버리지 ETF의 누적 수익률*이 20%가 되지는 않습니다. 경우에 따라 레버리지 ETF의 수익률이 코스피 200에 못 미치는 상황이 발생할 수도 있지요.

레버리지 ETF는 단기적으로 방향성이 확실히 보이는 경우에 진입하는 것이 바람직합니다. 이를테면 〈천재지변과 정치 이벤트에 의한 폭락은 기회〉(140쪽)에서 보았듯이 돌발 상황에 의한 급락이 발생했을 때, V자 반등 가능성이 높다면 레버리지 ETF를 활용하는 것이 도움이 될 수 있습니다.

폭락이 즐거운 인버스 ETF

코스피 200과 레버리지 ETF 다음으로 투자자들이 많이 찾는 상품이 바로 인버스 ETF입니다. 인버스 ETF는 시장의 움직임과 거꾸로 간다는 의미에서 이른바 '청개구리' 상품이라고 불리기도 합니다.

인버스 ETF는 코스피 200 지수가 1% 하락하면 가격이 1% 오르는 구조입니다. 반대로 코스피 200 지수가 오르면 가격이 하락하는 형태로 움직이죠. 인버스 ETF 역시 레버리지 ETF와 마찬가지로 삼성자산운용의 KODEX 인버스, 미래에셋자산운용의 TIGER 인버스가 다른 상품에 비해 거래량이 많은 편입니다.

최근에는 코스피 200 하락 시에 2배 이상 평가이익이 나는 인버스 ETF도 나왔습니다. 레버리지 ETF와 짝을 이루는 인버스 상품을 만들어 달라는 요구가 높아지면서 2016년 9월 KODEX 200 선물인버스 2X와 TIGER 200 선물인버스 2X, KOSEF 200 선물인버스 2X 등 5개 종목이 첫선을 보였습니다.

코스피 200 & 인버스 ETF가 한 짝을 이루고, 레버리지 ETF와 인버스 2X ETF가 짝을 이루게 된 것이죠. 눈치챘겠지만, ETF 이름의 2X는 2배라는 뜻입니다.

레버리지·인버스 형태의 ETF에는 국내 주식시장을 기초자산으로 한 상품만 있는 것은 아닙니다. 채권시장을 기초자산으로 한 레버리지·인버스 ETF도 있습니다. 키움자산운용의 'KOSEF 10년 국고채 레버리지 ETF'와 'KODEX 인버스 국채선물 10년' 등을 활용하면 국고채권에 직접 투자하지 않고도 채권 가격 전망에 따른 간접투자가 가능합니다. 국제 유가와 금, 미국 달러USD와 연동된 레버리지·인버스 ETF도 있습니다.

만약 시장에서 나타나는 집단 최면, 버블 붕괴의 신호를 감지했다면 인버스 ETF가 투자자에게 큰 기회를 가져다줄 수 있습니다. 시장이 패닉 상태로 빨려들 때 투자위험을 감수하면서 수익을 추구하고자 한다면 인버스나 인버스 2X ETF를 재빨리 매입하는 전략을 구사해 볼 수도 있습니다. 위험이 크기 때문에 초보자들에게 추천하고 싶지는 않지만, 숙련된 개인 투자자들은 큰 보상을 기대할 수 있습니다.

또 인버스 ETF는 위험을 회피하는 용도로도 훌륭한 투자 수단입니다. 증시가 바닥을 쳤다고 예상하고 투자를 시작할 때, 혹시 모를 위험에 대비해 일정 수량의 인버스 ETF를 매입해 놓으면 판단 착오에 따른 피해 금액을 줄일 수 있겠지요.

■ 국내 증시에 상장되어 있는 레버리지·인버스 ETF 현황

레버리지 ETF 현황	인버스 ETF 현황
KODEX 레버리지	KODEX 인버스
TIGER 레버리지	TIGER 인버스
KBSTAR 레버리지	KINDEX 인버스
KINDEX 레버리지	KOSEF 달러인버스선물
KOSEF 10년 국고채 레버리지	KODEX 인버스 국채선물 10년
KINDEX 일본 레버리지(H)	KINDEX 일본 인버스(합성H)
KBSTAR 일본 레버리지(H)	TIGER 원유인버스 선물(H)
ARIRANG 차이나H 레버리지(합성H)	TIGER 차이나A 인버스(합성)
KODEX China H 레버리지(H)	TIGER S&P 500 인버스 선물(H)
TIGER 차이나A 레버리지(합성)	KOSEF 미국달러선물 인버스 2X(합성)
KINDEX 중국본토 레버리지(합성)	KINDEX 골드선물 인버스 2X(합성H)
TIGER S&P 500 레버리지(합성H)	TIGER 코스닥 150 인버스
TIGER 유로스탁스 레버리지(합성H)	KODEX 코스닥 150 인버스
TIGER 이머징마켓 레버리지(합성H)	KBSTAR 200 선물인버스
KINDEX 골드선물 레버리지(합성H)	KBSTAR 200 선물인버스 2X
KOSEF 미국달러선물 레버리지(합성)	KODEX 200 선물인버스 2X
TIGER 코스닥 150 레버리지	TIGER 200 선물인버스 2X
KODEX 코스닥 150 레버리지	ARIRANG 200 선물인버스 2X
KINDEX 코스닥 150 레버리지	KOSEF 200 선물인버스 2X
TIGER 인도 레버리지(합성)	KOSEF 200 선물인버스
TIGER 200 IT 레버리지	
TIGER 200 에너지화학 레버리지	
KBSTAR 200 선물레버리지	
KOSEF 200 선물레버리지	

재테크 고수들의 ETF 활용법 엿보기

저는 여의도의 투자 전문가들을 만날 때마다 질문하곤 합니다. "개인적으로 재테크를 어떻게 하시나요?" 다른 사람의 투자금을 모아 수익을 내준다는 그들 자신은 어떤 재테크를 하는지 항상 궁금했습니다.

2014년 연말, 여의도에 있는 투자 전문가의 사무실을 찾았을 때입니다. 이 전문가는 비관론을 펼쳤습니다. "대기업 위주의 성장이 한계에 봉착했습니다. 앞으로 국내 경제는 쉽게 살아나지 못할 것 같아요." 앞으로 재미를 보기는 힘들 것 같다고 그는 고개를 저었습니다.

"그러면 요즘은 어떤 투자처에 관심이 많으신지요?"

"요즘에는 금리에 관심이 많아요. 장기적인 안목으로 금리에 꾸준히 투자하고 있습니다. 장기적으로 금리가 계속 낮아진다고 보면 채권 사이클은 아직도 끝나지 않았습니다."

"그럼 채권 투자를 하고 계신 건가요?"

"아, 채권을 직접 매수하는 것은 메리트가 별로 없어요. 국고채 ETF를 꾸준히 사고 있죠."

그는 국고채 ETF나 채권 레버리지 ETF가 상당 기간 좋은 대안 투자처가 될 거라고 확신했습니다. 국고채 ETF는 채권 금리와 연동된 상품이죠. 국고채 ETF와 채권 레버리지 ETF는 시장 금리가 하락해 채권 값이 오르면 가격이 오르는 상품입니다.

그는 또 이렇게 전망했습니다. "앞으로 우리나라도 일본이 갔던 길을 따라갈 수밖에 없습니다. 금리 인하와 '저환율' 정책 등 필요한 모든 정책 수단을 사용할 텐데, 국내 기준 금리도 아마 제로까지 내려갈 겁니다." 실제로 그를 만난 이후 국내 기준 금리와 시장 금리는 계속 내림세를 보였고, 채권 관련 ETF 수익률도 많이 올랐습니다.

여의도 투자 전문가들은 개별 주식에 투자하는 사례가 많지 않습니다. 대부분은 ETF를 통한 재테크를 선호한다고 귀띔했습니다. 2015년 8월, 일본 증시가 폭락했을 때는 일본 레버리지 ETF를 잔뜩 매수해 재미를 보았다는 투자자문사 대표도 있습니다.

국내 증시는 물론 전 세계 금융시장 관찰을 업으로 삼고 있다 보니 이들의 시야는 국내에만 머물지 않고 세계로 확대되어 있습니다. 세계 각국의 금융시장에서 나타나는 기회를 이들은 ETF라는 투자 수단을 통해 누리고 있는 것이죠.

그 밖에도 투자 전문가들은 재미있는 방식으로 ETF를 다양하게 활용합니다. 여의도 일대에서 제법 많이 알려진 투자법은 레버리지·인버스 '양매수 전략' 또는 '리밸런싱Rebalancing, 비중 조절 전략'입니다. 국내 증시가 2011년부터 6년간 박스권에 머물러 있다는 점에 착안한 전략이죠.

참 재미있는 전략이라 간단히 소개하겠습니다. 일단 주가가 단기 바닥에 이르렀다고 판단되면 코스피 200 ETF를 매수합니다. 그리고 단기 고점까지 오면 수익이 나온 코스피 200 ETF를 매도해 차익을 실현하고, 다시 인버스 ETF를 매수해 하락하는 증시에서 수익을 기대하는 식으로 트레이딩을 하는 것이죠.

코스피 200 ETF와 인버스 ETF를 1대 1로 매수해 놓고, 수익이 난 쪽의 차익을 실현한 뒤, 다른 쪽은 원금 회복을 기다리는 전략도 있습니다. 주가가 오르면 코스피 200 ETF에서 발생한 이익을 취하고, 인버스 ETF의 손실이 만회되기를 기다리지요. 반대로 증시가 하락하면 인버스 ETF에서 발생한 이익을 취하고, 코스피 200의 손실이 회복되기를 기다립니다.

이러한 전략은 증시가 박스권 안에서 오르내림을 계속한다는 전제에서 가능한 트레이딩 전략입니다. 추세적으로 시장이 상승하거나 하락하면 성립되지 않으니 주의가 필요합니다.

이 밖에도 코스피 200과 인버스 ETF를 활용한 시도가 다양하게 이루어지고 있습니다. 어쨌든 이렇게 시장의 단기적 파동을 이용한 트레이딩은 시장의 변곡점을 파악하는 자신만의 원칙이 있어야 가능합니다.

시장의 단기적 파동 속에서 바닥과 꼭지를 정확하게 예측하는 것은 불가능합니다. 시장은 예측을 불허하기 때문이죠. 따라서 시장 흐름에 따라 레버리지·인버스 ETF 비중을 조절하는 것이 결코 말처럼 쉬운 전략은 아닙니다. 다만 앞서 〈당신이 모르는 '고급 정보', 거래량은 알고 있다!〉(118쪽)에서 살펴보았듯이, 거래량을 통해 단기 파동의 변곡점을 예측해 볼 수는 있겠지요.

[그림17]은 KODEX 200의 일간 거래량과 주가를 나타낸 자료입니다. 여기서 확인할 수 있듯이 주가가 하락하는 구간에서 거래량이 늘어나면 바닥이 가까워지고, 주가가 오르는 구간에서 거래량이 늘

■ 그림17. KODEX 200 일간 거래량과 주가 추이

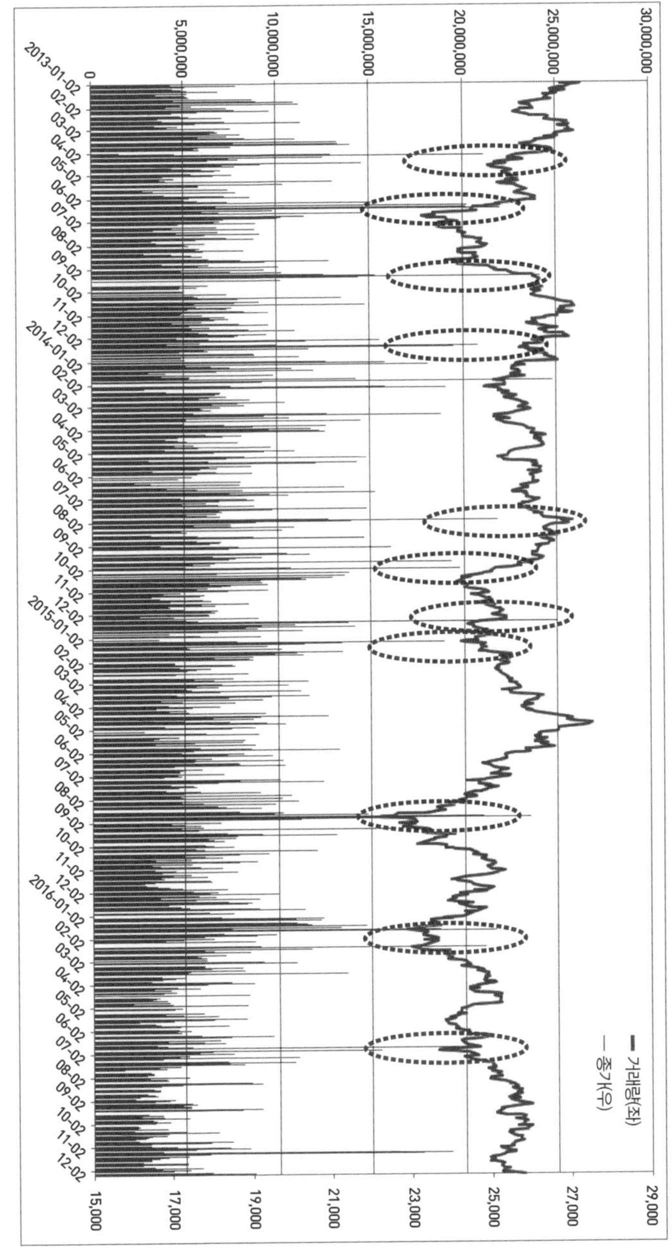

어나면 단기 고점을 찍는 경우가 많았습니다. KODEX 200은 자산 운용사(투신)나 보험사, 은행, 연기금 등 기관계 투자자들이 대규모로 매매하는 종목이므로 이 종목의 거래가 큰 폭으로 늘어나는 구간에서 단기적 추세가 전환하는 흐름을 보이게 되는 것이죠.

이런 특성을 고려하면 ETF를 활용하여 시장의 단기적 파동을 이용해 수익을 내는 전략을 구현해 볼 수 있습니다. 〈시장은 예측하는 것이 아니라 대응하는 것이다〉(144쪽)에서 소개했듯이, 항상 시장 움직임에 따른 시나리오를 마련해 놓고 원칙에 맞춰 대응해 나가는 방법으로 투자를 해야 실패를 최대한 줄일 수 있습니다.

이 시대 최고의 안전 자산, 달러

이번에 소개할 아이템은 위기의 시대를 대비하는 안전 자산, 달러 투자입니다. 달러 투자는 드넓은 태평양을 항해하는 배에 구명보트와 구명조끼를 준비해 놓는 작업이라고 보면 됩니다. 쓰나미가 몰려오는데 그제야 구명보트를 찾은들 어디서 구할 수 있을까요. 이미 때는 늦은 것이죠.

달러도 마찬가지입니다. 실제로 위기가 닥치면 달러 가격은 순식간에 솟구쳐 잡을 수가 없습니다. 앞으로 이야기할 금에 대한 투자도 그렇습니다. 달러와 금 등의 안전 자산은 위기가 오기 전부터 준비를 잘 해둬야 실제로 위기가 닥쳤을 때 빛을 발합니다.

1997년 동남아시아의 일부 국가에서 시작된 아시아 외환위기는 돌고 돌아 우리나라를 IMF 사태로 몰아넣었지요. IMF는 우리 국민들을 고통의 수렁에 빠트렸지만, 달러를 많이 보유하고 있던 자산가나 기업체에는 예상치 못했던 돈벼락을 내렸습니다.

한국 정부가 IMF 구제금융을 신청하기 전인 1997년 11월께 달러당 원화값은 960원대였습니다. 그해 12월 3일에는 한국 정부가 구제금융을 신청하면서 환율이 급등(원화 값 하락)해 1960원까지 치솟았지요. 2개월 만에 환율이 약 2배로 오른 겁니다.

IMF 당시 달러를 가지고 있었던 사람들은 이른바 '대박'을 쳤습니다. 달러를 원화로 환전하면 앉은 자리에서 2배가 넘는 돈을 받을 수 있었으니까요. 당시 우리 경제 사정이 심상치 않다고 느낀 자산가들 사이에서는 달러와 금을 쌓아 놓는 것이 유행처럼 번졌습니다. IMF 사태가 터져 환율이 크게 오르면서 부자들은 또 돈방석에 앉았지요.

IMF 당시 주어졌던 기회는 위기가 오기 전에 준비했던 사람들이 누릴 수 있었던 특권입니다. 위기가 언제 올지 미리 알 수 있는 사람은 없습니다. 언젠가 시장을 흔들 위기가 꼭 온다고 믿는다면, 지금부터 달러 투자에 관심을 가져야 합니다.

'달러', 기다리면 언젠가는 응답한다

미국 달러가 왜 안전 자산인지 설명하려면 책 한 권으로도 부족할 겁니다. 달러의 위상은 미국이라는 세계 최대 경제 대국의 위상에서 비롯합니다. 투자자들이 생각하기에 어떤 상황에서도 값어치를 유지할 수 있을 것으로 생각되는 자산이 안전한 자산입니다.

안전 자산의 범주에 속한 것은 많지만 그중에서도 가장 안전하다고 꼽히는 것이 바로 미국 '달러'입니다. 중국이 미국과 함께 이른바 'G2'의 대열에 올라섰지만 기축통화로서 달러화의 위상은 전혀 흔들림이 없습니다. 앞으로도 이런 구도가 바뀔 가능성은 크지 않습니다.

현대 금융시장에서 달러는 위기 상황에서 자산 가치를 지켜 줄 최후의 보루로 여겨지고 있습니다. 금융시장이 흔들리면 투자금은 본능적으로 달러로 향하게 됩니다.

글로벌 금융시장이 흔들리면서 환율이 급등하는 상황이 되면 우리 정부와 외환 당국은 급격한 원화 가격 하락을 방어할 만한 여력이 많지 않습니다. 순식간에 환율이 크게 오르면서 V자 형태 곡선을 그리게 되지요.

[그림18]은 2000년 이후부터 16여 년간의 환율 추이입니다. 금융위기 상황을 전후로 환율의 움직임이 골이 깊은 V자 형태를 보이는 것을 볼 수 있습니다.

이 환율 추이가 시사하는 것은 무엇일까요. 달러 투자야말로 위기가 오기 전까지 적립식으로 꾸준히 이루어져야 한다는 것입니다.

앞서 장기 적립식 투자를 설명하며 이야기했던 내용을 잠시 떠올려 보시기 바랍니다. 적립식 투자는 투자 기간에 V자 형태를 보여야 이익을 낼 수 있다고 했습니다. 또 위기를 앞둔 상황에서 적립식 투

■ **그림18. 2000년 이후의 환율 추이**(단위: 원)

자는 역V자로 갈 가능성이 커 그다지 좋은 선택은 아니라고 설명했습니다.

그러나 달러 투자는 예외입니다. 위기의 시대가 언젠가 도래한다는 가정을 한다면, 지금부터라도 적립식으로 달러를 모아 놓는 것이 좋습니다. 빠르면 빠를수록 좋습니다. 급격한 달러 값 상승이 오기 전에 미리 달러에 투자해 놓아야 V자 형태의 투자가 가능합니다.

달러는 단기적으로 매매하기보다는 위기가 오기 전까지 꾸준하게 적립식으로 투자해야 합니다. 정기적으로 꾸준히 달러에 투자하면서 위기 상황을 기다리는 것이죠.

앞으로 도래할 위기의 시대를 준비하고자 한다면, 포트폴리오에 달러를 소액이라도 조금씩 쌓아 가는 전략을 고려해야 합니다.

글로벌 금융시장 어딘가에 감춰진 시한폭탄은 터질 날을 기다리고 있습니다. 꾸준히 모아 놓은 달러가 그 순간 분명히 효자 노릇을 할 겁니다.

쪽박 차지 않는 올바른 달러 투자법

달러는 주식만큼이나 하루하루 가격 변화가 극심하고 가격 변동성이 높아 투자위험이 큰 영역입니다. 고도로 훈련받은 트레이더가 아니라면, 달러 투자를 일희일비하면서 사고파는 식으로는 곤란합니다. 위기를 기다리면서 장기적으로 투자를 해나가다가 위기가 온 순간에 승부를 보는 전략으로 가야 합니다.

달러 등 외화에 대한 투자라고 하면 투자자들이 쉽게 떠올리는 것이 '투기성 환율 투자'입니다. 가끔 신문이나 방송에서 '와타나베 부인*'이라느니 한국의 '김 여사'라느니 하는 이들이 '환테크'로 큰 수익을 내고 있다는 보도를 접합니다. 이 와타나베 부인들이 즐기는 외화 투자는 'FX마진거래'인데, 이는 환율을 기초로 만들어진 파생상품 거래입니다. 원화를 가지고 달러나 엔화, 유로, 위안화 등의 외화 파생상품(선물)을 사고팔면서 환차익을 노리는 것이죠. 즉 외화의 방향성에 '베팅'하는 도박에 가까운 투자입니다.

또 FX마진거래는 높은 비율의 레버리지가 가능합니다. 이를테면 1000만 원의 증거금을 넣으면 10배에 달하는 1억 원을 베팅할 수 있습니다. 실제로 이러한 외환 거래로 고수익을 올릴 수 있다며 FX 마진거래를 권유하는 업체가 꽤 있습니다. 고수익을 약속하면서 투자자들을 현혹하는 업체는 정상적인 금융회사가 아니라 불법 금융 다단계 업체인 경우가 많으니 주의해야 합니다. 무조건 고수익을 약속한다는 식으로 외화 투자를 권유하는 사람이나 업체는 절대 접근해서는 안 됩니다.

이런 불법 업체에 의한 투자가 아니더라도 일반 투자자들이 FX마진거래에 뛰어드는 것은 별로 추천하고 싶지 않습니다. 일반 투자자들이 겁 없이 뛰어들었다가는 쪽박을 차기 일쑤이기 때문이죠.

우리가 궁극적으로 달러 투자를 통해 추구하는 목표는 이런 단기적 수익이 아닙니다. 위기의 시대를 준비할 달러 투자가 목적이라면 FX마진거래는 적합하지 않습니다.

여기서 소개하고자 하는 달러 투자법은 FX마진거래처럼 단기간에 대박을 이끌어 내는 투자가 아닙니다. 인내심을 가지고 기회를 기다리는 정통 투자 아이템입니다.

① 외화예금통장 투자

일단 투자위험이 가장 적고, 재테크 경험이 많지 않은 초심자들이 쉽게 접근할 수 있는 달러 투자 방법은 은행에서 외화예금이나 외화적금 등에 가입하는 것입니다. 이 통장에 달러를 예치하면 예금에서 나오는 이자와 환율의 차이에서 발생하는 차익을 얻을 수 있지요. 외화예금은 세금 혜택도 있습니다. 환율 차이로 발생하는 차익에 대해서는 비과세가 적용되는 동시에 금융종합소득 과세 대상에서도 제외됩니다. 외화예금통장에서 발생하는 이자에 대해서만 이자소득세(15.4%)를 내면 되지요.

만약 1000만 원을 달러로 환전하고 달러예금에 가입했는데, 달러 값이 20%가량 올랐다면 200만 원의 시세차익은 그대로 남습니다. 달러예금 이자를 0.6% 정도로 보면, 6만 원에 대한 세금만 15.4%(9240원) 발생하지요.

위기의 시대를 대비할 목적으로 달러 통장을 활용해 꾸준히 달러를 저축해 놓으면 절세 혜택도 누리면서 안정적으로 달러를 비축할 수 있습니다. 다만, 외화통장에는 환전할 때 수수료가 발생한다는 단점이 있습니다. 은행마다 차이는 있지만 환전 수수료는 대부분 1% 이상입니다. 외화를 예금했을 때 발생하는 이자는 대부분 연 1% 미만입니다. 원-달러 시세차익이 없다면, 외화예금 자체는 배(이자)보다 배꼽(수수료)이 더 큰 상품이라고 할 수 있지요.

외화예금통장은 일반 시중 은행에서 개설할 수 있습니다. 외화예금을 취급하는 은행 중에서 자신에게 가장 유리한 수수료 체계를 갖춘 은행을 찾아 가입하는 것이 좋습니다.

또 시중 은행에서는 주거래 고객인 경우 외화를 예금할 때 환전 수수료 우대 서비스를 받을 수도 있습니다. 이런 부분까지 충분히 고려해 어떤 은행에서 외화예금통장을 만드는 것이 유리할지 꼼꼼히 따져 보시기 바랍니다.

② 달러 환매조건부채권

증권사에서 가입할 수 있는 달러화 표시 환매조건부채권Repurchase Paper, RP도 달러에 투자할 수 있는 좋은 대안입니다. RP는 증권사가 보유하고 있던 채권을 고객에게 판매한 뒤 일정 기간이 지나면 다시 매수한다는 조건을 내건 채권입니다.

RP라는 상품명이 생소해 어렵게 생각할 수 있는데, 달러 은행에서 판매하는 달러예금과 거의 비슷하다고 보면 됩니다. 달러 RP는 증권사에서 제공하는 달러예금 정도라고 보아도 무방합니다.

증권사들이 취급하는 달러화 표시 RP는 국내 공기업이나 대기업, 은행이 미국에서 자금을 조달하고 발행한 달러화 표시 채권을 담보로 발행한 채권입니다. 고객은 증권사를 통해 매입한 채권을 보유하면서 그동안 나오는 이자를 누릴 수 있고, 증권사는 채권을 고객에게 넘기고 단기 자금을 조달하는 구조입니다. 고객 입장에서 보면 돈을 증권사에 맡기고 나중에 되돌려받는 것이기 때문에 예금과 큰 차이가 없습니다.

달러화 표시 RP는 수시로 출금할 수 있는 상품도 있고, 약정한 기간 동안 투자가 이루어지는 상품도 있습니다. 투자 기간은 대부분 30일, 90일 등으로 짧아서 장기적으로 투자하려면 주기적으로 RP에 돈을 넣어야 합니다.

증권사의 RP는 은행에서 취급하는 달러예금보다는 이자가 조금 더 높은 편입니다. 일부 증권사는 고객 유치 차원에서 기존 RP보다 금리가 더 높은 '특판 RP'를 팔기도 하는데, 이런 상품에 투자하면 채권 이자와 환차익을 동시에 얻을 수 있습니다.

③ 달러 ETF 투자

ETF를 통해 달러에 간접 투자하는 것도 훌륭한 투자법입니다. ETF를 매수하면 굳이 은행에서 달러통장을 개설하거나 증권사를 방문해 RP에 가입할 필요 없이 HTS로 곧바로 달러에 투자할 수 있습니다. 환전을 할 필요도 없습니다. 한국거래소에 상장된 달러화 관련 ETF를 매수하기만 하면 됩니다.

한국거래소에서 달러에 투자할 수 있는 ETF는 키움자산운용의 'KOSEF 미국달러선물 ETF'가 대표적입니다. 이 ETF는 국내 외환시장에서 환율 변동률을 반영하여 움직이는데, 이를 통하면 곧바로 달러 가격 변화에 투자할 수 있습니다. 환율의 움직임을 2배로 반영하는 KOSEF 미국달러선물 레버리지나 환율의 움직임을 반대로 반영하는 KOSEF 미국달러선물 인버스 2X도 있어 다양한 투자 전략을 세울 수 있습니다.

환율이 아니라 달러인덱스Dollar Index에 투자하는 상품도 있습니다. 달러인덱스는 유로와 엔, 파운드, 캐나다 달러, 스웨덴 크로네, 스위스 프랑 등 세계 주요 6개국 통화와 비교한 달러화의 가치를 나타냅니다. 특정 통화에 대한 달러의 상대 가격이 아니라 달러 값 자체를 표시하는 지표이죠.

달러인덱스에 투자한다는 것은 원화 가격을 배제하고 달러 값 변화에만 투자한다는 뜻입니다. 달러인덱스에 투자하는 상품은 '신한

■ **위기에 대비하는 달러 투자법 정리**

구분	상품명	내용	특징
직접투자	외화예금통장	– 시중 은행에서 외화예금통장 개설 뒤 달러 적립 – 달러 현찰을 바꿔 은행에 예금하는 개념 – 달러 예치에 따른 예금이자가 발생하고 환율 변동에 따라 예금의 평가손익이 결정됨	– 원화를 달러로 바꾸는 환전 수수료 높음. 외화의 종류에 따라 예금이자보다 수수료가 클 수도 있음 – 예금 이자에 대해 이자소득세(15.4%) 부과 – 환차익은 비과세. 금융소득 종합과세 면제
	달러 RP	– 시중 증권사에서 계좌를 개설한 뒤 달러화 표시 환매조건부채권(RP) 매수 – 외화예금보다 연이자가 조금 더 높고, 환율 변동에 따라 채권 매수 원금의 평가손익 결정	– 특판 RP 등은 이자율 우대 조건이 좋음 – 채권 이자에 대해 이자소득세(15.4%) 부과 – 환차익은 비과세. 금융소득 종합과세는 면제
간접투자	KOSEF 미국 달러선물 ETF	– 원화 대비 달러 가격 상승에 따라 수익률 결정 – 달러/원 환율의 일간 움직임을 추종	– 증시에 상장된 ETF 상품을 주식처럼 매매 – 환전 없이 달러에 투자하는 효과 – 소액으로 투자 가능 – 파생상품을 기초로 외화 선물을 펀드 형태로 운용하여 환율 움직임을 제대로 반영하지 못할 수 있음 – 매매차익에 배당소득세(15.4%) 부과
	KOSEF 미국 달러선물 레버리지 ETF	– 달러/원 환율의 일간 움직임을 2배로 추종	
	KOSEF 미국 달러선물 인버스 ETF	– 달러/원 환율의 일간 움직임을 거꾸로 추종	
	KOSEF 미국 달러선물 인버스 X2 ETF	– 달러/원 환율의 일간 움직임을 거꾸로 2배 추종	
	신한 달러인덱스선물 ETN	– 달러인덱스의 움직임에 따라 수익률 결정 – 달러인덱스의 일간 상승·하락률을 추종	– 원화 가격을 고려하지 않은 달러 가격에 투자 – 국내 도입 초기라 거래량이 적음 – 예상하지 못한 큰 거래 비용 발생 가능 – 매매차익에 배당소득세(15.4%) 부과
	신한 인버스달러선물인덱스 ETN	– 달러인덱스의 일간 상승·하락률을 거꾸로 추종	

달러인덱스선물 ETN'과 달러인덱스 일간 변화율을 반대로 반영하는 '신한 인버스달러선물인덱스 ETN' 등이 있습니다.

다만 이들 ETN은 상장한 지 얼마 되지 않은 데다 인지도가 낮은 편이라 거래량이 많지 않다는 단점이 있습니다. 매도 시점에 예상치 않았던 큰 거래 비용이 발생할 수 있다는 점에 유의해야 합니다.

위기의 시대에는 '금맥'을 캐야 한다

금金은 달러와 함께 안전 자산의 대표적인 투자처입니다. "금은 안전 자산이다"라는 말을 한 번쯤은 들어 보셨을 겁니다. 금융시장이 붕괴하면 안전 자산에 대한 욕구가 강해지면서 돈의 흐름이 달러와 함께 금시장을 향할 가능성이 상당히 높습니다.

재테크 수단으로서 금은 위기의 시대에 뜻밖의 기회를 가져다줄 잠재력이 충분합니다. 그러나 아직도 일반 개인 투자자들에게 재테크로서 금은 생소한 것이 사실입니다. 금은방이나 백화점의 보석 코너에서나 접할 뿐, 재테크 목적으로 금에 투자하는 것은 돈 많은 자산가의 영역으로만 여기는 사람이 대다수죠. 이런 분들에게 재테크 수단으로서 금 투자를 이야기하면 직관적으로 골드바, 이른바 '금괴'를 떠올립니다. 그리고 금 투자를 '목돈이 필요한 것'으로만 생각하지요.

그러나 앞으로 다가올 위기의 시대를 준비하는 사람이라면 금 역시 재테크 대상이 될 수 있다는 인식을 가져야 합니다. 실제로 앞으로 이야기할 금 투자법에는 큰돈이 필요 없습니다. 소액으로도 금에 투자할 방법은 많습니다.

금 투자, 이제 소액으로 손쉽게

금에 투자하는 방법은 크게 두 가지로 나뉩니다. 첫째, 금 실물을 직접 매입하는 것입니다. 대표적인 것이 골드바 구매이죠. 둘째는 금을 기초자산으로 하는 금융상품을 거래하는 것입니다.

결론적으로 말하면, 소액 개인 투자자들은 앞으로 소개할 KRX 금시장을 이용하거나 금을 기초자산으로 한 펀드나 ETF를 통해 투자하는 편이 낫습니다. 다만, 실물 금 투자는 절세 혜택을 누릴 수 있어 '세테크(절세를 통한 재테크)'를 고민하는 투자자라면 고려해 볼 만합니다.

① 금 실물 투자법 – 골드바

먼저 금 실물에 직접 투자하는 방법을 살펴보겠습니다. 금 실물 투자는 세 가지 방법으로 가능합니다. 우선 가장 원시적이고 고전적인 것으로, 골드바를 직접 매입하는 방법이 있습니다.

골드바. 평범한 서민들에게는 로망과도 같죠. 길쭉하고 반짝이는 골드바는 보고만 있어도 저절로 흐뭇한 미소가 지어집니다.

골드바는 1kg부터 500g, 300g, 100g, 50g 등 다양한 형태로 존재합니다. 일단, 500g짜리 골드바 두 개를 사는 것보다 1kg짜리 골드바 한 개를 사는 것이 더 경제적입니다. 골드바 한 개를 만드는 데 들어가는 인건비 때문이죠. 1kg짜리 골드바 한 개는 266돈에 해당합니다. 시세에 따라 달라지겠지만 보통 1kg짜리 골드바는 5000만 원 정도입니다.

골드바를 직접 매입하는 투자의 장점을 굳이 꼽으라면, 금이라는 실물을 가지고 있기 때문에 전쟁이 터지거나 그야말로 자본주의 시스템이 무너지는 종말적인 상황이 닥쳐도 재산을 지켜 낼 수 있다는 것이겠지요.

말했다시피 골드바 투자에는 절세 효과도 있습니다. 금 현물을 샀다가 파는 것이라 여기서 발생하는 이득(매도-매수)은 비과세 대상이 되지요. 금융상품 투자가 아니기 때문에 배당소득세도 들지 않습니다.

그러나 사실 평범한 투자자들이 투자를 목적으로 골드바를 매입하는 것은 큰 실익이 없습니다. 가장 큰 이유는 골드바를 매입할 때 발생하는 10%의 부가가치세입니다. 1억 원어치 골드바를 매입하면 생돈 1000만 원을 세금으로 내는 셈이죠. 그뿐 아니라 골드바를 살 때 제작 명목으로 5~6%의 수수료도 내야 합니다.

결론적으로, 골드바에 투자해 이익을 보려면 금값이 최소 15~20% 넘게 올라야 합니다. 금값이 그보다 크게 오른다면야 더할 나위가 없겠지만, 그렇지 않은 상황이라면 어지간히 금값이 올라도 골드바에 투자해서 손에 남는 이득은 얼마 되지 않을 가능성이 큽니다.

또 하나 주의할 점이 있습니다. 골드바를 엉뚱한 곳에서 샀다가는 큰 낭패를 볼 수도 있습니다. 골드바를 구입할 때는 '반드시' 은행이나 증권사 등 공신력이 있는 금융기관을 통하는 것이 좋습니다. 그렇지 않으면 겉모습만 골드바인 '짝퉁'을 사게 될 수도 있으니까요. 공인되지 않은 업체에서 파는 골드바 중에는 순도가 거짓으로 표기되어 있거나 납이 포함된 경우도 있는 것으로 알려져 있습니다.

이렇게 장점보다 단점이 많아 보이지만 골드바를 찾는 사람들은 여전히 많습니다. 공공연한 비밀이나, 사실 골드바는 아주 돈 많은 사람들이 자식에게 증여할 목적으로 구입하는 경우가 많다고 합니다. 현행 세법으로는 현물인 골드바나 귀금속을 자식에게 넘겨줄 때 과세할 근거가 불분명하기 때문입니다.

어쨌든 추후에라도 우리 같은 개인 투자자들이 골드바를 살 일이 있기를 소망하면서, 다른 금 투자 방법을 알아보겠습니다.

② 금 실물 투자법 – KRX 금시장

굳이 골드바를 사야 할 이유가 없다면, 'KRX 금시장'이라는 곳을 이용하는 방법을 추천합니다. KRX 금시장은 금 실물을 주식처럼 거래할 수 있도록 제도화된 시장입니다. 이 시장을 이용하면 소액으로도 금 실물에 투자할 수 있습니다.

2014년 3월, 정부는 지하경제 양성화와 금 산업 및 금 투자 활성화를 목적으로 한국거래소Korea Exchange, KRX에 금 현물을 거래할 수 있는 'KRX 금시장'을 개설했습니다.

KRX 금시장은 개설 초기에는 많은 사람의 관심을 끌지 못했지만, 차츰 금 투자에 대한 개인 투자자들의 관심이 커지면서 월간 거래량이 계속 늘어나고 있습니다.

KRX 금시장에서의 금 거래는 주식거래 방식과 똑같습니다. 주식시장과 마찬가지로 오전 9시부터 오후 3시 30분까지 6시간 30분 동안 장내에서 자유롭게 거래할 수 있지요.

KRX 금시장에서는 금 실물을 거래하지만 현물이 직접 왔다 갔다 하는 것은 아닙니다. 금 실물에 대한 소유권이 거래되는 방식이죠.

주식시장에서 1주씩 거래되는 것과 마찬가지로, KRX 금시장에서도 금은 1g씩 거래됩니다. 1회에 최대 5000g(5kg)까지 주문을 넣을 수 있습니다. 주식시장에서 상·하한가는 30%이지만, KRX 금시장에서는 10%로 제한합니다. 시장이 투기적으로 변질되는 것을 막기 위한 조치라고 합니다.

그렇다면 KRX 금시장에서 매매 거래를 하려면 어떻게 해야 할까요? 일단 증권사에 방문해 금 거래 전용 계좌를 만들어야 합니다. 그러면 KRX 금시장을 이용할 수 있는 전용 증권계좌를 만들어 줍니다.

그 후에 해당 증권사가 제공하는 HTS를 통해 KRX 금시장에서 금을 거래할 수 있습니다. 물론 스마트폰(MTS)으로 거래할 수도 있고, 증권사에 직접 주문을 넣을 수도 있습니다. 금을 거래할 때에도 수수료는 HTS나 MTS 거래가 더 저렴합니다.

골드바 투자에서와 마찬가지로 KRX 금시장에서 거래할 때에도 시

■ **그림19. KRX 금시장 월간 거래량 추이**(단위: g)

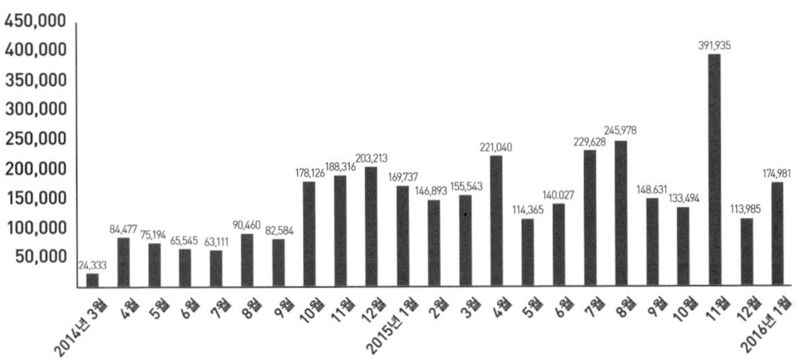

■ **KRX 금시장 수수료 체계**(2015년 4월 1일 기준)

매매 수수료	On-Line	매매 금액의 0.284%
	Off-Line	매매 금액의 0.534%
금 출고 수수료	예탁원 반환 수수료	1kg당 2만 원
	출고 수수료	1건당 1만 원
	현송 업체 비용	1~5kg 10만 원(5kg 초과 시 1kg당 3000원 추가)
	보관 수수료	1일당 23만 원(5kg 초과 시 1kg당 9000원 추가)

• 자료: 한국거래소, 부가세 10%는 별도

세 변화에 따른 차익은 비과세 대상이라 세금은 걱정하지 않아도 됩니다.

KRX 금시장에서도 금 실물 인출이 가능합니다. 다만, 1kg 단위로 현물을 인출할 수 있습니다. 이때도 금 현물을 인출할 때는 10%의 부가가치세를 내야 합니다. 골드바를 매입하는 것과 똑같다고 보는 것입니다. 꼭 골드바 형태로 소장하고 싶은 것이 아니라면 큰 수수료를 내면서 굳이 금을 인출할 필요는 없겠지요.

③ 금 실물 투자법 – 골드뱅킹

세 번째 방법은 은행에서 금 투자 전용 통장을 개설해 금을 적립하는 '골드뱅킹'입니다. 현재 골드뱅킹은 우리은행과 KB국민은행, 신한은행 등 대형 시중 은행에서 취급하고 있습니다. 이런 시중 은행을 방문해 골드뱅킹 계좌를 개설하면 간단하게 투자할 수 있지요.

골드뱅킹은 KRX 금시장에서 거래하는 것보다 더 작은 단위인 0.01g 단위로도 금을 매매할 수 있다는 장점이 있습니다. 꾸준히 적립하는 적금처럼 통장에 차곡차곡 금을 쌓아 가는 재미도 느낄 수 있지요.

그런데 골드뱅킹에는 치명적인 단점이 있습니다. 바로 '환율'입니다. 골드뱅킹에서 금 투자는 기본적으로 달러로 이루어지기 때문에 달러 대비 원화의 가치가 하락(환율 상승)하면 적립되는 금의 양이 줄어듭니다. 금값이 올라도 달러 가치가 떨어지면(환율 하락) 최종 투자 수익률이 하락하는 상황이 발생하기도 하지요.

또 골드뱅킹은 일종의 금융상품이라 매매차익에 대해 15.4%의 배당소득세가 과세됩니다. 여기서 발생한 이익은 금융소득 종합과세* 대상에 포함되지요.

따라서 장기 시세차익을 목적으로 한 재테크라면 골드바 매입이나 골드뱅킹보다는 KRX 금시장을 이용하는 것이 여러모로 가장 유리합니다.

④ 펀드를 이용한 금 간접투자

실물 형태가 아닌 펀드를 통해 간편하게 금에 투자하는 것도 좋은 방법입니다. 시중 증권사나 은행 등의 금융회사에 방문해 금에 투자하는 공모펀드에 가입하거나, 증권시장에서 실시간으로 금값과 연동되는 ETF를 매수하면 소액으로 손쉽게 금에 투자할 수 있습니다. 공모펀드보다는 ETF를 통해 금에 투자하는 방법을 추천합니다.

ETF 시장에는 KODEX 골드선물(H), TIGER 금은선물(H) 등 금과 은의 가격을 추종하는 상품뿐만 아니라 금을 기초자산으로 하는 레버리지·인버스 ETF도 있습니다.

여기서 ETF 상품명 뒤에 붙은 'H'는 환율 위험 회피를 의미합니다. 환율 변화와 무관하게 국제 금 시세만의 움직임을 따라간다는 뜻이죠. 금-달러-원화의 복잡한 삼각관계를 고려하기에는 머리가 아프니, 웬만하면 금에 투자할 때는 펀드나 ETF와 마찬가지로 환헤지

■ **국내에 상장된 금 관련 ETF 현황**

ETF 이름	운용사
KODEX 골드선물(H)	삼성자산운용
TIGER 금은선물(H)	미래에셋자산운용
KINDEX 골드선물 레버리지(합성H)	한국투자신탁운용
KINDEX 골드선물 인버스X2(합성H)	한국투자신탁운용

■ 소액으로 손쉽게 하는 금 투자 총정리

형태	실물 투자		
	골드바	골드뱅킹	KRX 금시장
내용	• 금융회사에서 실물 골드바 구매	• 은행 전용계좌로 금 소액 매수	• KRX 정규 시장에서 1g 단위로 주식처럼 거래
장점	• 시세차익에 따른 이익 비과세 • 금괴 보유에 따른 심리적 안정감 • 금융소득 종합과세에 해당되지 않음	• 0.01g 단위의 소액으로도 금 적립 가능	• 온라인틀 통한 자유로운 장내 거래 가능 • 시세차익에 따른 이익 비과세 • 금융소득 종합과세에 해당되지 않음
단점	• 매수 시 10% 부가가치세 발생 • 금 제작비 등 5~6%에 달하는 수수료	• 금 현물 인출할 때 부가가치세 10% • 매매차익에 대한 배당소득세(15.4%) 발생 • 매매차익이 금융소득 종합과세 대상에 포함됨 • 환율 변동에 따른 손익 불확실성 존재	• 금 현물 인출 시 부가가치세 10% 발생

형태	펀드 투자	
	공모펀드	ETF(국내)
장점	• 증권사·은행 등에서 손쉽게 가입 가능 • 금액에 관계없이 거치식·적립식 투자	• 온라인을 통한 자유로운 장내 거래 가능 • 레버리지·인버스 등 다양한 투자 전략 구현 • 금융소득 종합과세에는 해당되지 않음
단점	• 매매차익에 대한 배당소득세(15.4%) 발생 • 매매차익이 금융소득 종합과세 대상에 포함됨	• 매매차익에 대한 배당소득세(15.4%) 발생 • 거래량이 많지 않아 큰 거래 비용이 발생할 수 있음

Foreign Exchange Hedge된 상품에 투자하는 것이 좋습니다.

KINDEX 골드선물 인버스X2(합성H)는 금 시세가 하락할 때 수익을 얻을 수 있습니다. 단기적으로 금값이 크게 변화하는 구간을 포착할 수 있다면 이런 ETF를 통해 무리하지 않는 선에서 과감한 투자를 할 수도 있겠지요.

재테크 골든타임을 더 빛나게 할 금융상품을 찾아서

기회의 시대, 똑똑한 펀드 어떻게 고를까

앞서 소개한 달러·금 투자는 위기를 대비하는 '예방적' 투자 수단입니다. 지금부터는 재테크 골든타임이 눈앞에 펼쳐졌을 때 투자금을 제대로 굴려 줄 수 있는 금융 투자상품을 고르는 전략에 대해서 살펴보겠습니다.

21세기 최고의 투자 수단이라는 ETF는 적극적으로 시장에 참여해야 하는 능동적인 상품입니다. 한마디로 손이 많이 가는 투자입니다.

ETF를 통해 투자 전략을 수립하고 스스로 운용하는 것은 사실 생업에 종사하는 일반 투자자들에게는 다소 버거운 면이 있습니다. 아마 대부분이 이런 처지에 놓여 있다고 생각합니다.

그렇다면 차선책은 훌륭한 투자 전문가들을 찾아서 돈을 맡기는 것입니다. 여기서 전문가라 함은 주로 펀드매니저인데, 그들을 통해 시장에 투자하는 것을 '간접투자'라고 합니다.

일반 투자자들에게 친숙한 간접투자는 주로 '공모(형)펀드*'입니다. 펀드는 그야말로 간접투자 금융상품의 대표 주자로, '국민 재테크'라고 할 수 있습니다. 그런데 아시다시피, 전문가가 운용해 주는 펀드라고 해서 꼭 수익이 나는 것은 아닙니다. 오히려 증권사나 은행에서 펀드에 가입했다가 손해를 본 사람이 더 많습니다. 펀드로 돈을 벌었다는 사람을 찾기가 힘들 지경이죠.

'고객의 수익률만을 최고로 생각합니다'라고 광고하는데, 왜 내 펀드는 매번 손실을 내는 걸까요? 그것은 제대로 된 펀드를 고르지 못했기 때문입니다. 대부분 펀드는 이름만 보면 그럴듯하게 포장되어 있어서 제대로 된 펀드인지 구별하기 어렵습니다. 신문에 요란하게 소개되는 펀드도 속을 까뒤집어 보면 엉터리인 것이 많지요.

국내에서 운용되고 있는 공모펀드는 족히 3000개가 넘습니다. 이런 펀드를 모두 살펴보고 자신에게 맞는 펀드를 고르는 것은 현실적으로 불가능합니다. 마치 사막에서 바늘을 찾는 것과 같습니다. 그렇다 보니 일반 투자자로서는 증권사나 은행 직원의 추천에 의존할 수밖에 없는 것이 현실이죠. 문제는 직원들이 고객을 펀드에 가입시키는 데 집중할 뿐, 제대로 된 펀드를 골라 주는 데는 별로 관심이 없다는 것입니다. 직원이 "요즘은 이 상품이 대세입니다"라고 추천하는 펀드에 그냥 가입했다가는 손해를 보기 십상입니다.

수익을 내려면 제대로 운용되는 펀드에 가입해야 합니다. 투자금을 자기 돈처럼 소중하게 다뤄 주는 금융회사에 돈을 넣어야 재테크 골든타임이 더 빛날 수 있겠지요. 그럼 이제 좋은 펀드, 똑똑한 펀드를 선택하는 몇 가지 방법을 살펴보겠습니다.

제대로 된 펀드를 고르는 네 가지 조건

증권사나 은행에서 판매하는 펀드에 가입할 때는 다음의 네 가지를 꼭 체크해 보아야 합니다.

첫째, 운용사의 간판 펀드인가? 둘째, 펀드매니저가 빈번하게 교체되지는 않는가? 셋째, '회전율'이 지나치게 높지는 않은가? 넷째, 장기 수익률이 꾸준한가?

체크할 게 많다고요? 소중한 돈을 제대로 굴려 줄 펀드를 찾으려면 이 정도 노력은 해야 하지 않을까요.

① 운용사의 간판 펀드

제대로 된 펀드를 고르는 첫 번째 방법은 펀드를 만든 운용사의 '간판 펀드'를 선택하는 것입니다. 운용사의 간판 펀드는 시즌에 따라 조금씩 변화가 있지만, 국내 자산운용사 홈페이지에 들어가 보면 회사 얼굴로 내세우는 펀드들을 만날 수 있습니다. 이런 간판 펀드는 대부분 운용 기간이 오래됐고, 규모가 크며 어느 정도 성과를 내면서 장수하고 있는 상품입니다.

운용사마다 펀드를 운용하는 철학이 다르고, 특화된 영역이 있습니다. 운용사들은 제일 '잘하는' 투자 전략으로 운용하는 펀드를 간판 펀드로 내세우기 마련이죠.

예를 들어, 국내보다는 해외 투자 쪽에 초점을 맞추고 있는 미래에셋자산운용은 전 세계 우량 브랜드 기업에 분산 투자하는 '미래에셋글로벌그레이트컨슈머' 펀드를 간판으로 내세우고 있습니다.

한국투자신탁운용은 국내 주요 기업에 투자하는 '한국투자네비게이터' 펀드로 잘 알려져 있지요.

가치주 장기 투자를 지향하는 운용사는 한국투자밸류자산운용, KB자산운용, 신영자산운용, 에셋플러스자산운용 등이 꼽힙니다. 한국투자밸류자산운용은 '한국밸류10년' 펀드, KB자산운용은 'KB밸류포커스' 펀드 등이 대표 펀드입니다. 신영자산운용은 '신영밸류고배당', '신영밸류우선주', '신영마라톤' 펀드 등 가치투자와 배당 투자를 접목한 펀드를 대규모로 운용하고 있습니다.

간판 펀드에는 대체로 운용사의 최정예 펀드매니저들이 배치되어 있습니다. 갑작스럽게 수익률이 망가질 우려는 비교적 적은 편이라고 볼 수 있지요.

② 펀드매니저를 자주 교체하지 않는 펀드

좋은 펀드를 고르는 두 번째 방법은 펀드매니저를 자주 교체하지 않는 운용사의 펀드를 고르는 것입니다. 이리저리 매니저들이 철새같이 옮겨 다니는 운용사라면 매니저에게서 펀드에 대한 책임감을 기대하기는 힘들겠지요. 책임감 있고 능력이 검증된 펀드매니저(또는 팀)가 처음부터 끝까지 책임지고 관리하는 펀드라야 결과적으로 좋은 성과를 낼 수 있습니다.

펀드를 책임지는 매니저가 자주 바뀌지 않고 그대로 유지되고 있다면 이 자산운용사는 믿을 만한 회사라고 볼 수 있습니다. 매니저에 대한 성과 평가와 인사 시스템이 안정적이라는 것을 의미하기도 합니다.

펀드매니저가 수시로 바뀌고 있다면, 이 펀드는 체계적 관리가 이루어지고 있지 않을 가능성이 큽니다. 매니저들이 자리를 잡지 못하고 이리저리 옮겨 다녀야 하는 환경이라는 뜻이죠. 이런 환경이라면 제아무리 유능한 펀드매니저라도 역량을 발휘하기 힘들 겁니다. 스트레스만 받고 성과는 나오지 않겠지요.

당연히 펀드 고유의 운용 전략도 유지되기 어렵고, 펀드 성과도 지지부진해집니다. 펀드매니저 교체가 잦은 펀드는 대체로 매니저가 바뀔 때마다 펀드 내 종목 구성이 바뀌면서 계속 수익률이 곤두박질하는 양상을 보이게 됩니다. 따라서 장기적 안목을 가지고 펀드에 가입하고자 한다면 펀드를 운용하는 운용사의 매니저 현황을 꼭 확인해 보십시오. 금융투자협회 전자공시서비스(dis.kofia.or.kr)에 접속하면 '펀드매니저 공시 → 운용사별 펀드매니저 현황'에서 전체 자산운용사의 펀드매니저 근속 연수 등의 정보를 확인할 수 있습니다. 자산운용사에서 근무하는 매니저들의 평균 근속 기간이 길수록, 그곳에서 관리하는 펀드가 안정적 성과를 낼 가능성이 큽니다.

■ 그림20. 금융투자협회의 자산운용사 펀드매니저 공시

운용사별 펀드매니저 현황

검색결과: 55 건 (단위 : 억원)

	회사명	펀드 매니저수	평균 경력	평균 근무 기간	설립일자	최근3개월 변경횟수		펀드매니저 1인당		수탁고공모펀드기준		
						등록	말소	펀드 수	설정 원본	펀드 수	설정 원본	순자산 총액
01	DGB자산운용(주)	5	9년2개월	6년1개월	2000-03-08	0	0	3	3,023	13	15,113	15,143
02	HDC자산운용	7	11년4개월	6년7개월	2000-06-27	0	0	6	2,833	39	19,831	19,812
03	IBK자산운용	9	10년9개월	6년3개월	2004-10-26	0	0	9	8,341	85	75,065	75,539
04	KB자산운용	45	7년7개월	5년4개월	1998-04-28	87	67	4	4,203	174	189,151	182,228
05	KTB자산운용	8	8년8개월	4년10개월	1999-09-11	25	25	4	1,827	35	14,615	14,104
06	골든브릿지자산운용	3	4년9개월	2년1개월	1999-02-09	0	0	2	1,754	6	5,263	4,443
07	교보악사자산운용	12	9년4개월	6년10개월	1988-07-07	0	0	13	5,113	156	61,352	61,663
08	대신자산운용	10	5년7개월	4년3개월	1988-03-24	18	12	4	976	43	9,758	9,579
09	도이치자산운용(주)	2	13년7개월	11년5개월	2002-02-22	0	0	7	681	13	1,362	930
10	동부자산운용	20	9년2개월	5년6개월	1997-01-10	5	5	3	1,945	56	38,902	38,269
11	동양자산운용	15	8년4개월	6년7개월	2000-07-24	0	0	4	3,135	65	47,028	46,599

각 운용사의 전반적인 펀드매니저 근무 현황뿐만 아니라 개별 펀드를 운용하는 매니저들의 상황을 확인할 수도 있습니다. 예를 들어, 펀드 개별 검색 항목에서 신영자산운용이 운용하는 신영밸류고배당 펀드를 검색해 보면 이 펀드를 운용하는 펀드매니저와 해당 운용사 근무기간 등을 확인할 수 있습니다.

[그림21]의 신영밸류고배당 펀드는 2003년 5월 26일 설정되어 지금까지 펀드매니저가 한 차례도 교체되지 않았습니다. 이 펀드는 신영자산운용의 간판 펀드이기도 하지요. 이 펀드를 책임지는 책임자와 부책임자급 매니저는 회사의 대표 매니저입니다. 펀드 정보에

■ **그림21. 금융투자협회의 펀드 개별 검색**(신영밸류고배당 펀드매니저)

펀드 기본정보

펀드 기본정보

펀드통합정보 펀드공시

운용사	신영자산운용		
펀드명	신영밸류고배당증권자투자신탁(주식)운용	펀드코드	KR5209676463
펀드유형	주식형	투자지역	국내
설정일(운용개시일)	2003-05-26	펀드 단축코드	67646
보수관련정보(%)	[기준일자] 2016-11-30 (보수) 0.00 (수수료) 0.00 (TER) 0.00 (매매중개수수료) 0.04		
운용규모(백만원)	[기준일자] 2016-12-22 (설정원본) 2,945,779 (순자산총액) 2,924,489		
수익률(%)	[기준일자] 2016-12-01 (1개월) -0.70 (6개월) -3.89 (1년) -1.27 (설정이후) 182.06		
최근3개월 변경횟수(기준일)	(등록) 0 (말소) 0		

운용펀드(기준일) 운용펀드(과거3년)

펀드매니저 총 2건 다운로드

	성명		매니저 구분	생년	운용시작일	총 등록경력	현회사 등	최근3개월 변경횟수			현재		과거(3년)	
								등록	말소		펀드수	설정원본 (백만원)	펀드수	설정원본 (백만원)
01	박인희		부책임	1976	2011-04···	15년10···	10년6개···	0	0		11	7,274,827		
02	허남권		책임	1963	2007-04···	20년4개···	20년4개···	0	0		77	11,442,779	20	624,484

안내사항

- 총 등록경력은운용회사에서 펀드매니저로서 최초로 등록한 일자부터 기준일자까지 기간입니다.
- 위에서 최근3개월 변경횟수(기준일), 운용펀드(기준일), 운용펀드(과거3년)은 운용규모기준일 직후 영업일을 기준으로 함.
- 과거*(3년)의 시작시점은 자본시장법 시행일(2009./2/4)입니다.
  *펀드매니저가 펀드를 더 이상 운용하지 않게 되거나 상환된 경우
- 펀드통합정보/공시보기 버튼을 클릭하면 해당펀드에 상세정보를 조회할 수 있습니다.
- 변경횟수는 최근 3개월동안 펀드매니저 변경(등록 또는 말소)에 대한 수시공시 횟수입니다.
- 본 화면은 해외위탁운용펀드가 포함되어 있어 실제운용 펀드수 및 규모와 차이가 있을 수 있습니다.
- 매니저구분의 '책임'은 해당 펀드의 운용에 있어서 주요 운용권한을 보유한 경우에 해당하며, '부책임'은 중요한 자산에 대한 운용 권한을 보유하고 있으나, 책임운용인력이 아닌경우에 해당합니다.

따르면 이들 매니저는 펀드를 10년 이상 책임지고 운용해 왔습니다.

실력 있는 매니저가 책임을 지고 장기간 운용한 덕분에 이 펀드는 지난 2003년 이후 매년 꾸준한 수익을 냈습니다. 최초에 설정된 '신영밸류고배당증권자투자신탁(주식)C형'은 2016년 7월까지 누적수익률 460%를 웃돌고 있지요. 국내 주식형 펀드 가운데서도 가장 높은 수익률 기록을 보이고 있습니다.

앞으로도 펀드를 책임지는 매니저가 변하지 않고 유지된다면 과거와 유사한 수준에서 수익률을 꾸준히 낼 가능성이 큽니다.

③ '회전율'이 높지 않은 펀드

이번에는 훌륭한 펀드를 판단하는 방법이라기보다는, '엉터리 펀드'를 확인할 수 있는 방법을 이야기하려 합니다. 바로 펀드의 '매매 회전율'을 확인하는 것입니다. 매매 회전율이란 매니저가 '펀드 안에 들어 있는 주식을 얼마나 반복적으로 매매했는지'를 보여주는 지표입니다.

펀드 내 보유 자산이 100억 원이고 회전율이 1000%라면, 이 펀드가 1년간 대략 총 펀드 운용 규모의 10배에 달하는 1000억 원어치의 주식을 매매했다는 뜻입니다.

가입하려는 펀드의 주식 매매 회전율이 지나치게 높다면 경계해서 보아야 합니다. 펀드가 보유하고 있는 주식 등의 자산을 불필요하게 자주 매매하고 있을 가능성이 높기 때문입니다.

보통 회전율이 지나치게 높은 펀드는 수익률도 신통치 않은 경우가 많습니다. 펀드를 회전시킬 때마다 발생하는 거래 비용 때문인데, 주식을 거래할 때는 주식거래세가 발생하고 브로커리지 수수료를 냅니다. 지나치게 많이 거래하면 세금과 수수료가 수익률을 갉아먹게 되지요. 개인이 온라인으로 주식을 거래할 때의 수수료는 0.015%로 사실상 그리 크지 않지만, 펀드매니저 같은 기관투자가가 증권사를 통해 주식 매수·매도 주문을 낼 때의 수수료는 훨씬 높은 수준으로 알려져 있습니다.

눈치 빠른 분이라면 이미 행간의 의미를 파악했을 겁니다. 펀드가 주식을 많이 매매하면 증권사들이 돈을 법니다. 만약 증권사와 자산

■ **국내 펀드 운용사별 매매 회전율**(2016년 9월 기준. 단위: %)

운용사명	매매 비중		매매회전율
	계열	비계열	전체 펀드
슈로더투신운용	0	100	636.10
알파에셋자산운용	0	100	558.57
스팍스자산운용	0	100	474.74
KTB자산운용	58.21	41.79	431.08
파인아시아자산운용	0	100	429.03
마이애셋자산운용	0	100	379.02
대신자산운용	38.24	61.76	358.87
칸서스자산운용	0	100	352.56
KDB자산운용	38.09	61.91	340.97
흥국자산운용	7.28	92.72	324.63
LS자산운용	0	100	318.68
플러스자산운용	0	100	302.19
IBK자산운용	0	100	295.75
현대자산운용	37.45	62.55	295.42
유경피에스지자산운용	0	100	289.54
현대인베스트먼트자산운용	0	100	266.60
동양자산운용	0	100	261.70
마이다스에셋자산운용	0	100	261.35
맥쿼리투자신탁운용	0	100	240.68
하이자산운용	44.02	55.98	235.44
HDC자산운용	0	100	226.78
제이피모간자산운용	0	100	218.56
트러스톤자산운용	0	100	210.64
한국투자밸류자산운용	48.67	51.33	195.88
신한BNP파리바자산운용	46.1	53.9	190.32
하나UBS자산운용	47.01	52.99	176.15
유리자산운용	29.53	70.47	175.06
NH-CA자산운용	30.18	69.82	160.57
프랭클린템플턴투신	0	100	148.41
비엔케이자산운용	15.54	84.46	143.99

운용사명	매매 비중		매매회전율
	계열	비계열	전체 펀드
키움투자자산운용	30.67	69.33	143.64
유진자산운용	28.73	71.27	114.23
한화자산운용	14.86	85.14	113.31
라자드코리아자산운용	0	100	102.24
이스트스프링자산운용코리아	0	100	101.10
알리안츠글로벌인베스터스자산운용	0	100	95.59
피델리티자산운용	0	100	90.93
베어링자산운용	0	100	88.35
동부자산운용	19.78	80.22	82.86
한국투신운용	33.04	66.96	81.78
골든브릿지자산운용	76.8	23.2	78.64
교보악사자산운용	2.49	97.51	77.74
KB자산운용	34.09	65.91	68.19
에셋플러스자산운용	0	100	60.61
신영자산운용	38.34	61.66	56.02
삼성자산운용	48.25	51.75	29.55
메리츠자산운용	0	100	19.42

• 자료: 금융투자협회 전자공시서비스

운용사가 계열사로 묶여 있다면 어떨까요? 누이 좋고 매부 좋은 뒷거래가 가능하겠지요.

펀드가 현재 시가 130만 원인 삼성전자 주식을 1000주 보유하고 있다고 가정하지요. 삼성전자 주식 1000주를 같은 가격으로 매도했다가 곧바로 매수하면 어떨까요? 거래와 동시에 증권사에는 주식매매 수수료 명목으로 거금이 떨어집니다. 물론 펀드에도 삼성전자 주식이 시가 130만 원에 1000주 그대로 남아 있습니다. 겉보기에는 변화가 없는 것처럼 보이지만 실상은 그렇지 않습니다. 펀드 자산 어딘가에서는 분명히 증권사에 내준 수수료가 빠져나갔을 겁니다. 전체 펀드 자산은 줄어들게 되고, 결국 수익률도 떨어지게 되는 것이죠.

같은 계열로 묶인 증권사와 자산운용사가 실적 부진에 허덕일 때 이처럼 비밀스러운 거래를 한다는 것은 증권가에 공공연한 비밀로 알려져 있습니다. 꼭 같은 계열 증권사가 아니더라도, 자산운용사는 펀드를 판매해 주는 증권사와 '좋은 관계'를 유지하기 위해 증권사에 주식을 '회전'시켜 주는 경우가 종종 있습니다. 이 같은 관행은 증권 업계에 널리 퍼져 있지만, 안타깝게도 개인 투자자들은 펀드가 이런 식으로 이용되고 있는지를 알 수 없습니다. 매니저가 펀드 자산을 불필요하게 회전시키는 것은 투자자 몰래 벌이는 엄연한 부정행위입니다.

이렇듯 부도덕적인 펀드를 간파하는 유일한 방법이 바로 회전율을 체크하는 것입니다. 일반적으로 100% 미만이면 양호하다고 보고, 300% 이상이면 매우 높은 편이라고 봅니다. 만약 지속적으로 높은 회전율을 보이는 자산운용사가 있다면 그곳에서 판매하는 펀드는 되도록 피하는 편이 좋습니다.

자산운용사의 펀드 회전율도 마찬가지로 금융투자협회 전자공시를 통해 확인할 수 있습니다. 펀드 공시 항목에서 매매 비중 및 수수료율 항목을 선택하면 매월 말 기준 회전율 자료를 확인할 수 있습니다.

④ 장기 수익률이 꾸준한 펀드

마지막으로 확인해야 할 것은 펀드의 과거 수익률입니다. 물론 과거 수익률이 미래의 수익을 보장하는 것은 아닙니다. 그래도 과거 수익률은 펀드를 고르는 데 아주 중요한 참고 자료가 됩니다.

수익률로 펀드를 평가할 때는 단기 수익률보다는 5년 이상의 장기 수익률에 주목하는 것이 좋습니다. 일반적으로 1~2년의 단기 수익률은 펀드매니저의 실력보다는 시황에 더 영향을 많이 받기 때문입니다. 장기 수익률이 꾸준히 유지되려면 실력 있는 펀드매니저들이 잘 관리해야 합니다. 즉, 장기 수익률이 꾸준해야 펀드매니저들이 실력 있다고 말할 수 있습니다.

단기적으로는 수익률이 주춤해도 장기적으로 꾸준하게 좋은 수익률을 보였다면 그 펀드에는 믿고 돈을 맡겨도 됩니다. 이런 펀드라면 재테크 골든타임이 왔을 때 다른 펀드보다 훨씬 괜찮은 성적을 낼 가능성이 크겠지요.

그리고 장기 수익률이 꾸준한 펀드는 대부분 펀드매니저들이 장기 근속(2번 항목)하는 경우가 많습니다. 펀드 회전율도 적정한 수준을 유지하고 있지요.

진입장벽이 낮아진 사모 상품을 노려라

이번에 소개할 금융상품은 '사모펀드*'입니다. 사모펀드가 무엇인지, 왜 사모펀드에 투자해야 하는지를 소개하기 전에 일단 금융 당국에 대한 불만을 좀 이야기하고 시작해야겠습니다.

2015년 7월, 금융위원회는 '금융투자업 경쟁력 강화 방안'이라며 한 가지 정책을 만들어 발표했습니다. 사모펀드 규제 완화가 주요 내용이었는데, 기존에 '사모형 펀드(일반 사모펀드)', '한국형 헤지펀드', '사모투자펀드Private Equity Fund, PEF'로 나뉘어 있던 사모펀드 형태가 '전문 투자형 사모펀드'와 '경영 참여형 사모펀드'로 이원화되었습니다.

금융위원회는 이를 통해 기존에 5억 원 이상의 투자자만 투자할 수 있었던 '한국형 헤지펀드'를 1억 원 이상의 투자자도 투자할 수 있도록 했다고 홍보했습니다. 더 많은 투자자가 헤지펀드에 가입할 수 있도록 규제를 완화하여 사모투자의 저변을 넓히고, 금융투자업 경쟁력을 높이겠다는 설명도 덧붙였지요.

이 정책을 보자마자 실망감을 넘어 좌절감까지 느꼈습니다. 일반 투자자들을 전혀 고려하지 않은 탁상행정의 전형이었기 때문이죠. 공무원들이 재테크 시장에 얼마나 깜깜한 상태이기에 이런 정책을 내놓았을까 하는 생각마저 들었습니다. 사실 제가 만났던 금융기관 공무원 중에서 주식이나 펀드에 투자한 사람이 거의 없던 점을 생각해 보면, 이처럼 서민을 고려하지 않은 정책도 전혀 이해되지 않는 것은 아닙니다.

일단 금융기관과 연기금, 상장 법인이 주로 투자해 온 한국형 헤지펀드는 기존에도 서민 투자자들이 접근하기 어려웠고, 정부가 홍보한 대로 1억 원으로 진입장벽이 낮아진다고 해도 절대 다수의 개인 투자자들에게는 여전히 '그림의 떡'이었습니다.

■ 사모펀드 규정 개정 전과 후

사모형 펀드(일반 사모펀드, Private Placement Fund)	제한 없음
한국형 헤지펀드(Hedge Fund)	5억 원 이상 개인, 법인
사모투자펀드(Private Equity Fund)	법인 20억 원, 개인 10억 원 이상

↓

전문 투자형 사모펀드	레버리지 200% 이하 1억 원 레버리지 200% 초과 3억 원 이상
경영 참여형 사모펀드	개인 3억 원 이상

• 자료: 금융위원회

문제는 이 정책 때문에 소액 개인 투자자들이 그나마 부자들의 투자 영역에 접근할 수 있는 수단이었던 사모형 펀드 상품이 사라져 버렸다는 것입니다. 사모형 펀드(일반 사모펀드)는 증권사가 49인 이하 소수 투자자들의 자금을 모아 펀드로 만들면 자산운용사가 운용해 주는 상품입니다. 여기서 사모형 펀드란 불특정 다수의 투자자가 가입하는 공모형 펀드와 대비되는 사모 방식의 펀드Private Placement Fund를 의미합니다.

일반 투자자들 사이에 사모형 펀드에 대한 부정적 인식이 있는데, 이는 2003년 미국계 사모펀드 '론스타LONE STAR'의 외환은행 헐값 인수 사건의 영향 때문입니다. 그러나 여기서 말하는 론스타 같은 사모펀드는 사모투자펀드Private Equity Fund, PEF로, 회사의 경영권 취득을 목적으로 운용됩니다. 이런 사모펀드는 일반 투자자들이 재테크를 목적으로 투자하는 사모형 펀드와는 차이가 있습니다.

공모형 펀드에 여러 가지 운용상의 규제가 있는 것과는 달리 사모형 펀드는 규제 없이 자유롭게 운용할 수 있습니다. 사모형 펀드는 공모펀드가 잘 시도하지 못하는 소수 유망 종목에 집중해 단기 투자를 하기도 하고, 전환사채Convertible Bond, CB·신주인수권부사채Bond with Warrant, BW 등의 '메자닌*' 투자를 하기도 하지요.

사모형 펀드는 우량 기업어음Commercial Paper, CP의 매입에서부터 유상증자·공모주 청약, 장외 주식 또는 부동산, 원자재 등의 실물 투자에 이르기까지 다양한 투자처에 집중적으로 투자해 수익을 투자자에게 돌려주는 형태로 운용되고 있었습니다.

증권사는 사모형 펀드를 통해 소수 투자자들과 펀드의 목표 투자 수익률, 주요 투자처, 만기 등을 협의해 맞춤형 펀드를 만들어 제공해 왔습니다. 사모펀드의 장점을 십분 활용해 공모펀드에서 시도하지 못하는 다양한 전략으로 성과를 내고 있었지요.

211쪽의 표는 금융위원회가 '금융투자업 경쟁력 강화 방안'을 내놓기 직전까지 증권사에서 개인 투자자에게 소액으로 판매했던 사모형 펀드 상품과 일반 공모펀드의 수익률을 비교한 자료입니다. 전반적으로 모든 유형에서 사모형 펀드의 성과가 더 괜찮은 것을 확인할 수 있습니다.

사모형 펀드는 소수 투자자들의 자금을 모아 따로 만드는 상품인 만큼 최소 5000만 원, 일반적으로 1억 원에서 3억 원가량의 고액을 한 번에 투자할 수 있는 자산가들이 주 고객이었습니다. 이른바 '강

■ **공모펀드와 사모펀드의 수익률 비교**(2015년 9월 기준. 단위: %)

유형	1년 수익률		3년 수익률	
	공모	사모	공모	사모
국내 주식형	−5.0	−2.6	−0.9	3.4
국내 채권형	3.4	3.3	10.2	10.4
해외 주식형	0.3	2.0	13.8	24.3
해외 채권형	−0.2	4.2	8.9	12.7
국내 부동산형	−0.2	8.9	−21.9	69.9
해외 부동산형	−1.1	5.2	10.7	17.9
대안 투자형	−6.3	2.7	4.7	12.7

• 자료: NH투자증권

남 사모님'들이 주 고객층이었지만, 증권사들이 투자자들을 확보하기 위해 사모형 펀드 최소 투자금액을 1000만~2000만 원으로 낮춰 진입장벽이 낮아지면서 개인 투자자들도 접근할 수 있게 되었습니다. 사모형 펀드는 저금리 시대에 소액 투자자들이 그나마 괜찮은 수익을 낼 수 있는 몇 안 되는 선택지 중 하나였습니다. 정부가 '금융투자업 경쟁력 강화 방안'을 발표하기 전까지는 말입니다.

금융투자업의 발전을 도모하고 더 많은 투자자에게 투자 기회를 열어 주기 위해 만들었다는 정부의 정책이, 진정으로 좋은 재테크 기회가 절실한 서민들에게 필요한 사모형 투자상품 투자 기회를 하루아침에 빼앗아 버리는 비극을 초래한 것이죠.

500만 원으로 가능해진 증권사·운용사 헤지펀드

이런 비판을 의식한 정부는 2016년 5월, '펀드 상품 혁신 방안'을 다시 발표했습니다. 전문 투자형 사모펀드와 경영 참여형 사모펀드에 소액으로 투자할 수 있는 길을 터준 것이죠.

펀드 상품 혁신 방안에 따르면 이런 사모펀드에 투자하는 공모펀드를 허용해 최소 500만 원으로 가입할 수 있도록 했습니다. 이렇게 하면 최소 투자금이 1억 원인 사모펀드에 최소 500만 원으로 투자할 수 있게 되는 겁니다.

비록 더 이상 증권사에서 판매해 온 사모형 펀드 상품에는 투자할 수 없게 됐지만, 앞으로 사모펀드에 투자하는 공모펀드가 출시된다면 이 또한 관심을 가질 필요가 있습니다. 여전히 사모펀드는 공모형 펀드에 비해 다양한 운용 전략을 구사할 수 있기 때문이죠.

'전문 투자형 사모펀드'는 주로 헤지펀드를 말합니다. 현재 사모펀드 시장은 자산운용사들이 내놓는 절대 수익 추구형 헤지펀드가 주류를 이루고 있습니다. 당분간 전문 투자형 사모펀드 중에서는 헤지펀드형 상품이 다수 출시될 것으로 보입니다.

기존에는 자산운용사만 헤지펀드를 운용할 수 있었는데, 앞으로는 증권사들도 헤지펀드를 만들 수 있습니다. NH투자증권 등의 대형 증권사들도 적극적으로 참여해 앞으로 꽤 괜찮은 전략으로 운용되는 상품이 많이 나올 것으로 보입니다.

2011년 한국에 첫선을 보인 한국형 헤지펀드는 2016년 들어 운

■ **그림22. 한국형 헤지펀드 운용자산 현황**(단위: 억 원)

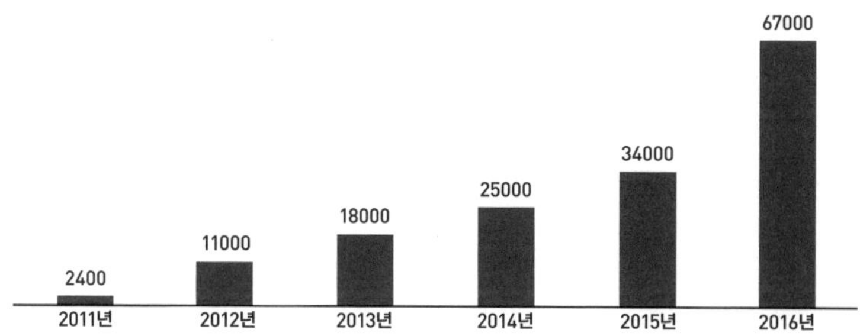

• 자료: 금융투자업계 종합

용 자산이 6조 원을 넘어섰습니다. 기존 헤지펀드는 저평가된 주식을 매수하고 고평가된 주식을 공매도해 수익을 내는 롱쇼트Long-Short 전략에 치우쳐 있는데, 최근 헤지펀드 전문 자산운용사가 속속 생겨나면서 다양한 전략을 선보이고 있습니다.

파인밸류자산운용은 증시에 상장Initial Public Offering, IPO, 기업공개하는 종목에 집중적으로 투자하는 전략을 들고나와 눈길을 끌었습니다. 이 회사는 2016년 1월, '파인밸류 IPO 플러스 전문 투자형 사모증권 투자신탁'을 만들어 300억 원 가까운 투자금을 끌어모았습니다. 2016년 한 해 동안 다양한 기업이 증시에 상장해 IPO 시장이 활황을 보인 것과 맞물려 좋은 성적을 냈습니다.

시장에 존재하는 다양한 투자 전략을 활용해 수익을 추구하는 이른바 '멀티스트래티지Multi-Strategy'를 구사하는 운용사도 있습니다. 라임자산운용이 운용하는 헤지펀드 '라임 모히토 전문 투자형 사모투자신탁 제1호'가 대표적인 예입니다. 이 펀드는 롱쇼트 전략은 물론 이벤트 드리븐 전략*, CB·BW 등의 메자닌 투자 전략도 적극적으로 활용하는 것으로 알려져 있습니다.

앞으로는 헤지펀드뿐 아니라 기관투자가들이 주로 투자하는 '수익형 부동산'에 투자하거나 투자업계의 알파고로 불리는 로보어드바이저Robo-Advisor 등의 다양한 전략을 활용한 사모펀드가 출시될 것으로 보입니다. 개인 투자자들도 500만 원만 있으면 접근할 수 있기 때문에 조금 위험을 감수하더라도 적극적인 수익률을 내보고자 한다면, 이런 사모펀드를 활용하는 것도 재테크 골든타임에 어울리는 좋은 대안이 될 것입니다.

ELS 투자, 지피지기면 백전백승

이번에 소개할 상품은 공모펀드에 버금가는 '국민 재테크'인 주가연계증권Equity-Linked Securities, ELS입니다. ELS는 증권사가 미리 정한 범위 내에서 지수(또는 종목) 가격이 움직이는 경우 정해진 수익률을 투자자에게 시급하는 금융상품입니다. 반대로 범위 밖으로 움직이는 경우 투자자는 투자 기간에 상관 없이 수익률을 포기해야 하고, 상품에 따라 원금에 손실이 날 수 있습니다.

ELS에 투자를 해본 사람이라면 그 구조가 별것 아니라는 것을 잘 알겠지만, ELS 투자를 해 보지 않은 분을 위해 잠시 상품에 대해 살펴보겠습니다.

ELS, 그것이 알고 싶다

ELS 투자는 쉽게 말해 증권사와 '내기'를 하는 것입니다. 미래의 특정한 시점, 즉 만기에 주가지수나 주가가 과연 오를지 떨어질지를 놓고 증권사와 벌이는 확률 게임이죠. 이를테면, 3년 뒤의 코스피를 놓고 증권사와 투자자가 게임을 하는 겁니다. 현재 주가가 2000포인트인데 현재 시점보다 50% 이상 손실이 발생해 1000 미만으로 떨어지지 않으면 증권사가 투자자에게 총 15%의 수익률을 지급하는 겁니다. 투자자가 증권사와의 게임에서 이긴 것이죠.

만약 투자 기간 중에 코스피가 하루라도 1000 미만으로 떨어지면 증권사는 수익률을 지급할 의무가 없어지고, 그 후부터는 투자자 원금에 손실이 발생하게 됩니다. 이런 경우에는 투자자가 게임에서 지는 것입니다. 여기서 코스피가 50% 미만으로 떨어졌을 때를 '녹인Knock In'이라고 하는데, 이는 ELS가 원금 손실 구간에 진입했다는 의미입니다.

ELS는 기초자산의 종류에 따라 '지수형'과 '종목형' 두 가지로 나뉩니다. 지수형 ELS는 기초자산으로 코스피 200, 홍콩항셍중국기업지수HSCEI, 미국 S&P 500 등 국내외의 주가지수를 활용하는 상품입니다. 대부분 만기는 3년 정도이죠. 손익 조건은 가입 당시부터 만기까지 기초자산 주가가 30~50%가량 하락하지 않으면 연간 10% 내외의 수익률을 지급한다는 내용인 경우가 많습니다.

종목형 ELS는 주가지수가 아니라 개별 종목을 활용해 만드는데, 구조는 지수형 ELS와 비슷합니다. 종목의 주가가 특정 범위까지 떨어지지 않으면 투자자에게 고수익을 돌려주는 구조이죠. 종목형 ELS 역시 3년 만기가 많은 편입니다.

투자자에게 돌려주는 수익률은 지수형 ELS보다는 종목형 ELS가 훨씬 높습니다. 종목형 ELS의 투자위험이 더 크기 때문입니다. 아무래도 주가지수가 50% 이상 하락할 가능성보다는 개별 주식이 50% 이상 하락할 가능성이 더 크겠지요. 위험이 있는 곳에 이익이 있다는 것은 재테크의 기본 원리입니다.

그럼 이제 실제 ELS를 예로 들어 살펴보겠습니다. [그림23]은 삼성증권이 2016년 10월 31일부터 2016년 11월 3일까지 공모했던 'ELS 제14760회' 상품입니다. 기초자산은 일본 'Nikkei 225' 지수와 독일의 'DAX 30' 지수 두 개를 사용했습니다. 만기는 청약 기간 마지막 날로부터 3년 뒤인 2019년 11월 1일입니다.

이 ELS는 2016년 11월 4일 'Nikkei 225'와 'DAX 30' 종가를 최초 기준가격으로 하고, 둘 중 하나의 기초자산이라도 최초 기준가격 대비 47.5% 미만으로 하락하면 원금 손실이 발생하는 구조입니다. 즉 'Nikkei 225'와 'DAX 30' 둘 중 하나라도 3년 내에 대폭락해 반토막이 나지만 않는다면 36개월 기준 16.80%의 (세전)수익을 낼 수 있습니다.

■ 그림23. 삼성증권 ELS 제14760회

ELS 제14760회

위험등급	원금지급여부	기초자산	예상수익률	상품유형
높음	비보장	Nikkei225 DAX30	연 5.6%	스텝다운

상환조건	청약기간
47.5% - (90,90,85,85,75)%	2016-10-31 ~ 2016-11-03

상품의 개요

상품 종류	2Star Step-down 6Chance
위험등급	고위험
고객투자성향	고위험투자형
기초자산	Deutsche Boerse AG German Stock Index, NKY225 지수
판매예정한도	100억원
최저가입금액	100만원 이상, 1만원 단위
청약기간	2016년 10월 31일(월) ~ 2016년 11월 3일(목)
만기일(예정)	2019년 11월 1일(금)

상환조건 및 수익률

구분	상환조건	수익률(세전)
자동조기상환	각 중간기준가격 결정일에 각 기초자산의 종가가 모두 행사가격 이상인 경우	**연 5.6%**
만기상환	각 기초자산의 최종기준가격이 모두 **최초기준가격의 75%** 이상인 경우	**16.8% (연 5.6%)**
	하나의 기초자산이라도 종가가 **최초기준가격의 47.5%** 미만인 적이 없는 경우	**16.8% (연 5.6%)**
	하나의 기초자산이라도 종가가 **최초기준가격의 47.5%** 미만인 적이 있으며, 하나의 기초자산이라도 최종기준가격이 **최초기준가격의 75%** 미만인 경우	**- 100% ~ -25%**

자동조기상환

6개월마다 자동조기상환 시점을 두어, 각 기초자산의 중간기준가격이 모두 해당 시점의 행사가격 이상인 경우
-> 원금 + 세전 연 5.6% 수익 지급

자동조기상환 시점	6개월	12개월	18개월	24개월	30개월
자동조기상환 행사가격 **[최초기준가격 대비]**	90% 이상	90% 이상	85% 이상	85% 이상	80% 이상
자동조기상환 수익률 (세전)	**2.8%**	**5.6%**	**8.4%**	**11.2%**	**14%**

만기상환

자동조기상환이 발생하지 않은 경우,
(1) 각 기초자산의 최종 기준가격이 모두 최초기준가격의 75% 이상인 경우
-> 원금 + 세전 16.8%(연 5.6%) 수익 지급
(2) 위 (1)의 경우가 발생하지 않고,
투자기간 동안 하나의 기초자산이라도 종가가 하락한계가격 미만인 적이 없는 경우
-> 원금 + 세전 16.8%(연 5.6%) 수익 지급
투자기간 동안 하나의 기초자산이라도 종가가 하락한계가격 미만인 적이 있는 경우
-> 원금 x [하락률이 가장 큰 기초자산의 최종기준가격/최초기준가격] 지급 (원금손실발생 : -100% ~ -25%)

■ 그림24. 삼성증권 ELS 제14760회의 손익 구조

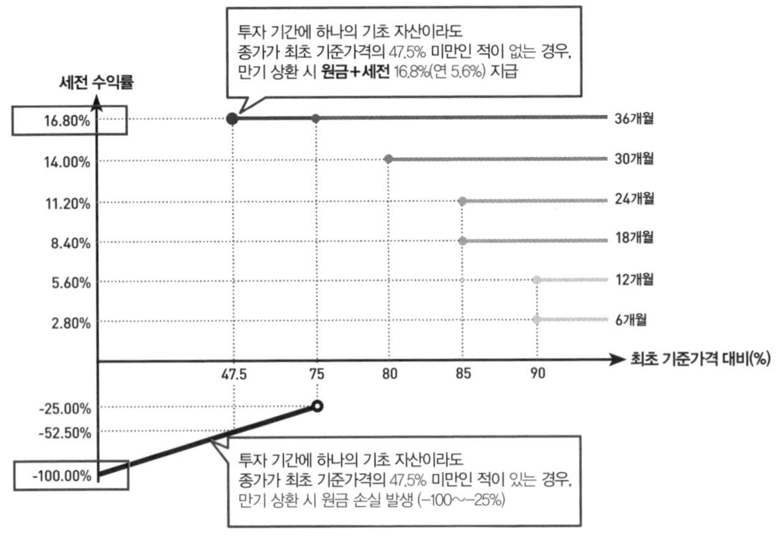

또 이 ELS는 6개월마다 기초자산을 평가해 조기 상환하도록 되어 있습니다. 첫 6개월까지 기초자산인 두 개 지수가 가입 시점 대비 90% 이상을 유지하고 있다면 자동으로 2.8%의 (세전)수익을 돌려주고 투자가 마무리됩니다. 가입 후 12개월 동안까지도 기초자산 가격이 90% 아래를 유지해야 합니다. 그 이상을 넘어가면 수익률 5.6%를 돌려주고 상환됩니다.

조기 상환되지 않고 최종적으로 16.80%의 수익을 얻으려면, 투자 이후 기초자산 두 개의 가격이 80~90% 사이를 횡보해야 합니다. 어느 하나라도 47.5% 미만으로 떨어져서는 안 됩니다. 만기까지 유지하기가 생각보다 쉽지는 않겠지요.

위 사례로 살펴본 상품은 증권사에 방문하면 흔히 가입할 수 있는 전형적인 공모 지수형 ELS입니다. 증권사들이 공모 ELS로 파는 상품은 대부분 이런 조건으로 출시됩니다.

지수형이든 종목형이든 ELS는 만기와 기초자산 손익 조건이 기성복처럼 어느 정도의 틀에서 정해져 있습니다. 이런 ELS는 주가가 바닥인 시점에 잘 가입하면 원금 손실 가능성을 낮추면서도, 저금리 상황에서 개인 투자자들에게 오아시스 같은 투자 기회를 제공하는 좋은 상품입니다.

ELS는 투자자에게 불리한 게임이다

그런데 공모 ELS에는 치명적인 허점이 있습니다. ELS라는 게임이 애초에 투자자에게 불리하게 짜여 있다는 것입니다.

무슨 소리냐고요? 지수(주가)가 아무리 올라도 투자자가 얻게 되는 이익은 증권사와 약속한 딱 거기까지입니다. 사례로 들었던 ELS를 보면, 아무리 많아야 수익은 36개월에 16.80%에 불과하지요. 수익은 이렇게 제한되는 반면, 손실은 제로까지 가능합니다. 원금을 모두 잃을 수도 있는 것이죠. 투자자 입장에서 보면, 이겼을 때 판돈은 제한이 있고, 졌을 때는 모두 잃을 수도 있는 게임인 것입니다.

그럼 증권사 입장에서는 어떨까요? 투자자들이 이겼을 때 증권사들이 내주는 돈은 정해진 수익률로 제한됩니다. 반면 증권사가 이익을 보는 구간으로 접어들면 큰 폭으로 수익이 나오게 구조를 짤 수 있습니다. 게다가 증권사는 ELS를 투자자들에게 팔 때 회사가 손실을 보지 않도록 다양하게 헤지(위험 회피)까지 해놓습니다. 증권사 입장에서는 ELS를 팔았을 때 이익을 보면 보았지 좀처럼 손해를 보지는 않는 것이죠.

이런 이유로 ELS를 증권사에 유리한 게임이라고 하는 것입니다. 얼핏 보기에는 '기초자산 지수가 50~60% 하락할 경우'라는 단서조건이 붙어 있어 투자자에게 유리한 것으로 보이지만, 그것은 근본적으로 증권사에 유리한 룰을 감추기 위한 트릭에 불과합니다. 거품이 붕괴되는 시점에 시장이 40~50% 폭락한 사례를 우리는 수없이 목격했습니다.

ELS는 분명 투자자들에게 다양한 투자 기회를 제공하는 훌륭한 금융상품입니다. 그러나 투자자들이 누릴 수 있는 수익률에 비해 투자위험이 과도한 금융상품이라고도 볼 수 있지요.

'게임의 법칙'을 바꾸는 사모 ELS

이런 게임의 법칙을 완전히 바꿀 수 있는 ELS 투자법이 있습니다. 바로 사모 ELS에 투자하는 것입니다. 펀드에도 공모펀드와 사모펀드가 있듯이, ELS 역시 공모와 사모 방식의 상품이 있습니다.

공모 ELS는 증권사가 상시적으로 파는 ELS로, 가입 조건에 제한이 없습니다. 따라서 누구나 증권사를 통해 투자할 수 있지요. 반면 사모형 ELS는 49명 미만의 소수 투자자들의 돈을 모아서 만드는 상품입니다. 소수의 투자자들만을 상대로 한 맞춤형 ELS라고 보면 됩니다.

소수 투자자들을 모아 만든 상품이다 보니 아무나 가입할 수는 없습니다. 사실 사모 ELS는 VVIP를 위한 맞춤 상품이라 최소 가입금액이 큰 편입니다. 그러나 최근에는 사모펀드처럼 장벽이 많이 낮아졌습니다. 일반적으로 최소 가입금액이 1000만 원이고, 보통 2000만~3000만 원 선이라 일반 투자자도 해볼 만하지요.

사모 ELS의 장점은 증권사가 일방적으로 만들어 낸 ELS에 투자자가 가입하는 것이 아니라, 소수 투자자들이 모여서 수익 조건을 의논한 뒤 투자할 수 있다는 점입니다. 투자자들에게 유리한 조건으로 상품이 탄생할 가능성이 커지는 것이죠.

실제 사모 ELS의 예를 들어 볼까요. 아래의 표는 2012년 8월 말 동부증권에서 투자자들을 모집해 만든 사모 ELS입니다.

공모 ELS는 대부분 기초자산 수익률이 하락했을 때를 '녹인'으로 정하는 경우가 많은데, 이 사모 ELS는 코스피 200이 20% 이상 상승하는 경우로 만들었습니다.

■ **동부증권 원금 보장형 사모 ELS 사례**

기초자산	KOSPI 200
만기	1년 6개월(18개월)
최대 수익률	18개월 기준 최대 31%(연 환산 약 20%)
원금 보장 유무	원금 103% 보장(연 환산 2% 보장)
요약 손익	①KOSPI 200이 기준 시점으로부터 20% 이상 오르지 않으면 만기에 31% 지급 ②KOSPI 200이 만기 기간 중 20% 이상 오르면 원금의 103% 지급

이 ELS 상품이 발행될 당시 코스피 200은 250포인트 수준이었습니다. 코스피로 따지자면 2010~2020포인트 내외입니다. 이때를 기준 시점으로 코스피 200이 20% 이상 오르려면 300포인트를 돌파해야 합니다. 코스피 200이 300포인트면 코스피는 2400을 돌파해야 하지요.

우리나라 증시 역사상 코스피 200이 300포인트를 넘은 적은 없었던 데다 당시 증시가 박스권 흐름을 보일 가능성이 높다는 전망이 많아, 이 ELS는 조건이 상당히 유리하다고 볼 수 있었지요. 만기도 1년 6개월로 보통 공모 ELS와 비교하면 절반 수준으로 짧았습니다.

이 사모 ELS는 1년 6개월 안에 코스피 200이 300포인트, 코스피로 치면 2400포인트를 돌파하지 않는 조건이 달성되면 투자자가 총 31%의 수익률을 가지고 가도록 짜여 있습니다. 더구나 만약 이런 조건이 깨진다고 해도 원금의 103%가 보장되는 구조입니다. 연으로 환산하면 2%의 수익률이 보장되는 셈인데, 저금리 시대에는 2%의 수익률이라도 은행 이자보다는 높은 편이라 이 사모 ELS는 이래저래 투자자로서는 참 괜찮은 상품이라 볼 수 있습니다. 결과적으로 이 상품은 코스피가 2400포인트를 돌파하지 못해 투자자가 약속한 수익률 31%를 가져가고 마무리되었습니다.

이런 사모 ELS는 원래 VVIP 고객들을 상대로만 암암리에 판매되었으나 최근에는 증권사들이 경쟁에 내몰리면서 일반 투자자들을 상대로도 광범위하게 문호를 열어 두고 있습니다. 고객들의 요구로 사모 ELS가 만들어지기도 하지만 때로는 증권사 PB들이 먼저 손익 조건이 꽤 좋은 사모 ELS를 만들어 고액 자산가 고객들에게 귀띔해 주기도 합니다.

꼭 VIP가 아니라고 해도 증권사 PB와 친하게 지내다 보면 좋은 기회를 만날 수 있습니다. 마음 맞는 PB와 계속 거래하면서 교류하다 보면 생각보다 많은 재테크 정보를 얻을수 있으니 증권사 직원들을 잘 활용해 보시길 권합니다.

실력으로 승부한다!
제2의 전성기 맞은 투자자문사 상품

재테크에 관심이 있다면 투자자문사(자문사)에 대해 들어 본 적이 있을 겁니다. 자문사는 자산운용사와 마찬가지로 고객에게 투자와 관련한 서비스를 제공하는 회사입니다. 대형 자산운용사가 기업형 프랜차이즈 커피숍이라면, 이들 자문사는 골목 구석구석에 숨어 있는 개인 브랜드 커피숍 정도로 생각하면 되겠습니다. 도심 곳곳에서 쉽게 찾을 수 있어 많은 사람이 이용하는 스타벅스나 커피빈 등 기업형 프랜차이즈 커피숍은 커피가 엄청나게 맛있지는 않지만 대체로 평균적인 품질을 유지하지요.

그에 반해 개인 브랜드 커피숍은 골목 안쪽에 자리해 사람들의 눈에 잘 띄지 않습니다. 대형 프랜차이즈 커피숍 사이에서 살아남기 위해 개인 커피숍 사장님들은 값이 싸고 품질은 좋은 커피로 승부합니다. 또는 톡톡 튀는 아이디어로 맛과 향이 독특한 커피를 내놓아 살길을 모색하지요. 프랜차이즈 커피숍을 마다하고 이곳을 찾는 손님들은 여러 경로로 정보를 얻어 '이 집 커피를 먹겠다'고 마음먹고 온 사람들일 겁니다.

자문사도 마찬가지입니다. 대형 자산운용사의 펀드로 향하는 투자자들의 관심을 끌기 위해 자문사들은 기존 자산운용사가 추구하기 어려운 투자 아이디어로 승부합니다.

자산운용사를 대표하는 금융상품이 '펀드'라면, 자문사가 만들어내는 금융상품은 '자문형 랩Wrap'과 '투자일임형 상품'입니다.

자문형 랩에서 랩은 랩어카운트Wrap Account, 증권사 종합자산관리계좌'의 줄임말입니다. 자문형 랩은 증권사가 자문사의 종목 추천을 받아 이를 참고해 운용하고 수익률을 고객에게 돌려주는 상품입니다. 투자일임형 상품은 자문사가 고객 투자금을 일임받아 운용하여 수익을 돌려주는 서비스입니다. 구조상 펀드와 큰 차이가 없지요.

자문형 랩이나 투자일임형 상품도 증권사 등의 판매회사를 통해 가입할 수 있습니다. 투자일임형 상품은 대부분 최소 가입금액이 큰 편이기 때문에 목돈을 가진 투자자들이 주로 투자합니다. 소액 개인 투자자들이 자문사 상품에 투자하려면 주로 자문형 랩을 통해야 합니다.

입술이 부르튼 젊은 사장님

2013년 봄, 출근하자마자 메일함을 열어 보니 김 대표라는 사람에게서 이메일 한 통이 도착해 있었습니다.

"선생님이 쓰신 펀드 관련 기사를 보고 연락드립니다. 저는 ××자산운용사에서 근무하다 최근 회사를 떠나 ○○투자자문사를 창업한 사람입니다. 신생 회사라 들어보지 못하셨을 것입니다만, 선생님께 저희 회사와 향후 고객 자산운용 전략에 대해 꼭 한번 설명을 드리고 싶습니다. 뵙고 말씀을 나눌 수 있을까요? -○○투자자문 드림"

메일을 읽고 김 대표가 남긴 연락처로 전화를 걸었습니다. 제 전화를 받고 그는 놀란 듯했습니다. "메일을 보내고도 답장을 기대하지는 않았습니다. 실제로 연락이 올 줄은 몰랐어요."

그와 연락을 주고받은 지 며칠이 지나 여의도역 인근 그의 사무실을 찾았습니다. 김 대표는 당시 마흔 살도 채 되지 않은 젊은 사장님이었지요. 그가 설립한 회사는 투자일임이 가능한 자문사였습니다. 사무실에서는 5~6명의 직원이 일하고 있었습니다.

대형 자산운용사의 임원급 펀드매니저들과는 첫인상부터 달랐습니다. 그들은 깔끔한 정장 차림에 커프스를 차고, 있어 보이는 투자용어를 섞어 가며 이야기하지요.

그러나 김 대표는 제대로 다림질이 되지 않은 와이셔츠 소매를 걷어 올리고, 수수한 용어로 회사 철학에 대해 이야기했습니다. 마주 앉은 김 대표의 입술은 여기저기가 부르터 있었습니다. 그는 밝은 표정으로 손님을 맞았지만, 제대로 정돈되지 않은 머리와 까슬까슬하게 자란 턱수염, 곳곳에 돋아난 뾰루지에서 회사를 갓 창업한 젊은 CEO의 불안감과 스트레스를 느낄 수 있었습니다.

그 후로도 김 대표를 볼 기회가 자주 있었습니다. 그는 만날 때마다 아랫입술이 항상 부르터 있었지요. 그가 제게 들려준 이야기 가운데 지금도 생생하게 기억나는 말이 있습니다.

"회사에서 펀드매니저 생활을 할 때는 몰랐는데, 직원들에게 월급을 주는 게 정말 쉬운 일이 아니더라고요. 성과를 내기 위해 밤낮 없이 일합니다. 죽기살기로 연구하지요."

그는 '지금 (주식)시장이 쉽지 않다'는 말을 항상 달고 다녔습니다. 시장이 하락세에 몸살을 앓고 있을 때는 물론이고 주가가 가파르게 오르고 있을 때에도 시장이 힘들다고 했습니다. 시장이 상승세에 있을 때는 "달리는 말에 올라타야 한다"라고 했다가, 시장이 빠질 때는 "지금이 저가 매수 적기"라고 조언하는 증권사 관계자들의 말과는 대조적이었지요.

이 회사는 출범 2년여 만에 여의도에서 알 만한 사람은 다 아는 주요 투자자문사로 성장했습니다. 오르락내리락 등락을 거듭하는 시장 상황에서도 꾸준한 수익률을 보여주면서 입소문을 타고 투자자들이 몰려들었습니다. 지금도 그의 회사는 여의도 금융가에서 실력 있는 회사로 신문에 자주 오르내리고 있지요.

펀드매니저를 일하게 하는 성과보수의 힘

김 대표의 사례를 소개한 것은 단순히 소형 자문사의 성공 스토리를 보여주기 위해서가 아닙니다. 무엇이 이 젊은 사장님을 '죽기 살기'로 일하게 만들었는지 이야기하고 싶어서입니다.

'뭐, 월급쟁이와 사장님의 차이 아니겠냐'라고 생각할 수도 있습니다. 맞는 말이긴 합니다. 월급쟁이 펀드매니저 시절보다는 회사 사장으로서의 책임감이 그를 더욱 채찍질했을 겁니다.

그러나 자문사들이 죽기 살기로 열심히 해야 하는 또 다른 이유가 있습니다. 바로 자문사들이 택하고 있는 '성과보수' 체계입니다. 성과보수는 말 그대로 자문사가 고객 투자금을 운용한 성과에 비례해 운용보수를 결정하는 것입니다. 이를테면 수익률이 10%를 넘어서면 그 이상부터는 고객과 자문사가 추가 수익을 일정한 비율로 나눠 갖는 식이죠.

다음은 한 자문사 투자일임 펀드의 실제 성과보수 체계입니다.

이 자문사는 고객이 투자금을 납입한 뒤 1년간의 수익률을 평가해 7%를 넘어서는 수익에 대해서는 15%를 성과보수로 가져갑니다. 예를 들어 보겠습니다. 고객이 연초에 자문사 일임계약 펀드에 1억 원을 가입한 뒤 1년 후 10%의 수익을 냈다면, 고객은 1억 원의 7%인 700만 원을 먼저 가져갑니다. 자문사는 남은 3%인 300만 원 가운데 15%(45만 원)를 가져가고, 나머지(255만 원)는 고객이 가져갑니다.

고객의 돈을 운용한다는 회사가 당연히 수익을 내야 밥값을 가져갈 수 있는 것 아니냐고 생각할 수 있지만, 일반 자산운용사 펀드는 그렇지 않습니다. 일반 공모펀드는 수익률과 관계없이 매년 일정 수준의 운용보수를 떼어 가도록 되어 있습니다.

이런 보수 체계가 펀드와 자문사 상품의 가장 큰 차이점입니다. 자산운용사는 펀드 수익률이 좋지 않아도 펀드매니저가 월급을 꼬박꼬박 받습니다. 펀드 운용에 어느 정도 신경 쓰지 않아도 월급은 나오는 겁니다. 따라서 고객 수익률보다는 자리 보전에 더 신경 쓰는, 관료화된 매니저들이 생길 수 있는 것이죠.

반면 자문사에서는 고객의 수익률에 따라 보수가 결정되고, 고객 수익률이 커지면 커질수록 더 큰 수익을 얻습니다. 수익이 나지 않으면 월급을 받지 못할 상황에 처하지요. 계속 수익을 못 내면 회사 문을 닫아야 하는 상황이 올 수도 있습니다.

이런 환경이라면 매니저들은 '자의 반 타의 반'으로 운용에 매달려야만 합니다. 이런 성과보수 체계는 자문사 매니저들에게는 참 가혹하지만, 고객 입장에서는 환영할 만한 시스템입니다.

자산운용사에서 펀드를 운용하는 펀드매니저보다는 대체적으로 투자자문사에서 근무하는 매니저들이 조금 더 절박합니다. 이 절박함이 죽기 살기로 펀드를 운용하게 하고, 높은 수익률이라는 결과로 이어진다고 볼 수 있겠지요

물론 그렇다고 모든 자문사가 좋은 성과를 내는 것은 아닙니다. 사실 자문사 가운데 함량 미달인 곳도 많기 때문에 성실하게 고객의 돈을 잘 관리해 줄 자문사를 찾아야 합니다.

2015년 말 기준으로 국내 자문사는 160여 개입니다. 이 중에서 어떤 자문사를 선택해야 할지 모르겠다면 각 회사의 영업이익을 보는 것이 도움이 됩니다. 앞서 언급했듯 자문사는 성과보수 체계이기 때문에, 회사가 돈을 많이 벌었다면 고객은 그보다 더 많은 이익을 냈다고 볼 수 있기 때문이죠.

꾸준히 이익을 내고 있는 자문사는 대개 절박한 심정으로 연구하고 분석하는 매니저가 많은 곳입니다. 이런 자문사라면 진짜 기회가 왔을 때 반드시 좋은 성과로 보답하게 될 겁니다.

230~231쪽의 표는 금융투자협회 전자공시(dis.kofia.or.kr)에서 확인할 수 있는 자문사들의 재무현황입니다. 주요 재무현황(금융투자회사 공시→회사총괄현황 비교→주요 재무현황)을 통해 쉽게 확인할 수 있습니다.

여기서 총자산은 자문사 고유의 재산(자본금)과 고객 자산 등을 합친 금액입니다. 영업수익은 자문사가 고객의 돈을 잘 굴려 성과보수 등으로 받게 된 금액의 총액이죠. 일반 기업으로 치면 매출액에 해당합니다. 영업수익에서 인건비나 임대료 등을 비롯한 영업비용을 빼면 자문사가 벌어들인 총 영업이익이 나옵니다.

영업이익 순위의 상위에 이름을 올린 디에스투자자문과 케이원투자자문, 브이아이피투자자문 등은 이미 알 만한 투자자들에게는 잘 알려진 자문사입니다. 회사별로 특화된 투자 전략으로 꾸준한 성과를 내면서 실력을 인정받은 곳들이죠.

■ **국내 자문사 영업이익 순위**(2015년 12월 말 기준. 단위: 원)

회사명	총자산	자본금	영업수익	영업비용	영업이익	당기순이익
디에스투자자문	57,578,739,674	4,520,000,000	30,540,739,535	2,093,960,441	28,446,779,094	21,918,076,089
케이원투자자문	92,330,024,399	3,000,000,000	22,860,967,751	6,108,862,572	16,752,105,179	13,334,254,933
시너지투자자문㈜	23,481,049,017	2,000,000,000	18,102,376,716	2,819,952,140	15,282,424,576	15,336,889,249
타임폴리오투자자문	45,164,162,924	5,335,220,000	24,869,318,044	12,470,772,368	12,398,545,676	10,653,311,877
브이아이피투자자문	53,447,323,564	6,600,000,000	19,924,399,817	9,004,427,343	10,919,972,474	8,608,862,181
수성에셋투자자문	16,432,100,580	4,000,000,000	11,060,671,733	2,027,663,803	9,033,007,930	7,293,886,827
프렌드투자자문㈜	23,309,480,794	6,500,000,000	14,085,052,254	6,138,916,712	7,946,135,542	6,190,469,408
아샘투자자문㈜	19,217,009,694	3,007,000,000	7,555,010,717	1,836,526,159	5,718,484,558	5,718,484,558
브이엠투자자문	9,476,952,759	500,000,000	5,889,685,800	901,895,157	4,987,790,643	3,903,828,190
금진투자자문	9,166,564,281	1,000,000,000	5,945,624,578	1,139,684,482	4,805,940,096	4,655,556,497
그린투자자문㈜	12,240,640,130	3,000,000,000	6,942,426,339	2,360,249,378	4,582,176,961	4,603,831,816
에셋디자인 투자자문	15,199,895,136	3,000,000,000	6,080,939,489	1,992,589,385	4,088,350,104	4,089,236,474
아크투자자문	14,413,773,160	3,150,000,000	8,216,332,865	4,544,860,846	3,671,472,019	3,793,666,436
밸류시스템투자자문	7,518,237,058	1,500,000,000	4,295,650,811	1,073,809,242	3,221,841,569	3,221,801,398
타이거투자자문	9,390,720,384	1,600,000,000	5,247,367,120	2,035,329,110	3,212,038,010	2,437,404,184
길투자자문	5,357,200,192	412,500,000	5,041,919,525	1,861,408,933	3,180,510,592	3,180,124,244
인피니티투자자문	10,321,936,210	4,100,000,000	6,110,159,118	2,989,097,149	3,121,061,969	3,091,297,830
트리니티투자자문(구 알데바란)	12,457,482,606	6,005,000,000	6,524,944,365	3,717,180,601	2,807,763,764	2,815,711,704

회사명	총자산	자본금	영업수익	영업비용	영업이익	당기순이익
유리치투자자문	8,039,648,564	4,000,000,000	5,222,235,603	2,439,411,483	2,782,824,120	2,180,982,492
한가람투자자문	15,310,952,222	3,000,000,000	6,057,445,452	3,398,386,458	2,659,058,994	2,097,860,909
알펜루트투자자문	5,747,881,235	2,000,000,000	4,416,045,719	2,015,510,882	2,400,534,837	1,881,314,596
포커스투자자문	12,715,397,564	3,300,000,000	2,941,806,089	609,571,036	2,332,235,053	2,369,952,961
에이치비투자자문	4,307,859,642	1,800,000,000	3,510,099,394	1,273,907,692	2,236,191,702	2,236,562,195
카이투자자문	5,188,168,044	2,400,000,000	3,514,024,454	1,328,966,607	2,185,057,847	2,185,063,437
밸류앤드스페셜투자자문	11,035,925,488	3,001,200,000	4,400,904,374	2,252,211,784	2,148,692,590	1,654,541,732
제이앤제이투자자문	9,598,829,371	3,100,000,000	3,293,705,773	1,192,647,563	2,101,058,210	1,652,345,223
앱솔루트투자자문	6,644,451,443	2,450,000,000	3,330,169,253	1,295,636,038	2,034,533,215	2,034,366,025
채권투자자문㈜	4,170,302,096	2,000,000,000	3,206,659,048	1,231,796,521	1,974,862,527	1,974,703,452
페트라투자자문	7,003,465,091	2,350,960,000	3,790,646,503	1,873,277,479	1,917,369,024	1,920,081,689
세빌스인베스트먼트코리아투자자문	6,470,886,819	4,000,000,000	4,069,672,223	2,254,587,752	1,815,084,471	1,425,581,983

• 자료: 금융투자협회 전자공시

금융감독 당국이 개별 자문사들의 수익률을 발표하는 행위를 금지하고 있어, 자문사와 자산운용사 펀드의 수익률을 객관적으로 비교하는 자료를 확보하기는 어렵습니다. 상위 20여 개 자문사가 보유한 주식의 평균 수익률은 대부분 기간 동안 주요 자산운용사가 보유한 주식의 평균 수익률에 비해 대체로 성과가 높은 것으로 알려져 있습니다.

최근 자문사에 대한 입소문이 퍼지면서 일반 개인 투자자들이 관련 상품을 찾는 사례가 늘었고, 그 결과 증권사들도 자문사 상품 라인업을 늘리는 추세입니다. 이제 더는 공모펀드만으로 다양한 투자자의 니즈를 충족하기가 어려워졌기 때문이죠.

최근 미래에셋대우증권 등의 대형 증권사에서는 투자자문사 종합 시스템을 만들기도 했습니다. 어느 정도 목돈이 쌓인 투자자라면 재테크 골든타임에 자문사 상품을 적극적으로 고려해 보는 것도 좋겠습니다.

계좌를 **깡통**으로 만드는 **최악**의 **재테크**

테마주, 작전주에는 얼씬도 하지 말라

이번에는 투자에 빠르게 '실패'할 수 있는(?) 좋은 방법 몇 가지를 소개하려고 합니다. 실패를 부르는 습관이 무엇인지를 아는 것은 재테크에 성공하는 법을 배우는 것만큼이나 중요합니다.

투자와 재테크에서 적당한 욕심은 동기부여에 도움이 됩니다. 그러나 과한 욕심은 화를 부르기도 합니다. 투자가 잘되고 있으면 더 많은 수익을 내기 위해 욕심을 부리고, 손해를 보고 있으면 본전을 찾고 싶은 마음에 욕심을 부리게 되는 것이 사람 심리이죠.

둘 다 위험하지만, 본전을 찾고자 할 때 나타나는 욕심이 더 강력하고 파괴적입니다. 수익을 내고 있을 때는 욕심을 부리더라도 어느 정도 제어할 수 있는 측면이 있습니다. 이미 수익이 난 부분이 있으니, 욕심을 냈다가 손해를 보더라도 본전은 지키고 싶다는 심리가 욕심을 통제하게 됩니다.

반면 본전을 잃은 상태에서는 욕심을 통제하기가 어렵습니다. '일단 본전을 찾아야 한다'라는 심리는 이성을 잃게 만듭니다. 전문 투자자가 아니고서야, 투자금을 반토막 낸 상태에서 냉철한 전략을 수립하기가 힘들 겁니다. '빨리 본전을 찾아야 한다'는 마음 때문에 더 큰 욕심을 부리게 되지요.

욕심이 커질수록 이성은 흐려집니다. 자꾸 귓속에 '도박을 하라', '이번 한 방이면 된다' 하는 속삭임이 들리기 시작합니다. 욕심이 앞서서 투자를 하다 보면 계속 무리하게 되고, 더 큰 손실을 입고 점점 수렁으로 빠져 들어갑니다. 그동안의 손실을 인정하지 못하고 더 큰 도박을 찾아 헤매게 됩니다.

이 정도까지 치닫게 되면 재테크로 꾸준히 돈을 벌어 안락한 노후를 보내겠다거나, 아이들과 함께 행복한 가정을 꾸리겠다는 희망은 사라지고 맙니다. 거울 속의 피폐한 자신을 마주하고 "어쩌다 여기까지 왔지……"라고 중얼거릴 때는 이미 늦습니다.

일반 투자자들이 재테크에 한번 크게 실패하면 사실상 재기하기가 어렵습니다. 손실을 맛본 사람들은 본전 심리와 욕심 때문에 체계적인 재테크 전략을 기반으로 투자하기보다는 자꾸 투기적으로만 접근하게 됩니다. 그러면서 계속 실패를 반복하는 것이죠.

오랜 기간 건강한 '재테크 라이프'를 유지하려면 큰 손실을 가져올 수 있는 과도한 욕심을 항상 경계해야 합니다. 혹여 고수익의 유혹을 이기지 못하고 돈을 넣게 되더라도, 잃어도 상관없을 정도의 여윳돈으로만 투자하기를 진심으로 권합니다. 제가 접했던 실패한 투자자들의 사례를 보면, 대부분 고수익에 현혹되어 무리하게 욕심을 부린 것이 화근이 되었습니다.

이제 소개할 '재테크 할 때 경계해야 할 세 가지'는 실패한 사람들이 한결같이 보여주었던 모습입니다.

첫째는 정치 테마주, 둘째는 주식 신용거래, 셋째는 '금융 다단계'입니다. 여기에 손을 대면 십중팔구는 계좌가 깡통으로 갈 가능성이 높아지므로 절대로 가까이 하지 않아야 합니다.

때 되면 돌아오는 폭탄 돌리기, 정치 테마주

개인 투자자들이 경계해야 할 대상 1호는 각종 '테마주'입니다. 그중에서도 정치 테마주는 무슨 일이 있어도 건드리지 않았으면 합니다. 주식 투자에 실패한 사람들 가운데 상당수는 정치 테마주나 작전주에 휩쓸린 사람이었습니다.

정치 테마주는 유력 정치인과 회사를 연결해 '테마'로 묶은 주식입니다. 그래도 처음 정치 테마주가 시장에 등장했을 때는 그 나름의 논리가 있었지요. 특정 후보가 집권하면, 그 후보가 추진하는 공약으로 사업상 수혜를 입을 가능성이 있는 종목들이 테마주로 올랐습니다.

정치 테마주가 증시에 처음 등장하기 시작한 것은 제16대 대선 무렵이었습니다. 당시 노무현 대통령 후보가 행정 수도 이전을 공약으로 제시하면서 건설 관련 테마주가 등장했지요. 노무현 후보의 당선 가능성에 따라 등락을 거듭했습니다. 그래도 이때까지 정치 테마주는 '이유 있는' 테마주에 가까웠고, 도박성도 크지 않았지요.

제17대 대선을 전후해 정치 테마주는 본격적으로 '복불복 도박 투자'로 전락했습니다. 당시 유력 대권주자였던 이명박 후보가 20조 원이 넘는 자금이 투입되는 4대강 사업을 핵심 공약으로 내세우면서 '대운하 테마주' 또는 'MB 테마주'가 등장하기 시작했지요.

당시 대표적인 MB 테마주는 이화공영, 특수건설, 삼호개발 등이었습니다. 이 중 이화공영은 테마주 역사에 한 획을 그었지요. MB가 2007년 당내 경선에서 대통령으로 확정되자 '한 방'을 노린 개인 투자자들이 이화공영에 불나방처럼 달려들었습니다. 당시 2620원이었던 주가는 4개월 만에 6만 7400원으로 뛰어올라 2400%라는 경이로운 상승률을 기록했지요.

정상적인 테마주의 논리대로라면 이 후보 당선 이후 주가가 더 올라야 했을 겁니다. 이명박 후보가 집권에 성공했으니 각종 정책 사업이 진행될 것이고, 회사가 수혜를 받을 가능성이 높아졌으니까요.

그러나 결과는 그렇지 않았지요. 오히려 대통령 선거라는 재료가 없어지자 주가는 나락으로 떨어졌습니다. 6만 원대였던 주가는 그해 연말 이명박 후보가 당선되는 시점을 전후로 1만 5900원으로 폭락을 거듭했고, 결국에 주가는 테마주로 오르내리기 전 상태로 고스란히 되돌아갔습니다. 당시 대통령 당선을 예상하고 테마주에 올라탔

■ 그림25. 'MB 테마주' 이화공영, '안철수 테마주' 써니전자·안랩, '문재인 테마주' 우리들제약 주가 추이

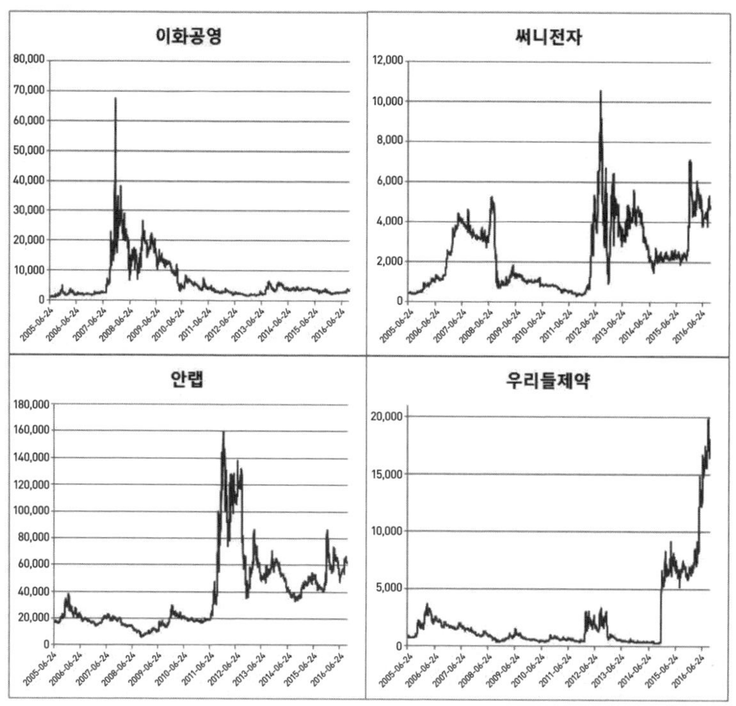

던 개인 투자자들은 큰 손실을 보았습니다.

5년 뒤에 치러진 제18대 대선 때도 정치 테마주가 기승을 부렸습니다. 박근혜 대선 후보가 저출산 대책 공약을 내세우자 아가방컴퍼니 등의 유아 용품 기업 주가가 일명 '박근혜 테마주'로 묶여 10배 이상 폭등했지요.

특히 제18대 대선에서 정치 테마주는 기이한 형태로 '진화'했습니

다. 정책은 물론 정치인과도 거의 무관해 보이는 종목들이 테마주로 묶이기 시작했지요. 기업의 대표가 유력 정치인과 대학 동문이라거나 고향 선후배 사이라는 이유로 테마주가 되는가 하면, 회사의 사외이사나 감사 등이 유력 정치인과 안면이 있다며 테마주로 묶이는 등 그야말로 웃기는 끼워 맞추기가 성행했습니다. 말 그대로 '누가 누구의 사돈의 팔촌의 사위라더라'라는 식으로 묶이는 정치 테마주가 우후죽순 쏟아졌지요.

안철수 테마주와 문재인 테마주가 대표적인 끼워 맞추기 사례입니다. 안철수 본인이 설립한 '안철수연구소(안랩)'가 안철수 테마주가 되는 것은 어느 정도 일리가 있었지만, 다른 안철수 테마주들은 참 황당한 이유로 엮였지요.

써니전자는 안랩 기획이사 출신이 대표를 맡고 있다는 이유로, 아남정보기술은 대표가 과거 안철수와 친분이 있었다는 논리로 테마주가 되었습니다. 오늘과내일은 안랩의 고객사라는 점에서 테마주로 엮이는 등 안철수와 조금만 관련이 있어도 테마주에 이름을 올렸습니다.

문재인 테마주는 더 기가 막혔습니다. 우리들제약이 대표적인데, 계열사인 우리들병원 병원장이 노무현 전 대통령의 주치의였다는 이유로 문재인 테마주가 되었습니다. 문재인 후보가 노 전 대통령의 비서실장을 한 인물이라는 점이 우리들제약과 문재인을 잇는 연결고리가 된 것이죠.

이런 논리로 테마주가 계속 생겨나는 배경에는 특정 후보가 당선

되면 '인맥'으로 기업의 경영 상황이 개선될 것이라는 기대감이 있습니다. 즉 정경유착을 보고 돈을 투자한다는 이야기이죠. 이런 정치인 인맥 테마주가 기승을 부리는 것은 어쩌면 한국 사회의 내부에 흐르는 후진적 민주주의의 현실이 시장에 반영되는 것으로 볼 수 있습니다. 씁쓸한 현실이죠.

행운은 반복되지도, 지속되지도 않는다

선거철이 돌아오면 시장에는 정치 테마주 광풍이 불어닥칩니다. '정치 판세를 꽤 잘 읽는다' 하는 개인 투자자들의 착각과 '테마주에 잘 올라타면 단기간에 고수익을 올릴 수 있다'라는 투기적 심리가 뒤엉켜 나타나는 현상입니다.

정치 테마주는 총선이나 대통령 선거를 앞두고 등장하기 시작해 특정 정치인의 대외 활동에 따라 주가가 롤러코스터를 탑니다. 특정 후보의 지지율이 올라가고 있다는 식의 뉴스 보도가 나오면 주가가 하루에 10~20% 폭등했다가도, 부정적인 뉴스가 나오면 큰 폭으로 하락하곤 하지요.

테마주에 손을 대는 사람들은 당선이 유력해 보이는 정치인 테마주에 올라탔다가 급등했을 때 팔고 나오면 되지 않을까 하는 생각으로 발을 담그기 시작합니다.

투자자들은 대부분 정치 테마주가 폭탄 돌리기라는 사실을 잘 알고 있습니다. 그러나 자신이 그 폭탄의 주인공이 될 거라고는 아무도 생각하지 않습니다. 지금이라도 들어가서 수익을 먹고 나올 수 있다고 생각하지요.

이런 행동은 입을 벌리고 있는 악어 목구멍에서 사과를 꺼내는 것과 같습니다. 기본적으로 정치 테마주는 욕심에 눈먼 개인 투자자들을 끌어들여 한탕 해 보려는 자본시장 뒷골목 '세력'이 만들어 놓은 놀이터입니다.

이들 세력은 주가를 인위적으로 끌어올리거나 높은 시세를 유지하기 위해 자기들끼리 지속적으로 거래하면서 개인 투자자들을 계속 유인합니다. 일부 개인 투자자는 실제로 이런 테마주 투자로 돈을 벌기도 합니다. 운 좋게 단기간에 큰 수익을 올린 사례도 분명 있을 겁니다.

그러나 행운은 계속 반복되지도, 지속되지도 않습니다. 우연히 악어 목구멍에서 사과를 꺼냈다고 하더라고 그런 행운이 다시 반복되리라고 생각하는 것은 큰 착각입니다. 성공한 기억을 가지고 테마주에 자꾸 손대다가는 결국 악어의 날카로운 이빨에 목이 달아나 버립니다.

순식간에 주가가 폭락해 발목이 잡히면 그때부터 재앙은 시작되지요. 큰 손실을 본 뒤 다시 본전을 찾기 위해 테마주에 도전하는 악순환이 반복됩니다. 손실을 만회하기 위해 테마주에 기웃거리다 결국 계좌가 빈 깡통이 되는 코스를 밟게 되는 것입니다.

테마주는 그냥 복권 같은 것입니다. 소액으로 재미 삼아 할 수는 있어도 여기에 목숨을 걸면 안 됩니다. '지난 번에 성공했으니 이번에도 먹을 수 있겠지'라는 생각으로 목돈을 내던졌다가는 폭탄을 맞기 십상입니다.

우연히 테마주를 건드려서 재미를 볼 수는 있습니다. 그러나 이런 우연은 반복되지 않는다는 점을 꼭 명심했으면 합니다.

신용투자는 패망의 지름길이다

다음으로 개인 투자자들이 경계해야 할 것이 신용투자입니다. 신용투자란 남의 돈을 빌려서 투자하는 것이죠. 남의 돈을 빌려서 투자하면 투자 원금이 늘어나게 되므로 투자 수익률을 높일 수 있습니다. 다른 사람의 자본을 지렛대로 삼아 더 큰 수익률을 추구한다는 이른바 '레버리지(지렛대)' 효과입니다.

그러나 공짜 점심은 없는 법입니다. 남의 돈을 빌리면 당연히 이자를 내야 하고, 정해진 기간이 되면 갚아야 합니다. 많은 돈을 빌려 투자할수록 이익이 커지지만 그만큼 투자위험이 커지는 것도 감수해야 합니다.

투자자들도 대부분 신용투자를 할 때 투자위험이 높아진다는 점을 잘 알고 있습니다. 그러나 그보다 더 중요한 한 가지 사실을 간과합니다. 신용투자를 하는 순간 투자에서 가장 중요한 요소인 '시간'에 대한 통제권을 잃어버리게 된다는 사실입니다. 시간을 통제하지 못하는 투자자는 결코 투자에 성공할 수 없습니다.

투자의 성과는 크게 세 가지 핵심 요소로 결정됩니다. '무엇에 투자할 것인가What', '언제 투자할 것인가When', 그리고 '얼마나 오래 투자할 것인가How Long'가 투자 결과를 좌우합니다. 신용투자를 하면 마지막 조건, 얼마나 오래 투자할 것인가에 대한 선택권을 잃게 됩니다.

남의 돈을 빌려 투자한 사람들은 시간이 없습니다. 빨리 원하는 수익을 내서 빌린 돈을 갚아야 하기 때문에 시간에 쫓기게 됩니다. 자기 돈으로 투자할 때에 비해 심리적으로 불리한 상황에 놓이게 되는 것이죠. 시간에 대한 통제권을 잃어버린다는 것은 이런 의미입니다.

투자에서 기다림은 필수 불가결한 요소입니다. 여윳돈으로 투자하는 사람들은 단기적으로 손실이 있어도 느긋한 마음으로 열차가 달리기만 기다리면 됩니다. 시장의 움직임에 일희일비하지 않고 심리적으로 쫓기지도 않습니다. 시간은 투자자의 편이죠.

은행 신용대출이나 이른바 '마통(마이너스 통장)'으로 돈을 끌어다 투자한 경우는 그나마 낫습니다. 이자를 좀 내더라도 수익이 날 때까지 시간을 확보할 여지가 있으니까요. 그러나 다른 데 꼭 써야 할 돈을 잠시 '용도 변경'하여 투자했거나, 앞으로 이야기할 증권사의 신용투자상품으로 레버리지를 일으킨 투자자들은 손실을 내면 피가 마르게 됩니다.

예컨대 자녀 등록금으로 모아 둔 돈을 배우자 몰래 정치 테마주에 투자했다가 반토막이 난다면? 소중한 아이의 등록금을 까먹었으니 빨리 본전을 찾아야 한다는 생각에 쫓기겠지요. 빨리 원상 복구를 해야 한다는 마음에 다른 돈도 끌어다가 무리하게 테마주에 돈을 넣고, 하루하루 수익률에 따라 부화뇌동하다가 결국 계좌가 깡통이 되는 전형적인 시나리오로 갈 가능성이 커집니다.

한번 손대면 끊기 어려운 마약, 신용거래

증권사에서는 '실탄'이 부족한 투자자들을 위해 급전을 빌려 주는 서비스를 제공합니다. 그러나 증권사에 손을 벌려 투자하는 것은 정말 추천하고 싶지 않습니다. 증권사가 제공하는 신용상품(신용융자·미수거래) 서비스로 '레버리지' 매매를 하는 사람들은 절대로 시간을 자기 편으로 만들 수 없습니다. 증권사로부터 빌려 주식에 투자한 돈은 단기간에 수익을 내어 갚아야 하기 때문입니다.

투자를 하다 보면 '이건 정말 확실한 기회다'라는 확신이 드는 순간이 있습니다. 인생에 몇 번 오지 않을 기회라는 생각이 들면서 욕심이 피어오릅니다. 그러나 욕심을 제어하지 못하고 증권사 신용상품에 함부로 손을 댔다가는 돌이킬 수 없는 상황이 될 수 있습니다. 증권사 신용상품은 양날의 칼로, 신중하게 이용해야 합니다. 잘 이용하면 투자에 윤활유가 될 수 있지만 잘못 썼다가는 돌이킬 수 없는 결과를 초래하고 맙니다.

원래 증권사 신용상품은 개인들의 레버리지 투자를 위해 고안된 것이 아닙니다. 곧 돈이 들어올 예정인데 당장 수중에 돈이 없어 주식 결제를 하지 못하는 상황에 놓인 사람들이 잠시 돈을 빌려 결제할

■ **증권사 신용거래 종류**

종류	내용	반대매매 조건
신용융자	일정 비율에 달하는 증거금(주식)을 담보로 증권사로부터 현금을 빌려 주식 결제	주가가 큰 폭으로 하락할 때 증권사가 반대매매를 실행해 주식 처분
미수거래	주식 계좌에 잔고가 일시 부족할 때 증권사로부터 돈을 빌려 매수하고 2영업일 이내에 결제	2영업일 내에 돈을 갚지 못하면 자동 반대매매로 주식을 처분
스톡론 (주식담보대출)	증권사와 연계된 저축은행이 고객 계좌에 들어 있는 주식이나 현금 등을 담보로 주식 매입 대금 대출	주가가 일정 담보비율 이하로 떨어지면 자동 반대매매

수 있도록 해주는 서비스이죠. 투자자는 당장 현금이 없어도 투자 기회를 놓치지 않을 수 있고, 증권사는 서비스 대가(이자)를 받을 수 있는 겁니다.

그러나 많은 개인 투자자가 이런 증권사 신용투자 서비스를 더 높은 수익률로 '베팅'하기 위해 활용하고 있습니다. 정말 위험한 행동입니다.

증권사 신용투자 서비스는 크게 세 가지가 있습니다. '신용융자'와 '미수거래', 주식담보대출이라고 불리는 '스톡론'입니다. 거래 방식에 조금씩 차이가 있지만 위험이 매우 크다는 점은 대동소이합니다. 위의 표는 증권사에서 제공하는 대표적인 신용거래 상품입니다.

이러한 신용거래 서비스를 이용하면 큰 규모로 레버리지 투자를 할 수 있습니다. 신용융자 거래를 신청한 투자자는 주식 매입 대금의 일부를 증권사에게 빌려서 결제할 수 있습니다. 일반적으로 매수하려는 주식이 우량주이면 많은 돈을 빌릴 수 있고, 위험이 큰 주식일수록 빌릴 수 있는 돈은 적어집니다.

단기적인 수익을 노리고 신용거래 서비스로 돈을 빌려 주식에 투자했을 때, 주가가 예상대로 오르면 문제가 없습니다. 문제는 주가가 하락했을 때 심각한 타격을 입게 된다는 것입니다. 투자자의 의지와 상관없이 돈을 빌려준 증권사나 저축은행이 '반대매매*'를 실행하는 상황이 되면 순식간에 돌이킬 수 없는 손실이 발생하게 됩니다.

미수거래와 스톡론도 마찬가지입니다. 무리하게 돈을 빌려 투자했다가 반대매매로 깡통을 찰 위험이 항상 존재합니다. 이러한 위험에도 불구하고 많은 개인 투자자가 신용거래 서비스를 이용합니다. 단기간에 높은 수익을 올리려는 '한방 심리' 때문이겠지요.

신용거래를 절대 하지 않는 사람은 있지만, 한 번만 하는 사람은 없다고 합니다. 신용거래를 하다 보면 서서히 중독됩니다. 신용거래로 주식 투자를 하다가 손실이 나면 손실을 메우기 위해 더 무리한 신용매매를 하게 되고, 결국 돌이킬 수 없는 수준까지 가게 되는 것입니다.

서울 마포대교에서 하루 평균 2~3건씩 투신자살을 기도한다고 합니다. 이들 중 상당수가 투자 실패를 비관하여 자살을 기도한 사람들이라고 보고되고 있습니다. 대부분 과도한 신용(미수)거래로 위험한 테마주에 투자했다가 큰 손실을 본 사례이죠.

최근, 금리가 낮으니 은행으로부터 낮은 금리에 돈을 빌려 투자하는 '빚테크' 아이디어가 각광을 받고 있는데, 빚테크는 잘 써먹으면 괜찮은 전략이긴 하지만 어느 정도 노하우가 쌓인 재테크 고수들이 생각해 볼 만한 옵션입니다.

욕심이 지나쳐 무리하게 레버리지를 일으켜 투자하다 보면 감당하지 못할 손실과 마주하게 됩니다. 큰 손실은 투자자를 파멸로 이끕니다. 다시 한 번 강조합니다. 투자는 '꼭' 여윳돈으로 합시다.

고수익의 유혹, 십중팔구는 '사기'다

마지막으로, 일반 투자자들이 절대로 얼씬도 하지 말아야 할 세계에 대해 소개하려 합니다. 불법 유사 수신, 바로 '금융 다단계'입니다. 여기서 금융 다단계를 소개하는 것은 고수익의 탈을 쓴 악마의 실체를 알고 현혹되지 않기를 바라기 때문입니다. 금융 다단계에 빠져 재산을 날리는 것은 물론이고 자기 자신과 가족의 운명을 망가트리는 사람이 더는 나오지 않았으면 하는 바람 때문이죠.

장기간 저금리가 지속되면서 조금이라도 높은 이자를 찾아 헤매는 사람들의 심리를 악용하는 악마들, 바로 불법 다단계 업체는 우리 서민 금융시장에 깊숙이 파고들어 있습니다. 이 불법 금융 다단계 업체들은 "매월 고정적인 고수익을 돌려준다"거나 "원금을 보장해 준다"라고 말하며 소액 투자자들의 쌈짓돈을 끌어모읍니다. 일반 투자자들에게 생소한 파생상품 등의 투자 수단을 내세워 현혹하는데, 최근에는 '비트코인'이나 '전자화폐' 등 실체가 잘 알려지지 않은 아이템에 투자하면 수백 퍼센트의 수익이 난다고 홍보하고 있습니다.

해외에 서버를 마련해 둔 금융 다단계 업자들은 그럴듯하게 홈페이지를 꾸며 놓고 첨단 투자를 하는 것처럼 이야기하지만, 자세히 뜯어 보면 실체가 없는 경우가 허다합니다.

이렇게 고수익을 보장하는 불법 다단계는 거의 비슷하게 끝을 맺습니다. 새로 모집한 투자자들의 돈으로 앞서 가입한 사람들의 이자를 돌려 막다가 더 버틸 수 없는 상황이 되면 투자금을 '먹튀'하고 잠적해 버립니다. 전형적인 폰지Ponzi 사기 방식이죠.

금융과 투자에 대해 조금이라도 이해하고 있는 사람이라면 '원금보장과 고수익'을 동시에 충족할 수 있는 투자는 존재할 수 없다는 사실을 잘 알고 있습니다. 그럼에도 많은 사람이 이렇게 상식에 어긋나는 고수익의 유혹에 속아 넘어가는 실정입니다.

이런 현실은 우리나라 서민 금융시장의 수준이 얼마나 뒤처져 있는지를 반영한다고 볼 수 있습니다. 결국, 고수익에 대한 욕망과 금융에 대한 낮은 이해도가 불법 금융 다단계를 설계하는 악마들이 활개를 칠 수 있는 배경인 것이죠. 피해자는 나의 배우자가 될 수도 있고, 부모가 될 수도 있습니다.

고수익에 원금 보장? 무조건 의심하라

자본시장과 금융투자업에 관한 법률 제55조*에 따라 금융 당국은 정당한 사유가 있는 경우를 제외하고는 투자자가 입은 손실의 전부 또는 일부를 사후에 보전해 주는 행위를 제한하고 있습니다. 투자자에게 원금을 보장하는 것은 물론 원금을 보장한다고 홍보하는 것도 불법이죠. 손실보전을 약정하고 고수익을 내세워 투자금을 모집하는 다단계 폰지 사기를 막기 위해서입니다.

대부분 투자자가 이런 사실을 모른다는 점을 악용해 불법 다단계 업자들은 원금 보장에 고수익이 가능하다고 홍보해 투자금을 모집합니다. 그들이 고수익이 가능하다고 내세우는 FX마진거래, 비상장주식, 파생상품 등은 기대수익이 높은 것이 사실이나 손실 가능성도 매우 크지요. 단기간에 원금 전액을 손실할 수도 있는 매우 위험한 투자입니다. 이런 투자를 하면서 고수익이 보장된다는 식으로 설명하는 것은 어불성설이며, 현행법 위반입니다. 대체로 사기일 가능성이 크겠지요.

파생상품에 직간접적으로 투자하면서 원금을 보장하고, 매월 높은 이자를 주는 구조는 절대 불가능하다는 사실을 잊지 마십시오. 파생상품뿐 아니라 그 어떤 투자로도 이렇게 마법 같은 구조를 짤 수는 없으니 원금을 보장하고 고수익을 준다는 말에 절대 속지 않길 바랍니다.

누군가 당신에게 "고수익 투자처가 있다"라며 처음 듣는 투자회사

■ 그림26. 금융감독원 금융소비자보호처 제도권 금융회사 조회

의 금융상품을 판매하려고 한다면, 금융감독원 금융소비자보호처 홈페이지(consumer.fss.or.kr)에서 제도권 금융회사인지 여부를 확인해 보십시오. 금융감독원 금융회사 조회 서비스에서 금융회사 이름을 검색하면 합법적인 제도권 금융회사인지 알 수 있습니다.

만약 조회 화면에서 금융회사가 검색되지 않는다면 감독 당국의 규제 밖에 있는 회사라는 뜻입니다. 이렇게 금융 당국에 등록되어 있지 않은 회사가 주식이나 채권, 또는 투자위험이 높은 비상장주식이

나 FX마진거래 등에 대신 투자한다고 홍보한다면 의심해 보아야 합니다. 이런 불법 다단계 회사에 돈을 넣었다가 손실을 보면 법적 보호를 받을 수 없으니 각별히 주의해야 합니다.

불법 유사 수신 업체들을 고발하는 온라인 커뮤니티도 하나 소개하겠습니다. '불법 사기 아이템 추방 및 피해자 구제와 예방(cafe.naver.com/notouch7)'입니다. 혹시라도 금융 다단계로 의심되는 회사에 투자를 고려하고 있다면 이 카페에 들어가 확인해 보십시오. 이 카페를 운영하는 운영자는 유사 수신 행위를 하는 것으로 의심되는 업체를 꾸준히 발굴하고, 피해 사례를 접수해 온라인에 알리고 있습니다. 이 카페에는 불법 사기 형태의 유사 수신 업체의 이름과 불법 행위가 의심되는 사례들이 올라와 있습니다. 이 중에는 실제로 재판까지 가서 유죄판결을 받은 업체도 많습니다. 혹시 금융감독원 홈페이지에 등록되어 있지 않으면서 여기에 이름이 올라와 있다면 불법 금융 다단계 업체일 가능성이 매우 높습니다.

2017–2018
재테크
골든타임이
온다

| Part 4 |

10년 만의 기회, 실전처럼 준비한 사람이 잡는다

위기의 시대, 실전처럼 대비하라

백문이 불여일견! 직접 경험해 봐야 내 것이 된다

이제 '재테크 골든타임'을 향한 여정의 마지막 단계에 다다른 듯합니다. 지금까지의 항해가 부디 알차고 즐거우면서도 뭔가 배울 점이 있는 시간이었기를 바랍니다.

여기까지 읽은 분이라면 어느 정도 간파했을 것이라고 생각합니다. 사실 재테크 골든타임란 것은 별게 아닙니다. 때 되면 찾아오는 계절과 같은 것이죠. 봄이 가면 여름이 오고, 여름 뒤에는 가을이 옵니다. 가을바람이 익숙해질 때쯤이면 칼바람과 함께 겨울이 성큼 찾아오지요. 사계절이 반복되듯이 금융시장도 '호황 → 버블 → 위기→ 회복'이라는 사이클을 계속 반복해 나갑니다. 이 반복적인 사이클 속에서 위기 이후에 나타나는 투자의 황금기를 찾아내자는 것이 재테크 골든타임의 핵심 아이디어입니다.

이런 콘셉트의 투자 전략은 전문 기관투자가보다는 우리 같은 개인 투자자들에게 훨씬 적합합니다. 개인 투자자들은 투자를 업으로 하는 사람들이 아니기 때문에 단기간에 큰 수익률을 내기 위해 서두를 필요가 없습니다. 당장 수익을 못 냈다고 월급이 줄어들거나 회사에서 쫓겨나지는 않지요.

우리의 목표는 쓰나미를 넘어 다가오는 재테크 골든타임을 기다렸다가 장기간에 걸쳐 효과적인 투자를 해나가는 것입니다. 누군가에게 보여주기 위해 단기간에 성과를 낼 필요가 없습니다.

그러나 기관투자가들은 상황이 다릅니다. 단기 수익률을 잘 내야 고객 자산을 계속 유치할 수 있고, 연말 수익률로 인사고과 평가도 받습니다. 일 년 내내 시장에 참여하면서 크든 작든 수익을 내야만 하지요. 그러다 보면 전문 투자자들도 터무니없는 실수로 큰 손실을 내기도 합니다.

신용투자를 하는 것이 아니라면 시간은 항상 우리 투자자들의 편입니다. 아직 본격적인 게임이 시작되지도 않았는데 시장에서 무리하면서 힘을 뺄 필요가 없습니다.

때를 기다리세요. 10년 만의 기회, 재테크 골든타임은 인내심이 있는 투자자들이 잡을 수 있습니다.

투자는 '이론'보다 '실전'이다

그렇다고 지금 투자를 그만두고 무작정 위기를 기다려야 할까요? 당연히 그렇지는 않습니다. 가만히 손 놓고 있는 것이 최선이라는 뜻은 아닙니다.

투자는 이론보다 실전입니다. 재테크 전문 서적을 많이 읽고, 최신 금융상품 투자법을 달달 외우고 있다 해도 시장에서 몸을 부딪치면서 경험해 보지 않으면 자기 것이 되지 않습니다. 당연히 실제 본 게임이 닥쳤을 때 실력 발휘를 할 수 없겠지요.

무리하지 않는 선에서 소액으로 조금씩 투자를 해 보며 경험을 쌓아 나가는 것이 중요합니다. 위기가 오기 전에 이루어지는 투자는 연습 게임이라고 생각하고 훈련을 해야지요. 연습 게임에서 몸을 잘 풀어야 본 게임에서 실력 발휘를 할 수 있다는 건 두말할 나위가 없습니다.

그렇다고 연습 게임에서 지나치게 욕심을 내지는 말아야 합니다. 본 게임은 아직 시작되지도 않았는데, 연습 게임에서 무리하다 판돈을 다 날려먹으면 안 되겠지요. 연습 게임 구간에서는 기대수익률을 낮추고 욕심내지 않는 선에서 실전 투자를 하는 것이 좋습니다.

일단 가지고 있는 컴퓨터에 HTS가 깔려 있지 않다면 지금 당장 설치하기를 권합니다. 개인 투자자들이 가장 많이 이용하는 HTS는 키움증권에서 제공하는 '영웅문'입니다. 영웅문에서 주식을 거래할 때의 수수료는 0.015%로 업계 최저 수준입니다. 그러나 최근에는 다른

■ 그림27. 키움증권 매매거래 수수료 체계

▍키움증권 매매수수료 체계

구분		HTS WTS 홈페이지	영웅문S 영웅문T plus 영웅문SF 영웅문SN 모바일웹 오픈웹	증권통 키움T스톡	유팍스	파생통	ARS	키움금융센터 반대매매 청산거래
주식	거래소/코스닥/ETF	0.015%	0.015%	0.05%	0.1%	-	0.15%	0.3%
	ETN	0.015%	0.015%	-	-	-	0.15%	0.3%
	코넥스	0.015% (WTS제외)	-	-	-	-	-	0.3%
	ELW	0.015%	0.015%	0.05%	-	-	-	0.3%
	K-OTC	0.2%	-	-	-	-	0.3%	0.5%
	K-OTCBB	-	-	-	-	-	-	0.5% 영업부(유선)
	대주	0.1%	0.1%	-	-	-	0.1%	0.3%
주가지수 선물옵션	KOSPI200선물	0.003%	0.003%	-	-	0.006%	-	0.03%
	미니KOSPI200선물	0.003%	0.003%	-	-	0.006%	-	0.03%
	코스닥150선물	0.003%	0.003%	-	-	0.006% (예정)	-	0.03%
	Kospi200변동성지수선물	0.01%	0.01%	-	-	-	-	0.05%
	유로스톡스50	0.006%	0.006%	-	-	-	-	0.03%
	섹터지수선물	0.006%	0.006%	-	-	-	-	0.03%
	배당지수선물	0.006%	0.006%	-	-	-	-	0.03%
	KOSPI200옵션	구간별 차등	구간별 차등	-	-	0.3%	-	1.0%
	미니KOSPI200옵션	구간별 차등	구간별 차등	-	-	0.3%	-	1.0%
개별주식 선물옵션	개별주식선물	0.006%	0.006%	-	-	-	-	0.03%
	개별주식옵션	구간별 차등	구간별 차등	-	-	-	-	1.0%
채권금리선물	3년국채선물	0.0025%	0.0025%	-	-	-	-	0.0075%
	5년국채선물	0.0025%	0.0025%	-	-	-	-	0.0075%
	10년국채선물	0.0025%	0.0025%	-	-	-	-	0.0075%
통화선물옵션	미국달러선물 (만기 청산거래 시)	0.005%	0.005%	-	-	-	-	0.015%
	엔선물	0.0045%	0.0045%	-	-	-	-	0.0135%
	유로선물	0.0035%	0.0035%	-	-	-	-	0.0105%
	위안선물	0.005%	0.005%	-	-	-	-	0.015%
	미국달러옵션	구간별 차등	구간별 차등	-	-	-	-	1.5%
실물선물	금선물	0.007%	0.007%	-	-	-	-	0.02%
	돈육선물	0.065%	0.065%	-	-	-	-	0.2%
일반채권 • 유관기관수수료 별도 부과	90일 미만	-	-	-	-	-	-	-
	90일~120일	0.01%	-	-	-	-	-	0.01%
	120일~210일	0.02%	-	-	-	-	-	0.02%
	210일~300일	0.03%	-	-	-	-	-	0.03%
	300일~390일	0.05%	-	-	-	-	-	0.05%
	390일~540일	0.10%	-	-	-	-	-	0.10%
	540일 이상	0.15%	-	-	-	-	-	0.15%
주식관련 채권 • 유관기관수수료 별도 부과	-	0.15%	-	-	-	-	-	0.15%
금현물	금현물(99.99%)	0.3%	-	-	-	-	-	0.5%

❶ 카카오증권 매체 : 주식 수수료율 0.015%

❶ 미스리번개 매체 : 주식 수수료율 0.05% (ELW 포함) / 선물옵션 수수료율 번개2(HTS)와 동일

❶ 주 1)주가지수선물옵션거래는 영웅문SF/영웅문SN(야간거래)/모바일웹/오픈웹에서 제공됩니다.

❶ 주 2)개별주식선물/채권금리선물/통화선물옵션/실물선물의 경우 기존잔고/미체결내역 보유시에만 모바일웹/오픈웹을 통한 매매가 가능합니다.(모바일웹/오픈웹을 통한신규매매 불가)

- ※ 수수료 징수는 종목별 매수/매도를 기준으로 하며, 동일종목의 분할매매시는 매수별, 매도별 체결합계금액을 기준으로 산정합니다.
- ※ 실물인수도 시 미국달러선물 0.017%, 엔선물 0.015%, 유로선물 0.012%,위안선물 0.017%의 수수료율이 적용됩니다.
- ※ 채권(일반채권, 주식관련채권)관련 유관기관 수수료율 : 0.00519496%
- ※ 금현물 유관기관 수수료율 (단, 각 유관기관수수료 및 10% 부가가치세는 금현물 위탁수수료율 0.3%에 포함)
  - KRX 거래수수료율 0.056%, 청산결제수수료율 0.014%
  - 한국예탁결제원 보관수수료 0.00022%(잔량기준), 결제수수료 0.014%

■ 그림28. 대신증권 홈페이지 HTS 설명 화면

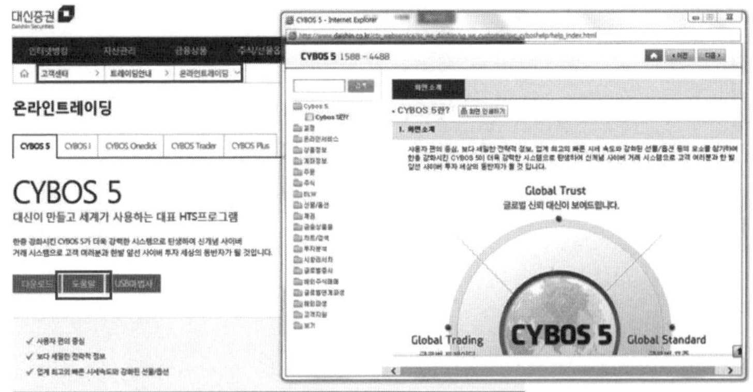

증권사들도 수수료를 많이 낮추었기 때문에 사실 큰 차이가 없습니다. 주로 거래하는 다른 증권사가 있다면, 그 증권사의 HTS를 이용해도 크게 손해 볼 일은 없을 겁니다.

최근에는 스마트폰을 활용한 모바일 트레이딩 시스템Mobile Trading System, MTS을 통해서도 매매거래를 할 수 있고, 다양한 데이터에 접근할 수 있으니 MTS를 활용해도 상관없습니다.

증권사별로 다르지만 MTS에서 주식거래 수수료를 더 낮게 적용하는 곳도 많으니, 수수료 측면에서 더 알뜰한 투자를 하고 싶다면 MTS를 이용하는 것도 추천합니다.

HTS나 MTS를 처음 접한 사람은 복잡한 화면 구성에 적지 않게 당황할 수 있습니다. 절대 당황하지 말고 메뉴에 따라 하나하나 기능을 익혀 보십시오. 증권사 홈페이지에 들어가면 HTS에서 제공하는

■ 그림29. 대신증권 크레온 HTS에서 제공하는 다양한 화면

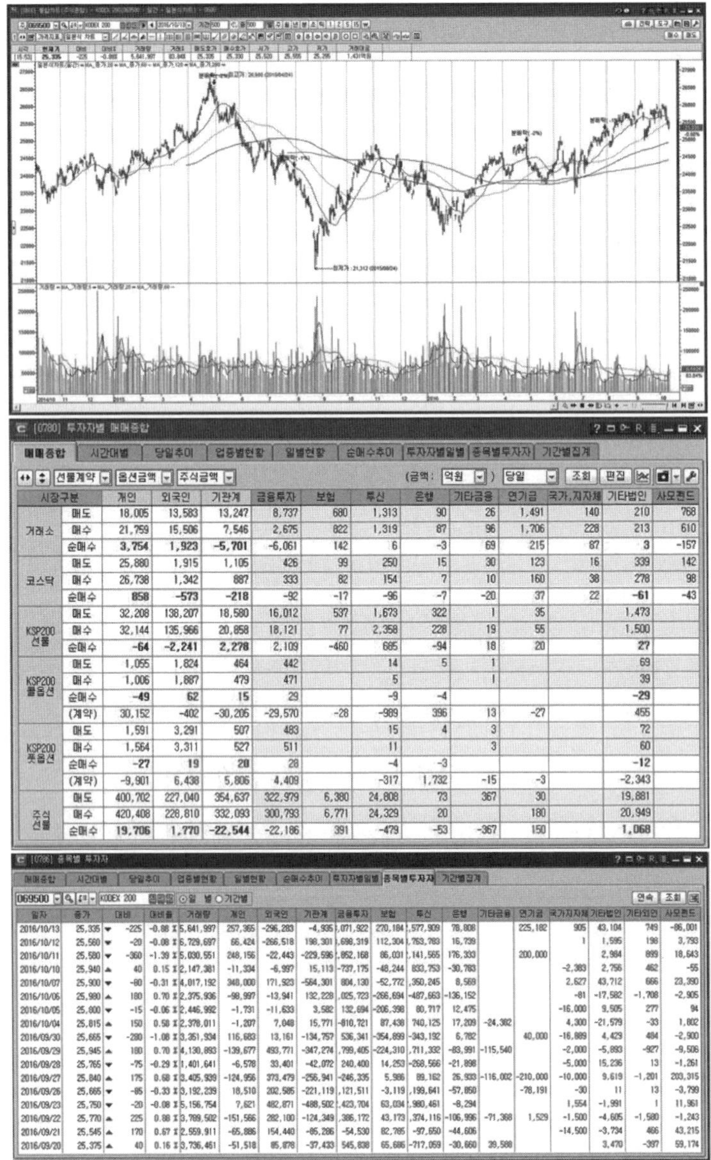

[0780] 투자자별 매매종합

매매종합 | 시간대별 | 당일추이 | 업종별현황 | 일별현황 | 순매수추이 | 투자자별일별 | 종목별투자자 | 기간별집계

선물계약 | 옵션금액 | 주식금액 | (금액: 억원) | 당일 | 조회 | 편집

시장구분		개인	외국인	기관계	금융투자	보험	투신	은행	기타금융	연기금	국가,지자체	기타법인	사모펀드
거래소	매도	18,005	13,583	13,247	8,737	680	1,313	90	26	1,491	140	210	768
	매수	21,759	15,506	7,546	2,675	822	1,319	87	96	1,706	228	213	610
	순매수	**3,754**	**1,923**	**-5,701**	-6,061	142	6	-3	69	215	87	**3**	-157
코스닥	매도	25,880	1,915	1,105	426	99	250	15	30	123	16	339	142
	매수	26,738	1,342	887	333	82	154	7	10	160	38	278	98
	순매수	**858**	**-573**	**-218**	-92	-17	-96	-7	-20	37	22	**-61**	-43
KSP200 선물	매도	32,208	138,207	18,580	16,012	537	1,673	322	1	35		1,473	
	매수	32,144	135,966	20,858	18,121	77	2,358	228	19	55		1,500	
	순매수	**-64**	**-2,241**	**2,278**	2,109	-460	685	-94	18	20		**27**	
KSP200 콜옵션	매도	1,055	1,824	464	442		14	5	1			69	
	매수	1,006	1,887	479	471		5		1			39	
	순매수	**-49**	**62**	**15**	29		-9	-4				**-29**	
	(계약)	30,152	-402	-30,205	-29,570	-28	-989	396	13	-27		455	
KSP200 풋옵션	매도	1,591	3,291	507	483		15	4	3			72	
	매수	1,564	3,311	527	511		11		3			60	
	순매수	**-27**	**19**	**20**	28		-4	-3				**-12**	
	(계약)	-9,901	6,438	5,806	4,409		-317	1,732	-15	-3		-2,343	
주식 선물	매도	400,702	227,040	354,637	322,979	6,380	24,808	73	367	30		19,881	
	매수	420,408	228,810	332,093	300,793	6,771	24,329	20		180		20,949	
	순매수	**19,706**	**1,770**	**-22,544**	-22,186	391	-479	-53	-367	150		**1,068**	

[0786] 종목별 투자자

매매종합 | 시간대별 | 당일추이 | 업종별현황 | 일별현황 | 순매수추이 | 투자자별일별 | 종목별투자자 | 기간별집계

069500 | KODEX 200 | ⊙일 별 ○기간별 | 연속 | 조회

일자	종가	대비	대비율	거래량	개인	외국인	기관계	금융투자	보험	투신	은행	기타금융	연기금	국가지자체	기타법인	기타외인	사모펀드
2016/10/13	25,335	▼ -225	-0.88%	5,641,997	257,365	-296,283	-4,935	,071,922	270,184	,577,909	78,808		225,182	905	43,104	749	-86,001
2016/10/12	25,560	▼ -20	-0.08%	6,729,697	66,424	-266,518	198,301	,698,319	112,304	,763,783	16,739			1	1,595	198	3,793
2016/10/11	25,580	▼ -360	-1.39%	5,030,551	248,156	-22,443	-229,596	,852,168	86,031	,141,565	176,333		200,000		2,984	899	18,643
2016/10/10	25,940	▲ 40	0.15%	2,147,381	-11,334	-6,997	15,113	-737,175	-48,244	833,753	-30,783			-2,383	2,756	462	-55
2016/10/07	25,900	▼ -80	-0.31%	4,017,192	348,000	171,923	-564,301	804,130	-52,772	,350,245	8,569			2,627	43,712	666	23,390
2016/10/06	25,980	▲ 180	0.70%	2,375,936	-98,997	-13,941	132,228	,025,723	-266,694	-487,663	-136,152			-81	-17,582	-1,708	-2,905
2016/10/05	25,800	▼ -15	-0.06%	2,446,992	-1,731	-11,633	3,582	132,694	-206,398	80,717	12,475			-16,000	9,505	277	94
2016/10/04	25,815	▲ 150	0.58%	2,378,011	-1,207	7,048	15,771	-810,721	87,438	740,125	17,209	-24,382		4,300	-21,579	-33	1,802
2016/09/30	25,665	▼ -280	-1.08%	3,351,934	116,683	13,161	-134,757	536,341	-354,899	-343,192	6,782		40,000	-16,889	4,429	484	-2,900
2016/09/29	25,945	▲ 180	0.70%	4,130,893	-139,677	493,771	-347,274	,799,405	-224,310	,711,332	-83,991	-115,540		-2,000	-5,893	-927	-9,506
2016/09/28	25,765	▼ -75	-0.29%	1,401,641	-6,578	33,401	-42,072	240,400	14,253	-268,566	-21,898			-5,000	15,236	13	-1,261
2016/09/27	25,840	▲ 175	0.68%	3,405,939	-124,956	373,479	-256,941	-246,335	5,986	89,162	26,933	-116,002	-210,000	-10,000	9,619	-1,201	203,315
2016/09/26	25,665	▼ -85	-0.33%	3,192,239	18,510	202,585	-221,119	,121,511	-3,119	,199,641	-57,850		-78,191	-30	11	13	-3,799
2016/09/23	25,750	▼ -20	-0.08%	5,156,754	7,621	482,871	-488,502	,423,704	63,034	,980,461	-8,294			1,554	-1,991	1	11,961
2016/09/22	25,770	▲ 225	0.88%	3,789,502	-151,566	282,100	-124,349	,386,172	43,173	,374,116	-106,996	-71,368	1,529	-1,500	-4,605	-1,580	-1,243
2016/09/21	25,545	▲ 170	0.67%	2,559,911	-65,886	154,440	-85,286	-54,530	82,785	-97,650	-44,606			-14,500	-3,734	406	43,215
2016/09/20	25,375	▲ 40	0.16%	3,736,461	-51,518	85,878	-37,433	545,838	65,686	-717,059	-30,660	39,588			3,470	-397	59,174

■ 그림30. KODEX 200 ETF 주문 화면

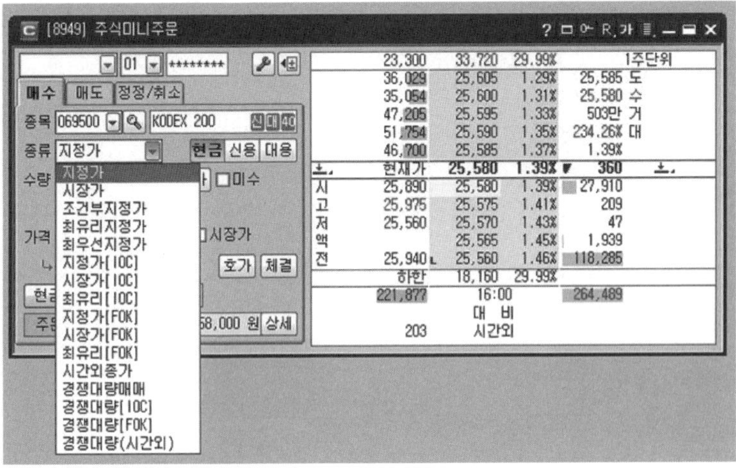

주요 서비스가 친절하게 설명되어 있으니 참고하시기 바랍니다.

HTS의 기능을 다 파악하려면 시간이 꽤 걸립니다. 주가나 ETF 시가를 확인할 수 있는 차트 화면과 종목별 호가 현황, 실제 주문을 할 수 있는 종합현재가 화면, 개인·외국인·기관투자가 등 투자 주체별 매매 현황, 종목별 투자 주체 매매 현황 등 다양한 화면에 익숙해져야 합니다.

실제 주문을 넣는 방법(호가*)은 지정가호가, 시장가호가, 조건부지정가호가, 최유리지정가호가 등 다양한데, 책으로 보는 것보다는 실제로 1~2주 정도 주문을 넣어 봐야 차이점을 제대로 알 수 있습니다.

만약 현재 여윳돈으로 1000만 원을 가지고 있다면, 그 돈을 몽땅 투자하는 것은 좋지 않습니다. 전체 투자금의 10~30% 수준에서 위험자산에 투자하는 것이 안전하지요.

처음부터 개별 주식 종목에 투자하기보다는 펀드나 ETF, ELS 등 금융상품에서부터 시작하는 것이 좋습니다. ETF에 투자할 때도 코스피 200을 추종하는 KODEX 200 ETF나 TIGER 200 ETF 또는 업종별 ETF부터 접근해야 실패 확률을 줄일 수 있지요.

이제 어느 정도 투자금을 제어할 수 있는 수준에 다다랐다는 판단이 서면 단계적으로 주식에 도전해 보면서 감각을 익히는 게 좋겠습니다.

그리고 일단 투자를 시작했다면, 돈만 넣어 두고 '언젠가는 오르겠지'라는 안이한 생각을 하면 안 됩니다. 〈시장은 예측하는 것이 아니라 대응하는 것이다〉(144쪽)에서 언급했듯이, 체계적인 대응 전략을 마련해 놓고 원칙에 입각해서 대응해 나가야 합니다.

원칙에 맞게 투자하면서 조금씩 이익을 쌓아 나가는 즐거움을 알게 되었다면 이미 재테크 고수가 되는 첫발을 뗀 것입니다. 욕심을 억제하면서 자신의 투자금을 완벽하게 제어할 수 있는 상태가 된다면 실제 본 게임에서 그 내공을 제대로 발휘할 날이 분명히 옵니다.

항상 헤지를 생각하라

성공적인 투자를 하기 위한 또 하나의 조건은 헤지입니다. 헤지라는 말을 신문이나 방송에서 한 번쯤은 들어 보았을 겁니다. 헤지는 한마디로 '위험 회피'를 뜻합니다. 즉 시장이 전반적으로 꺾이는 상황에서도 수익을 낼 수 있는 손익 구조를 만들어 혹시 모를 시장 하락에 대비하는 전략입니다.

전문 투자자들만 헤지를 한다고 생각할 수도 있지만, 개인 투자자들도 헤지 전략에 눈을 떠야 합니다. 투자를 시작하는 단계에서부터 헤지 전략을 몸에 익히면 장기적인 재테크 라이프를 누리는 데 득이 되었으면 되었지 결코 해가 될 일은 없습니다.

많은 개인 투자자가 투자할 때 '수익'에 집중한 나머지 위험관리에는 소홀해지는 경향이 있습니다. 그러다 예기치 못한 시련이 닥치면 힘없이 무너지고 말지요. 오랫동안 시장에서 살아남아 계속 투자를 해나가려면 헤지를 하는 습관을 들이는 것이 좋습니다.

전문 투자자들은 투자할 때 항상 헤지를 합니다. 온전히 상승만을 기대하고 '베팅'하는 경우는 많지 않습니다. 전문 투자자들이 하는 '헤지 거래Hedge Trading'는 선물이나 옵션 등의 파생상품을 이용한 매우 복잡한 거래입니다.

우리 같은 일반 투자자들에게 이렇게 복잡한 헤지까지는 필요 없습니다. 간단하게 시장의 하락에 대비할 수 있는 헤지 수단이 존재하기 때문입니다. 개인 투자자들을 위한 헤지 수단, 바로 '인버스 ETF'입니다. 〈폭락이 즐거운 인버스 ETF〉(169쪽)에서 언급했듯이, 인버스 ETF는 시장이 하락하면 수익이 나는 상품입니다. 대표적인 상품이 KODEX 인버스와 TIGER 인버스입니다.

소액으로 주가 하락에 대비할 수 있는 헤지 수단으로 이만큼 좋은 것이 없습니다. 인버스 ETF를 이용하면 주식이나 펀드, ETF 등을 보유한 상태에서 혹시 모를 시장 하락에 대비할 수 있기 때문이죠.

삼성전자 주식에 1000만 원어치를 투자한 투자자가 KODEX 인버스 ETF를 300만 원어치 매수했다고 하면, 총 투자금의 30% 정도가 헤지된다고 보면 됩니다.

국내 주식시장에 악재가 발생해 전반적으로 주가가 하락하면 대형주인 삼성전자도 손실이 나게 될 텐데, 인버스 ETF를 미리 매수해 두었다면 손실 중 일부를 만회할 수 있습니다. 반대 상황이라면, 삼성전자는 수익이 나겠지만 인버스 ETF에서는 손실이 발생하겠지요.

그러나 이때의 손실은 시장 하락에 대비한 보험금으로 생각해야 합니다. 우리는 자동차를 탈 때 돈이 아깝더라도 꼭 보험에 들지요. 투자도 마찬가지입니다. 예상하지 못한 상황에 대비해서 일부는 꼭 헤지를 해야 피해를 줄일 수 있습니다.

Chapter 10

똑똑한 투자자를 만드는 **두 가지 습관**

리포트를 '열독'하자, 공짜다!

우리는 예로부터 돈보다 명예를 중요시해 온 민족입니다. 조선시대의 유교 사상은 모름지기 선비는 돈을 좇아서는 안 되며, 군자는 돈보다는 명예를 좇아야 한다고 가르쳤습니다. 오죽하면 조선시대 계급 체계의 근간도 '사농공상士農工商'이었습니다. 선비는 하늘로 우러렀고, 장사로 돈을 버는 상인들은 천민 취급을 했지요.

이런 조선시대의 사상이 대한민국 국민의 정서 깊숙한 곳에 아직도 그대로 흐르는 것 같습니다. 부동산이나 금융 투자로 재산을 불린 사람들을 '졸부'라고 비하하고, 금융소득을 '불로소득'이라고 깎아내리기 바쁘지요.

투자로 얻은 수익을 불로소득이라 폄하하는 것은, 투자에는 항상 위험이 따른다는 기본 원칙을 이해하지 못한 데서 비롯합니다. 투자로 돈을 벌었다는 것은 그만큼 큰 위험을 감수하고 연구했다는 뜻입니다. 내부자 거래를 한다거나 미공개 정보를 이용하는 반칙 행위가 없었다는 것을 당연히 전제로 두고 말이죠.

금융 투자를 그저 '돈놀이' 정도로 생각하는 과거의 사고방식은 우리나라를 '금융 문맹국'으로 만들었습니다. 결과적으로 건강한 재테크와 투자 문화를 형성하는 데 장애물이 된 것이 사실이죠.

일단 우리나라에서 가장 큰 문제는 금융과 투자에 대한 교육적 토양이 너무나도 취약하다는 점입니다. 초등학교부터 고등학교까지 기본 교육을 받는 동안 금융과 투자에 대해서는 접해 볼 기회가 거의 없지요.

대학교에서도 마찬가지입니다. 경영학과 졸업생이거나 금융 관련 교양 수업을 챙겨 들었던 학생을 제외하면 장래의 재산 형성에 대해 구체적인 고민을 단 한 번도 해 보지 않은 '금융 문맹' 상태로 사회에 나오게 됩니다. 직장을 얻고 월급을 받아 재테크를 시작할 때가 되어서야 비로소 투자의 필요성을 깨닫게 됩니다.

그러나 금융 문맹 상태에서는 투자와 재테크에 원칙이 없고, 무모하리만큼 공격적이며 투기적입니다. 그렇다 보니 많은 투자자가 '깜깜이 투자', 수익에만 몰두하는 '몰빵 투자'를 하게 됩니다. 많은 국민에게 주식은 사실상 도박과 경계가 모호한 것이 되어 버렸지요. 이것이 우리나라의 재테크와 투자 문화 현실입니다.

아프리카보다 못한 '금융 문맹국'

글로벌 신용평가회사인 S&P가 지난 2015년 발표한 '전 세계의 금융 이해력Financial Literacy'을 보면 우리나라가 처한 현실이 고스란히 드러납니다.

S&P는 2014년부터 전 세계 140여 개국 성인 15만 명을 무작위로 선정해 금융과 관련한 일반 상식 네 가지 질문과 대면 인터뷰 등을 토대로 금융 이해력 지수를 계산해 발표했습니다. 금융 이해력은 0%부터 100%까지 수치가 높을수록 국민들의 금융 상식이 높은 것으로 평가되었습니다.

결과는 [그림31]과 같이 드러났습니다. 예상대로 주로 미국이나 유럽 등 영미권 국가들의 금융 이해력이 높은 것으로 나타났습니다. 이 국가들의 국민 금융 이해력은 55~76%로 높은 수준을 보였습니다.

우리나라 국민들의 금융 이해력 지수는 어느 정도일까요? S&P의 조사 결과 한국의 금융 이해력은 33%로, 전체 조사 대상 144개국 가운데 77위를 기록하는 데 그쳤습니다. 조사 결과를 보면, 우리나라는 GDP 기준 세계 10위의 경제 대국이지만, 금융 이해력 측면에서는 선진국에 크게 뒤처져 있습니다.

한국의 금융 이해력은 콜롬비아(32%), 콩고(32%), 에티오피아(32%), 자메이카(33%) 등과 어깨를 나란히 하고 있는 수준이죠. 아프리카의 잠비아(40%), 짐바브웨(41%)조차 우리나라보다 금융 이해력이 더 높은 것으로 나타났습니다. 일본 역시 43%로 앞서 있습니

■ 그림31. S&P 세계 금융 이해력 지도

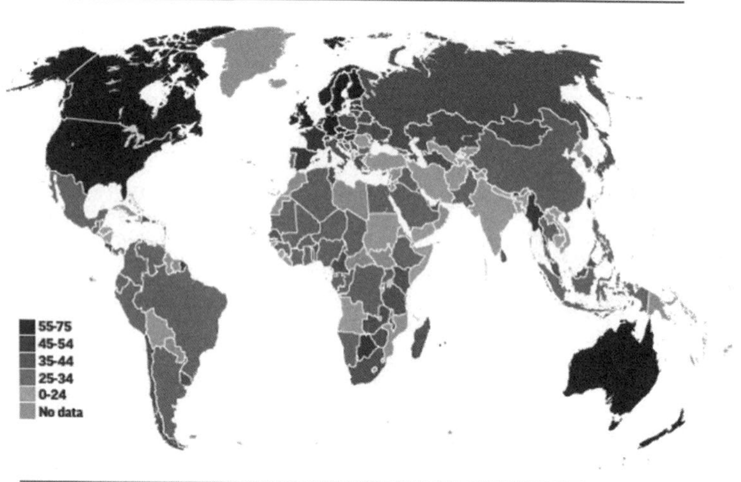

• 자료: S&P

다. 반면, 중국은 28%로 우리나라보다도 금융 문맹률이 심각한 것으로 조사되었습니다.

물론 이 조사가 백 퍼센트 맞는다고 할 수는 없겠지만, 어느 정도 큰 틀에서 우리나라의 저변에 흐르는 취약한 투자 문화의 현주소를 보여준다는 것은 부인할 수 없습니다.

건강한 삶을 살기 위해 운동을 꾸준히 해야 하듯이, 투자와 재테크 역시 장기적인 목표를 가지고 꾸준히 진행해야 풍요로운 삶을 살 수 있습니다.

그런데 아직도 많은 사람이 주식이나 펀드, 부동산 투자를 돈을 버는 수단으로만 생각하고 있는 것이 사실입니다. 인터넷이나 신문에 등장하는 '한 달 수익률 1000%의 비밀', '마법의 투자 전략. ○○○ 전문가의 특급 강의' 같은 유사 투자업체들의 광고를 보고 값비싼 회원료를 내는 사람이 많다는 것은 이런 현실을 반영한다고 볼 수 있습니다.

이런 족집게 강의에서는 자칭 '전문가'들이 작전주 투자를 부추기거나, 불법 파생상품(선물 옵션 등) 투자를 유도하는 경우가 많습니다. 무자격 전문가들의 말에 따라 투자했다가는 낭패를 볼 수 있으니 항상 경계해야 합니다. 앞서 〈고수익의 유혹, 십중팔구는 '사기'다〉(246쪽)에서 살펴보았듯이 '고수익'을 올릴 수 있는 확실한 지름길은 존재하지 않는다는 사실을 명심하십시오.

출퇴근길 10분의 투자, 재테크 운명이 바뀐다

지금부터는 똑똑한 투자자로 거듭나기 위해 한 번 따라 해 보면 좋을 몇 가지 습관을 공유해 보려 합니다. 금융이나 투자 이론을 체계적으로 공부하자는 이야기가 아닙니다. 여기서 소개하는 습관 딱 두 가지만 잘 실천해 습관화한다면 금융이나 투자를 전공한 사람이 아니더라도 전문가 못지 않은 식견을 갖출 수 있다고 감히 말씀드립니다.

금융 문맹을 벗어나 똑똑한 투자자가 되기 위한 첫 번째 습관은 증권사들이 발간하는 투자분석 보고서, 이른바 '리포트'를 꾸준히 읽는 것입니다. 리포트 읽기는 투자 관련 지식을 쌓고 금융시장의 트렌드를 읽기에 가장 좋은 방법입니다.

'증권사 리포트까지 보라고? 그건 투자를 업으로 하는 전문가들이나 보는 것 아닌가? 내가 읽고 이해할 수 있을까?'

이렇게 생각하는 사람도 있을 겁니다. 실제로 과거에는 증권사 리포트를 작성하는 애널리스트들이 마치 자신의 지식을 과시라도 하듯 전문적인 금융 용어를 남용하던 시절도 있었습니다. 리포트의 주요 소비자인 펀드매니저들조차 "리포트에 쓸데없이 전문용어가 많아 난해하고 이해하기 어렵다"라고 혀를 내두를 정도였지요.

그러나 최근에는 많이 달라졌습니다. 요즘 증권사 리포트는 꽤 대중적인 수준으로 발간되고 있습니다. 실제로 최근 리포트를 보면, 금융 용어를 공부한 대학생이나 직장인들도 충분히 이해할 만한 수준입니다.

증권사 리포트는 애널리스트들이 시장에서 확보할 수 있는 다양한 데이터를 가공해 투자 정보로 제공하는 자료입니다. 이런 리포트에만 백 퍼센트 의존해 투자 의사 결정을 해서는 안 되지만, 다양한 리포트를 자주 읽다 보면 '흐름'이라는 것을 읽을 수 있게 됩니다.

여러 리포트를 접하다 보면 나름대로 국내 증권가의 최고 전문가라고 할 수 있는 사람들이 가진 공통적인 생각이 읽힐 때가 있습니다. 이런 전문가들의 시각을 참고한 상태로 재테크를 하는 사람과 그렇지 않은 사람의 투자 결과는 분명 큰 차이가 있습니다.

인터넷이 보급되기 전에는 '증권사 리포트'가 상당히 고급 투자 정보였기 때문에 기관투자가들과 일부 증권사의 VIP 고객들만 접할 수 있었습니다. 그러나 증권사 간의 경쟁이 치열해지고 인터넷이 발달하면서 증권사들이 리포트를 무료로 배포할 수밖에 없는 처지가 되어 버렸지요. 현재 증권사들은 매일 아침 홈페이지에 회사에서 발간하는 리포트를 업로드해 고객들에게 서비스하고 있습니다.

이렇게 증권사 홈페이지를 이용해도 좋지만, 네이버나 다음 등의 포털 사이트에서 더 편리하게 리포트를 접할 수 있습니다. 포털 사이트에서는 국내 증권사들이 매일 생산하는 리포트를 취합해 종류별로 공개하는 서비스를 제공하고 있습니다. 오늘 발간된 리포트를 한눈에 훑어보면서 눈길이 가는 자료를 내려받아 볼 수 있지요.

예를 들어, 네이버 메인 화면에 접속하여 '금융' 항목을 통해 '투자 전략'에 들어가 보면 국내 증권사들이 발간한 리포트를 일목요연하게 볼 수 있습니다. 와이파이가 터지는 곳에 있다면 이 모든 증권사 리포트가 무료입니다!

리포트를 크게 분류하면 국내 경제 동향과 주식·채권(금리)·환율 등의 금융시장을 전망하는 '투자 전략' 리포트, 개별 기업에 대한 정보를 제공하는 '기업 분석' 리포트, 그리고 산업별 전망을 담은 '산업 분석' 리포트 정도로 나눌 수 있습니다. 국내 60여 개 증권사는 투자 전략, 기업 분석, 산업 분석 리포트를 매일 발간합니다. 하루에 쏟아져 나오는 리포트를 다 합치면 아마 100여 개는 족히 넘을 겁니다.

우선 투자 전략 리포트는 코스피나 코스피 200, 선물시장 등 시장 전반에 대한 전망을 짚어 주는 보고서입니다. 높은 산 중턱에서 숲 전체를 조망할 수 있도록 도와주는 자료라고 볼 수 있는데, 전반적인

■ 그림32. 네이버 증권사 리포트 제공 화면

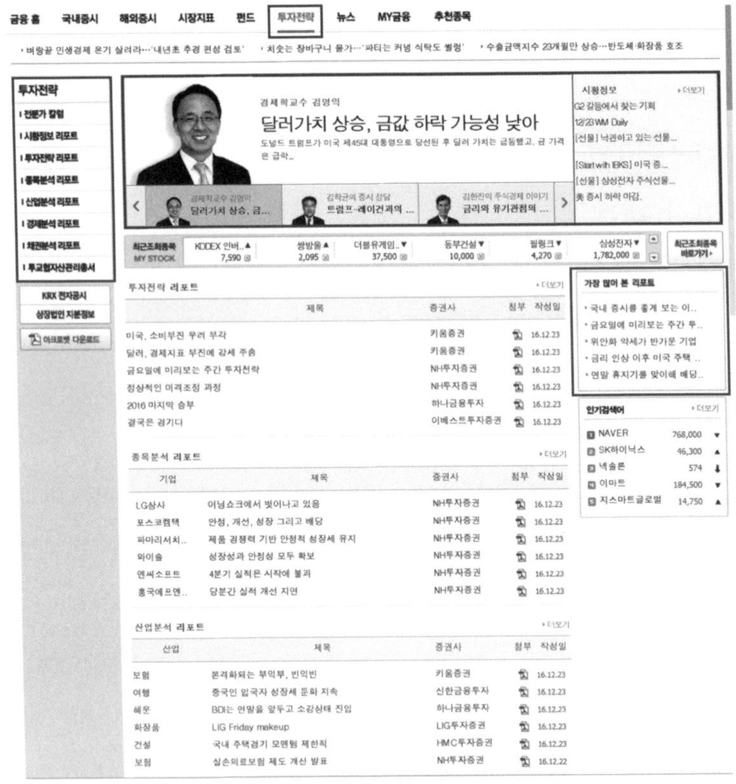

시장 흐름을 파악하는 데 도움을 줍니다. 일간, 주간, 월간 단위로 코스피와 환율, 채권 등 시장의 움직임에 관한 내용이 주로 담겨 있습니다. 국내 금융시장을 둘러싼 다양한 통계자료와 경제지표 데이터, 국내 상장기업의 실적 자료(PER·PBR·ROE 등) 등을 근거로 시장의 현재와 미래를 전망하기도 합니다.

특히 이 투자 전략 리포트는 주로 증권사의 '브레인', 리서치센터에서도 가장 고참인 선수가 담당해 작성하는 경우가 많습니다. 신문사의 공식 입장이 '사설'이듯, 투자 전략 리포트는 증권사의 대표 애널리스트가 내놓는 회사의 공식적인 전망이라고 볼 수 있겠습니다.

반면 산업 분석·종목 분석 리포트는 망원경의 줌을 당겨 숲의 일부분을 집중적으로 들여다보는 자료라고 생각하면 됩니다. 자동차, 정보통신, 철강, 석유화학, 정유, 건설, 음식료, 섬유, 금융, 제약, 유통, 항공운송, 조선, 기계 등 각 산업별 정보를 담고 있습니다.

종목 분석 리포트는 줌을 조금 더 당겨 개별 나무 하나하나를 들여다보는 것인데, 시장에 상장되어 있는 개별 기업(종목)에 대한 구체적인 정보를 제공합니다. 종목 분석 리포트를 작성하는 애널리스트들은 국내 증시에 상장된 기업들의 재무 정보, 실적 정보, 회사가 처한 현실과 향후 전망 등을 종합해 목표 주가*를 제시하고 투자 의견(매수 또는 매도)을 냅니다.

종목 분석 리포트를 꼼꼼히 읽다 보면 회사에 대해 적지 않은 정보를 파악할 수 있습니다. 관심이 있는 회사가 있다면 증권사가 발간한 종목 리포트를 차분히 살펴보는 것이 그 회사를 공부하는 데 많은 도움이 됩니다. 개별 주식에 투자하고자 한다면 적어도 최근 이 회사를 분석한 증권사의 리포트를 10개 이상은 읽어 볼 것을 추천합니다.

특히 취업 준비생들에게 팁을 주자면, 면접을 준비할 때 증권사 종목 분석 리포트를 참고하면 좋습니다. 리포트에는 기업이 속한 산업에 대한 비전과 기업의 기본 정보, 예컨대 주력 사업, 시장점유율, 향후 전망, 경쟁 회사의 현황 등에 대해 잘 정리되어 있기 때문입니다.

"우리 회사에 들어오려는 이유는?"

"우리 회사가 가진 장점은 무엇인가요?"

"우리 회사가 앞으로 나아가야 할 방향이 뭐라고 생각하십니까?"

이러한 질문의 정답이 바로 종목 분석 리포트에 다 들어 있습니다.

종류가 너무 많아서 어떤 리포트를 보아야 할지 모르겠다면, 네이버에서 제공하는 '가장 많이 본 리포트'를 참고하는 것도 한 가지 방법입니다. 남들이 많이 본 리포트를 읽으면 현재의 시장 관심사를 좇아가는 데 도움이 됩니다. 아무래도 증권사 리포트는 전문 투자자들과 '고수' 투자자들이 주요 독자층인데, 이런 전문가들이 많이 읽고 공감한 자료라면 최근 시장의 관심사를 잘 반영하고 있을 가능성이 큽니다.

또 하나 '강추'하는 리포트는 바로 '주간 증시 전망' 자료입니다. 국내 주요 증권사들은 매주 금요일마다 다음 주의 국내외 금융시장에서 주목해야 할 일정을 종합하여 리포트 형태로 발간하는데, 이를 '주간 증시 전망' 리포트라고 합니다. 주식이나 펀드에 투자하고 있지 않더라도 꾸준히 확인하다 보면 시장 흐름을 읽는 데 적지 않은 도움을 받을 수 있습니다.

이 리포트를 보면 지난 한 주간 주식시장을 움직였던 주요 사건과 앞으로 시장에 영향을 미칠 것으로 보이는 중요 일정이 잘 정리되어 있습니다. 이를 근거로 다음 주의 시장 전망도 내놓습니다.

이 중에서도 경제지표 발표 일정을 별점으로 정리해 놓은 자료는 특히 쓸모가 많습니다. 미국이나 유럽 중앙은행의 정책금리 회의 일정이나 중국의 경제지표, 증시에 큰 영향을 미칠 것으로 예상되는 주요 정치 인사들의 동향 등을 짧은 시간에 파악해 볼 수 있기 때문입니다.

여러 증권사에서 주간 증시 전망 리포트를 제공하는데, [그림33]과 [그림34]는 NH투자증권에서 매주 금요일에 발간하는 '금요일에 미리 보는 주간 투자 전략' 리포트입니다.

물론 증권사에서 발간하는 리포트의 전망이 늘 맞는 것은 아닙니다. 오히려 경험에 비춰 보면 리포트에서 전망하는 목표 주가나 증시 전망이 틀리는 경우가 더 많습니다. 결과적으로 리포트의 전망대로 시장이 움직였다고 해도 그건 우연히 들어맞은 것일 뿐입니다. '시장이 앞으로 이렇게 움직일 것'이라고 족집게처럼 전망하는 것은 불가능합니다.

전망이 맞고 틀리고를 떠나서 증권사에서 제공하는 리포트는, 결과를 도출해 내는 과정에서 애널리스트들이 활용하는 다양한 정보와 각종 수치 데이터 그 자체가 투자 정보로서 높은 가치를 가질 때가 많기 때문에 매우 유용합니다.

애널리스트들은 자신이 담당한 특정 산업이나 기업에 대한 리포트를 발간하기 위해 상당히 많은 시간을 들여 연구를 합니다. 자신이 발간한 리포트가 시장에서 주목을 받을수록 몸값도 높아지기 때문에 더 정확하고 유용한 리포트를 작성하려 애를 쓰지요.

■ 그림33. NH투자증권에서 제공하는 주간 증시 전망 리포트 (1)

주간투자전략

금요일에 미리보는 주간 투자전략

주간 주식시장 리뷰

시황 김병연(02-768-7574) / 조연주(02-768-7598)

- **금주 주식시장 리뷰**
  - **최순실 게이트 청문회 진행**: 6일과 7일 최순실 게이트와 연루된 대기업 총수들 및 관련 인사들의 1, 2차 청문회 진행. 이번 사태와 연루된 상장 대기업 총수들의 대가성 자금 지급 의혹은 밝혀내지 못했지만 기업들이 구체적으로 국한되어 있다는 점에서 향후 검찰 수사에 따른 불확실성 확대 요인으로 작용
  - **G2 무역지표 발표**: 6일 발표된 10월 미국 무역수지 적자는 전월대비 17.8% 증가한 426억달러 기록. 미국 기업들의 해외설비 및 소비재 수입 증가하였으나 미국 상품에 대한 해외 수요감소 때문. 한편 11월 중국 수출은 1,968억달러로 전월대비 0.1% 증가. 위안화 약세 및 글로벌 수요 증가에 기인하여 8개월만에 증가세 전환

주간 주식시장 프리뷰

- **투자전략: 100% 반영된 금리인상, 그리고 고압경제?**
- **KOSPI 주간예상: 1,990~2,040p**
  - 상승요인: 완화적 트럼프 캐비넷, FOMC 점진적 기준금리 인상 기대감
  - 하락요인: 국내 정치적 불확실성, 주요국 국채 금리 상승
- **다음 주 주식시장 전망**
  - **14~15일 미 FOMC회의:** 현재 미 FF선물금리에 반영된 12월 미국 금리인상 가능성은 100%. 금융시장은 금번 12월 FOMC회의에서 1년 만에 두 번째 금리인상이 단행될 것으로 전망
  - 현재 시장의 관심은 미국의 향후 금리인상 속도임. 2017년 6월 14일 금리인상 확률이 50% 이상이라는 점에서 현 시점에서 금융시장이 전망하고 있는 세 번째 금리인상 시기는 6월 이후로 판단
  - 12월 FOMC에서 금융시장의 주요 관심사는 점도표 상향 조정 여부와 옐런의 기자회견. 점도표는 기존(2017년 중 2차례 인상) 보다 1회 정도 상향될 것으로 예상하고 있으며, 옐런의 고압경제 지속에 대한 언급이 중요
  - 트럼프가 당선된 이후 인플레이션 기대 심리가 높아지고 있어 기존 보다 금리인상 속도가 빨라질 가능성도 존재. 다만, 옐런이 이미 향후 의회의 결정과 정책들을 지켜보고 정책의 방향이 더욱 명확해진 뒤 경제전반에 대한 입장을 정리할 것을 언급했다는 점에서 금번 기자회견에서 기존 정책에 대한 변화를 언급할 가능성은 높지 않음. 오히려 불확실성 확대는 내년 1월 트럼프 취임 이후 임명될 연준위원 2명의 성향에 따라 좌우될 것으로 판단
  - **투자전략**: 국내 정치적 불확실성이 고조되는 것과는 달리 이탈리아의 국민투표 부결에도 오스트리아 대선결과에 따라 대외적인 불확실성은 오히려 낮아진 상황. 다만, FOMC에 대한 경계감과 지수 상승시 환매 증가로 박스권 흐름은 지속 예상. 경기민감주의 단기 상승으로 낙폭 과대한 중국 소비 관련주 반등 가능하나 트레이딩 관점의 접근 바람직

NH Research Center

■ 그림34. NH투자증권에서 제공하는 주간 증시 전망 리포트 (2)

다음 주 경제지표 발표 일정

	중요도	Period	Previous	Consensus
12월 12일(월)				
(일) 핵심기계수주(% m-m)	★	10월	-3.3	-
(일) 생산자물가(% y-y)	★	11월	-2.7	-
12월 13일(화)				
(중) 산업생산(% y-y)	★★★	11월	6.1	6.1
(중) 소매판매(% y-y)	★★	11월	10.0	10.2
(중) 고정자산투자(YTD, % y-y)	★★★	11월	8.3	8.3
(영) 소비자물가(% y-y)	★	11월	0.9	-
(독) 소비자물가(% y-y)	★	11월	0.8	-
12월 14일(수)				
(미) FOMC 기준금리 결정(%)	★★★	12월	0.25~0.50	0.50~0.75
(한) 수출물가지수(% y-y)	★	11월	-1.6	-
(미) 소매판매(% m-m)	★★★	11월	0.8	0.4
(미) 산업생산(% m-m)	★★★	11월	0.0	-0.2
(미) 생산자물가(% y-y)	★	11월	0.8	0.9
(유) 산업생산(% m-m)	★★	10월	-0.8	-
12월 15일(목)				
(한) 한국은행 금통위 기준금리 결정(%)	★★★	12월	1.25	1.25
(영) BOE 통화정책회의 기준금리 결정(%)	★★	12월	0.25	-
(미) 뉴욕주 제조업지수(index)	★★	12월	1.5	2.5
(미) 소비자물가(% y-y)	★★★	11월	1.6	1.7
(미) NAHB 주택시장지수(index)	★★	12월	63	63
12월 16일(금)				
(미) 주택착공건수(% m-m)	★★	11월	25.5	-6.8
(미) 건축허가(% m-m)	★★	11월	2.9	-2.4
(유) 소비자물가(% y-y)	★★	11월	0.6	-

주: 1) Consensus는 Bloomberg 기준, 날짜는 현지시간 기준
2) 별 개수는 중요도를 의미

증권사 리포트 전망이 결과적으로 매번 틀리고 청개구리 같다는 소리를 듣기는 하지만, 그래도 펀드매니저들은 손에서 리포트를 잘 놓지 않습니다. 특히 중요한 투자 의사결정을 할 때 시장에 잘 알려진 애널리스트들이 발간하는 리포트에 의지하기도 하지요.

증권사 리포트는 우리나라에서 나름대로 가장 똑똑한 집단이라는

애널리스트들이 공들여 만들어 내는 결과물입니다. 리포트를 만들기 위해 그들이 모은 정보는 개인 투자자들이 쉽게 모으기 어려운 것들이죠.

리포트에 등장하는 다양한 자료를 개인 투자자인 우리가 직접 가공해 내려면 많은 노력이 필요할 겁니다. 이런 고급 정보를 그들이 대신 잘 정리해서, 그것도 공짜로 제공하고 있으니 얼마나 고마운 일인가요.

틈이 날 때마다 증권사 리포트를 참고하면, 금융시장의 움직임과 우리나라의 경제·산업 동향, 더 나아가 글로벌 경제 흐름에 대한 '감각'을 익히는 데 큰 도움이 될 겁니다. 지금 시장을 움직이는 이슈와, 그 이슈에 대한 자세한 정보를 따라가는 것 자체만으로도 상당히 차원 높은 공부를 하는 셈이죠.

요즘은 스마트폰으로 아무 데서나 인터넷에 접속할 수 있는 시대 아니겠습니까. 출퇴근길 지하철에서 틈이 날 때마다 스마트폰으로 리포트를 읽어 보는 습관을 갖는 건 어떨까요. 물론 처음에는 힘들 겁니다. 고급 금융 용어 때문에 머리가 아플 수도 있겠지요.

그러나 자주 읽다 보면 익숙해집니다. 딱 한 달 정도 출퇴근길에 10분만 투자해 리포트를 하나씩이라도 읽어 보십시오. 하루 10분의 노력이 꾸준히 쌓이면 운명이 바뀔 수도 있습니다. 당장 오늘부터 바로 시작합시다!

증시 통계 자료를 꾸준히 챙겨라

마지막으로, 똑똑한 투자자로 거듭나기 위해 필요한 또 하나의 습관을 이야기하면서 길었던 여정을 끝맺으려 합니다. 대단원의 막을 내리기 전에 한 말씀만 더 드리겠습니다. 반복적으로 이야기해 온 말이지만, 마지막으로 다시 한 번 강조하고 끝마치려 합니다.

금융시장에서 변하지 않는 불변의 법칙은 바로 거품이 있어야 위기가 온다는 것입니다. 거품은 위기의 전제 조건이죠. 거품이 없으면 위기도 없습니다.

거품은 누가 만든다고요? 거품을 만들어 내는 주체는 대중입니다. 전문 투자자들은 거품을 유도하는 역할을 할 뿐 절대로 불기둥에 뛰어들지 않습니다.

가격표가 없는 초코파이 한 박스가 있다고 해 보죠. 초코파이 한 박스를 만드는 데 필요한 원재료의 가격과 인건비, 이윤 등을 고려하면 적정가격이 5000~6000원이라는 점을 전문 투자자들은 분명히 알고 있습니다. 초코파이 수요가 몰려 가격이 오르더라도 1만 원 이상에는 절대 사지 않을 겁니다.

그러나 초코파이 한 박스의 적정가격이 얼마인지 잘 모르는 대중은 가격이 높아지는 것을 유심히 지켜보다가 1만 원을 넘어서고 2만 원을 넘어서면 최면에 걸리고 맙니다. 10만 원 이상으로 올라갈 것이라는 확신을 가지고 "초코파이를 달라"라고 외치게 되지요.

거품은 바로 이런 분위기 속에서 만들어집니다. 대중이 장밋빛 환상을 가지고 시장에 뛰어드는 '쏠림 현상'이 발생하는 것이 거품의 시작이죠. 5000~6000원 하는 초코파이 한 박스가 갑자기 2만~3만 원에 팔리고 있다면 이건 정상적인 상황이 아닙니다. 비이성적인 쏠림으로 거품이 생긴 것이죠.

쏠림 현상의 끝자락에서부터 금융시장은 서서히 붕괴하기 시작합니다. 이런 붕괴 조짐을 대중이 알아차릴 정도가 되면 금융위기라는 말이 등장하는 것이죠.

그리고 개인 투자자들이 급격하게 이탈하기 시작하면서 '패닉'이 옵니다. 욕망에 취약한 대중은 항상 거품을 쫓아 시장으로 뛰어들고, 시장 붕괴의 끝까지 가서야 정신을 차리고 손실을 인정하지요.

금융시장의 역사를 보면 대중은 항상 이렇게 정직하게 움직였습니다. 거품에 뛰어들고 패닉에 시장을 이탈하지요. 거의 예외가 없었습니다.

이런 현상은 우리에게 생각해 볼 만한 시사점을 던져 줍니다. 앞으로 다가올 위기 또는 기회를 발견하기 위해서는 바로 대중을 읽어야 한다는 것이죠. 대중의 '쏠림'을 감지할 수만 있다면 거품 붕괴를 피할 수 있고, 그 이후에 다시 반복되는 호황기를 누릴 수 있다는 이야기가 되니까요.

사실 오랜 증시 격언들도 이런 대중의 움직임을 읽어야 한다고 조언하고 있습니다. "호재에 약하면 약세장이고, 악재에 강하면 강세장이다", "소문에 사고 뉴스에 팔아라", "스님 또는 임산부가 객장을 찾으면 꼭지다" 등.

자세히 들여다보면 모두 대중의 움직임에 대한 깨달음에서 시작되었습니다. "소문에 사고 뉴스에 팔아라"라는 말은 결국 대중이 욕심을 부리면서 열광할 때가 시장에서 빠져나올 때라는 의미입니다. 좋은 뉴스를 보면 대중이 달려들어 거품이 생기고, 거품이 생긴 이후에는 주가가 하락한다는 전제가 깔려 있는 것이죠. 결국 표현은 다르지만 '개인이 만들어 내는 거품을 주의하라'라는 의미가 담겨 있습니다.

"어떻게 해야 증시에서 돈을 벌 수 있나요?"라고 물어보면 전문가라는 사람들은 대부분 "외국인과 기관의 움직임을 따라가면 된다"라고 합니다. 이런 말은 듣기에는 그럴듯하지만 실현 가능성이 거의 없습니다. 누구도 이렇게 투자할 수 없습니다. 외국인이나 기관투자가들의 동향을 예측하기도 어렵고, 이런 전문 투자자들의 움직임을 포착할 만한 데이터를 구하기도 쉽지 않기 때문이죠. 매일 HTS를 통해 제공되는 일간 외국인·기관투자가의 순매수·순매도 같은 데이터가 전부인데, 이 자료로 전문 투자자들의 추세를 읽는다는 것은 사실상 불가능에 가깝습니다. 그들을 따라가는 것이 성공적인 투자의 지름길이라는 증거도 없지요.

오히려 대중의 움직임을 예의 주시하는 것이 시장의 전체적인 분위기를 읽기에는 더 좋은 방법이 될 수 있습니다. 대중은 거품의 유혹을 이기지 못하고 더 큰 거품을 만들어 내니까요. 이렇게 '대중이 흥분하는' 분위기를 읽어 내는 것이 시장 붕괴의 신호를 감지할 수 있는 좋은 방법인지 모릅니다.

개인 신용융자 데이터에 주목하라!

흥분하는 대중의 분위기를 감지하려면 매스컴에 증시 관련 장밋빛 뉴스가 잇따르는 시점을 주목해야 한다고 이야기했었지요. 똑똑한 투자자가 되기 위한 두 번째 습관은 금융투자협회 등의 증권 유관 기관에서 제공하는 증시 관련 데이터를 주기적으로 살피는 것입니다. 그중에서도 개인들이 증권사로부터 돈을 빌려 주식에 투자하는 '신용융자' 데이터를 정기적으로 확인해 보시기를 추천드립니다. 맞습니다. 신용융자는 〈신용투자는 패망의 지름길이다〉(241쪽)에서 소개했던, 건강한 투자자라면 절대 손대지 말아야 할 바로 그 금융 서비스이죠. 거기에서 대중의 쏠림 현상에 대한 힌트를 얻을 수 있습니다.

[그림35]는 금융투자협회 종합통계서비스에서 발췌한 데이터를 가공한 자료입니다. 그래프를 보면, 빚을 내서라도 주식을 사려는 개인들의 욕심이 얼마나 부질없는 결과로 끝나는지를 잘 알 수 있습니다.

신용융자 금액이 크게 늘어난 구간은 여지없이 '상투'였습니다. 개인들이 빚을 내고 불나방처럼 증시에 뛰어들어 신용융자 금액이 크게 늘어난 시점이 오면 시장이 대폭 무너지고 말았습니다.

시장이 무너지는 시점에 신용융자 금액이 급감하는 이유는 주가 하락으로 인한 반대매매가 쏟아지기 때문입니다. 시장이 폭락하면

■ 그림35. 거품을 부르는 개인 투자자들의 신용융자

증권사가 임의로 주식을 매도해 빌려 준 돈을 회수하게 됩니다. 신용융자가 청산되고, 투자자들의 계좌는 큰 손실을 입게 되는 악순환이 반복되지요.

증권사가 반대매매를 할 때는 현재의 시장가격에 상관없이 그냥 헐값으로 던져 버립니다. 거래가 많지 않은 종목은 하한가에 매도되기도 하지요.

급격하게 시장이 무너지면 반대매매가 쏟아지고 반대매매 자체가 추가적인 주가 하락을 일으키는 연쇄 효과가 발생하게 됩니다. [그림 35]에서 신용융자 금액이 절벽처럼 뚝 떨어지는 모습이 보이지요? 고점에서 증권사에게 돈을 빌려 투자한 사람들의 곡소리가 여기까지 들리는 듯합니다.

신용융자 금액이 고점을 계속 높이면서 추세적으로 많아지는 이유는 국내 주식투자 인구가 계속 늘어나고 있어서입니다. 저금리에 투자처를 찾지 못하는 개인 투자자들이 증시 쪽으로 꾸준히 유입되고 있다는 이야기지요.

언젠가 2008년에 버금가는 위기가 온다면, 아마도 그 직전에 큰 거품이 만들어질 겁니다. '다시는 주식이나 펀드를 거들떠보지도 않겠다던' 사람들이 집단 최면에 걸려 증권사를 찾아 돈을 넣게 되겠지요. 욕심을 좇는 개인 투자자들의 돈이 더 큰 거품을 만들어 내고, 거품이 붕괴되면서 신용융자 금액도 푹 꺼지는 양상을 반복하게 될 가능성이 높습니다.

개인 투자자들의 신용융자 잔고 데이터는 금융투자협회 종합통계서비스(freesis.kofia.or.kr)에서 신용융자 항목을 선택하면 누구나 쉽게 확인할 수 있습니다. 귀찮게 로그인을 할 필요도 없습니다.

시장이 뜨겁게 달궈져 비이성적 과열이 의심되는 상황이라면 신용융자 데이터를 유심히 살펴보는 것이 좋습니다. 월간·분기별·연간으

■ 그림36. 금융투자협회 종합통계서비스 화면

로도 관련 자료를 제공하고 있으니, 정기적으로 확인하다 보면 거품이 형성된 게 아닐까 의심되는 시점을 포착할 수 있을 것입니다!

금융투자협회 종합통계서비스에는 국내 증권시장에서 수집할 수 있는 거의 모든 통계 정보가 수록되어 있습니다. 여의도 증권가에서 증시 관련 취재를 하는 기자들도 금융투자협회에서 제공하는 통계자료를 유용하게 사용하고 있습니다.

방금 살펴본 개인 신용융자 관련 데이터는 물론이고 증권사·자산운용사 등 금융투자회사의 각종 경영 정보, 각종 금융상품의 수익률·수수료 정보, 펀드와 펀드매니저 현황 등 광범위한 내용이 담겨 있죠. 금융투자협회에서 제공하는 통계 정보 활용법을 마스터하면 아마 대한민국 1% 재테크족이 되기에 충분한 자격을 갖추게 될 거라고 믿습니다.

마지막으로, 금융투자협회나 한국거래소 등의 증권시장 유관 기관에서 제공하는 유용한 공시 사이트와 주요 서비스에 대해 소개하면서 마무리하고자 합니다.

▶ **금융투자협회 전자공시서비스**(http://dis.kofia.or.kr)

금융투자회사의 경영 정보, 펀드와 펀드매니저 정보, 금융상품의 수익률과 수수료 등의 정보를 제공한다.

▶ **금융투자협회 종합통계서비스**(http://freesis.kofia.or.kr)

코스피, 코스닥, 장외 시장(K-OTC) 등 각종 장내·장외 시장 정보를 통계로 정리해 제공한다. 주식시장과 채권/금리, 펀드 자금 유출입, 증시 주변 자금 동향, 파생상품 시장 동향 등의 자본시장 통계를 한눈에 파악할 수 있다.

▶ **금융투자협회 법규정보시스템**(http://law.kofia.or.kr)

자본시장과 금융투자업에 관한 법률(자본시장법), 거래소/금융투자협회 규정 등이 수록되어 있다.

▶ **금융투자협회 채권정보센터**(http://www.kofiabond.or.kr)

국고채, 회사채 등 채권 발행·유통 시장 관련 정보를 제공한다. 채권시장의 각종 통계 데이터가 수록되어 있다.

▶ **금융투자협회 본드몰**(http://www.kofiabond.or.kr)

장내 시장에서 거래할 수 있는 채권에 대한 다양한 정보를 제공한다. 구체적인 채권투자 절차와 수익률 상위 채권, 신규 채권, 채권별 신용등급, 채권별 가격 비교, 일간 채권 시장 동향 등이 수록되어 있다.

▶ **한국거래소**(http://www.krx.co.kr)

증권시장, 각종 지수, ETF·ETN 등의 증권 상품 관련 정보를 제공한다.

▶ **전국투자자교육협의회**(https://www.kcie.or.kr)

금융상품, 금융 투자에 대한 교육 자료를 제공한다.

| 나오며 |

소중한 시간을 쪼개어 이 책을 읽어 주신 당신께

대한민국에서 살아가는 사람들의 일상은 참 바쁘고 고달픕니다. 무한경쟁 시대에 학생은 학생대로, 사회생활을 하는 어른들은 어른대로 뒤처지지 않기 위해 항상 치여 살지요. 정신 없는 일상을 보내다 보면 책 한 권 읽기 어렵다는 것을 잘 압니다. 글을 쓰는 직업을 가진 저조차 휴가 때가 아니고서야 손에 책을 쥘 시간을 내기가 참 힘드니까요.

독자들이 소중한 시간을 쪼개어 책을 읽고 있다는 사실을 알기에, 그 시간이 헛되지 않도록 조금이라도 도움이 되는 내용을 담아야 한다는 생각으로 글을 썼습니다. 많은 재테크 서적 가운데 이 책을 선택하고, 끝까지 읽어 주신 당신께 진심으로 감사드립니다.

주제넘지만 그동안 증권가를 취재하면서 만난 전문가들과 재야의 투자자들에게서 전해 들은 이야기, 그리고 제 개인적인 재테크 경험을 모으면 '정글과 같은 금융시장에서 개인 투자자들을 조금이라도 성공에 가깝게 할 가이드라인을 제시할 수 있겠다'라는 생각이 들었습니다. 단순히 금융상품의 구조와 투자법을 나열하고 싶지는 않았습니다. 정보가 부족한 우리 같은 개인 투자자들이 어떤 방식으로 시장에 접근해야 승률을 높일 수 있을지를 고민했습니다.

잘 아시겠지만, 개인 투자자들은 정보 면에서 절대로 전문 투자자들을 따라갈 수 없습니다. 개인 투자자들도 여러 통로로 언뜻 고급 정보인 것처럼 보이는 내용을 접할 수는 있으나 그런 정보들은 진위 여부를 확인하기 어렵고, 개인 투자자들을 끌어들여 주가를 올리려는 회사 측의 허위 정보인 경우가 많습니다.

개인 투자자들은 정보에 의존하여 투자해서는 안 됩니다. "앞으로 어떤 기업이 기가 막힌 신사업에 진출한다"라며 아는 지인이 '강추'하는 주식에는 눈길도 주지 마십시오. 이처럼 확인되지 않은 떠도는 정보에 소중한 돈을 거는 것처럼 어리석은 선택은 없습니다. 목숨만큼 소중한 돈을 왜 그런 뜬소문에 맡긴단 말입니까.

우리 개인 투자자들로서는 시장이 반복적으로 가져다주는 크고 작은 '기회'를 활용하는 편이 더 낫습니다. 이런 투자법이 승률도 훨씬 높지요. 금융시장에서 기회는 항상 반복적으로 나타납니다. 이런 기회는 늘 위기 다음에 찾아오지요. 위기를 읽을 수 있는 전조는 대중의 '쏠림 현상'과 '거품'입니다. 즉 거품의 끝에 위기가 있고, 위기의 말미부터 기회가 찾아오는 것이죠.

그러나 안타깝게도 이런 기회를 잡는 사람은 많지 않습니다. 대다수 개인 투자자는 위기를 기다리기보다는 거품에 몸을 던지고, 갑자기 시장을 덮치는 쓰나미에 모든 것을 잃은 경험이 더 많았습니다.

2008년 전 세계를 강타한 금융위기가 발생한 지 10년이 되어 갑니다. 아직은 위기의 전조라고 할 만한 거품 현상을 발견할 수 없지만, 그날은 분명히 옵니다. 거품이 붕괴되고 위기가 닥친 이후에 우리 같은 개인 투자자들이 부를 형성할 수 있는 황금기가 도래할 것입니다.

지금부터 위기에 대비하고 기회를 잡을 수 있도록 준비하십시오. 단순히 머리로만 준비할 것이 아니라 시장에서 계속 경험을 쌓아 나가면서 실전 감각을 키워야 합니다. 기회가 오기 전에 내공을 쌓아 놓아야 제대로 실력을 발휘할 수 있을 테니까요.

이 책을 읽은 모든 분이 이 점을 꼭 기억하고, 다음에 오는 '재테크 골든타임'을 잡을 수 있기를 기원합니다. 끝으로, 많이 부족한 저를 믿고 책을 출간할 수 있는 기회를 주신 청림출판에 고개 숙여 감사드립니다. 그리고 이 글이 완성되기까지 제 옆을 지키며 용기를 주고 응원해 준 아내에게도 책의 마지막 페이지를 빌려 고맙고 사랑한다는 말을 전합니다.

| 부록 |

재테크 상식사전

▸ 공모펀드와 사모펀드

공모펀드(Public Offering Fund)는 불특정 다수에게 투자 기회를 열어 놓은 펀드다. 펀드에 가입하고자 하는 사람이라면 누구나 증권사나 은행, 보험사의 변액보험으로도 제한 없이 투자할 수 있다. 공모펀드에 투자하는 투자자의 수는 100명이든 1000명이든 1만 명이든 제한이 없다. 불특정 다수의 돈을 모아 운용하는 형태인 만큼 투자자를 보호하기 위해 다양한 규제가 가해진다.

공모펀드와 상대되는 개념은 사모펀드(Private Placement Fund)다. 사모펀드는 자본시장과 금융투자업에 관한 법률(자본시장법)상 49인 미만 투자자가 참여해 만들어진 펀드다. 투자자가 소수로 제한된 만큼 공모펀드보다는 투자자 보호 규제 측면에서 자유롭다.

▸ 금융소득 종합과세

이자소득과 배당소득을 합친 금융소득이 연 2000만 원이 넘을 경우, 금융소득을 근로소득 등과 합산해 누진세율을 적용하는 제도다. 이자소득은 예금이나 채권 등에서 발생하는 소득이며, 배당소득은 주식 등을 소유하고 있을 때 발생하는 배당금이다. 이자소득세와 배당소득세는 각각 15.4%다. 금융소득이 2000만 원을 넘기 전까지는 15.4%를 떼지만 그 이상부터는 누진세율이 적용된다. 금융소득과 근로소득을 합친 금액이 1억 5000만 원을 넘어서면 누진으로 최고 41.8%의 세율이 적용된다.

예금이나 금융상품, 주식 등 고액의 금융자산을 가진 자산가들이 금융소득 종합과세자가 될 가능성이 높다. 금융소득 종합과세에 포함되면 소득금액의 절반가량을 세금으로 내는 셈이 되기 때문에 자산가들은 금융소득 종합과세를 피하기 위해 적지 않은 노력을 한다.

▸ 기술적 분석과 기본적 분석

금융시장에서 주식이나 채권, 부동산 등 시가가 존재하는 투자자산의 미래 가격을 예측하는 분석 방법론은 크게 기술적 분석(Technical Analysis)과 기본적 분석(Fundamental Analysis)으로 나뉜다.

기술적 분석은 투자자산 가격 변화 자료(차트)를 가장 중요한 근거 자료로 활용하는데, 과거의 움직임을 분석해 일정한 패턴을 도출해 내고 이를 바탕으로 미래 투자자산 가격의 흐름을 예측하는 분석 기법이다.

반면 기본적 분석은 과거의 패턴에 의존하지 않고 투자자산의 본질 가치에 초점을 맞춘다. 예를 들어 기업의 현재 재무 상태와 미래 재무 상태에 영향을 미칠 것으로 예상되는 경기·산업 동향, 정부 정책, CEO의 자질 등을 고려해 기업의 현재와 미래 가치를 평가한다.

▸ 기초자산

ETF가 담고 있는 투자자산. KODEX 200 ETF의 기초자산은 코스피 200이며, 삼성그룹주 ETF는 삼성그룹 주식이 기초자산이 된다. 부동산 ETF라면 부동산 자산이 기초자산이 될 수 있다.

▸ 레버리지 ETF 누적 수익률

레버리지 ETF는 코스피 200이 하락해 평가손실이 나면, 하락한 비율만큼 다시 오른다고 해도 원금이 회복되지 않는다. 예를 들어, 원금 100만 원에서 10% 하락하면 90만 원이 되는데, 90만 원에서 10%가 상승한다고 해도 99만 원에 불과하다. 100만 원이 되려면 10% 이상 상승해야 한다. 이론적으로 코스피 200 지수가 매일 10% 하락했다 10% 상승한다고 가정하면 레버리지 ETF 투자 원금은 계속 줄어든다.

▸ 메자닌(Mezzanine) 상품

채권과 주식의 중간적 성격을 갖는 투자상품으로, 주로 전환사채(Convertible Bond, CB)와 신주인수권부사채(Bond with Warrant, BW), 교환사채(Exchangeable Bonds, EB) 등을 말한다. CB는 채권이지만 일정 기간이 지난 뒤 주식으로 전환할 수 있는 권리를 갖는다. 주가가 오르면 권리를 행사해 주가 상승에 따른 추가 이익을 얻을 수 있다. 주가가 하락하면 채권을 그대로 보유해 만기에 상환받을 수 있다. BW는 회사의 주식을 미리 정한 가격(행사가)에 매입할 수 있는 권리를 가진 채권이다. 주가가 상승하면 이 권리를 행사해 차익을 얻을 수 있다. EB는 회사의 주식으로 교환할 수 있는 권리를 가진 채권이다. CB, BW, EB 모두 채권의 성격을 가지고 있으면서도 주가의 움직임에 따라 추가 수익을 얻을 기회를 갖는다. 다만 이런 기회가 부여되는 대신 채권 자체에서 나오는 이자(표면이자)는 낮은 편이다. 주로 자체의 신용등급으로는 투자자를 끌어들이기 어려운 회사가 투자자금을 모집하기 위해 CB, BW, EB를 발행하는 경우가 많다.

▸ 목표 주가

증권사가 특정 상장주식의 실적 전망을 고려해 공식적으로 발표하는 적정 주가. 상장 종목의 목표 주가는 증권사마다 각기 다른데, 이 목표 주가를 평균한 값을 주가 또는 실적의 '컨센서스(consensus)', 줄여서 '컨센'이라고 한다. 컨센서스는 원래 '의견 일치', '합의'라는 뜻으로, 여기서는 '증권사들이 합의한 이 주식의 적정가격'이라는 의미를 담고 있다. 신문을 보다 보면 상장 기업들이 분기 또는 반기별로 실적을 발표하는 시기에 '어닝 서프라이즈(Earning Surprise)', 또는 '어닝 쇼크(Earning Shock)'라는 용어가 등장한다. 어닝 서프라이즈는 컨센보다 실적이 높을 때, 반대로 어닝 쇼크는 컨센보다 실적이 낮을 때를 뜻한다.

▸ 반대매매

반대매매란 신용융자나 미수거래, 스톡론 형태로 돈을 빌려 준 증권사나 저축은행이 약속한 기간 내에 투자자가 돈을 갚지 못하거나 주가가 담보비율 아래로 하락했을 때, 투자자의 동의 없이 임의적으로 계좌에 들어 있는 주식을 매도해 원금을 회수하는 절차다. 일단 반대매매 상황이 발생하면 증권사는 가차 없이 시장가에 매물을 토해 내 돈을 회수한다. 만약 담보로 맡겼던 주식이 평소에 거래가 별로 없는 종목일 경우 하한가에 주식이 매도되어 걷잡을 수 없는 손실이 발생할 수 있다.

▸ 부실채권(Non Performing Loan, NPL)

이른바 '무수익여신'으로 금융기관이 개인이나 기업에 빌려 준 대출금 가운데 회수할 가능성이 없거나 매우 어렵게 된 채권을 말한다.

▸ 상장지수증권(Exchange Traded Note, ETN)

ETN은 ETF와 마찬가지로 한국거래소에 상장되어 주식처럼 거래할 수 있는 상품의 일종이다. ETF는 자산운용사가 운용하는, 기존에 존재하는 펀드를 상장한 것이다. 반면 ETN은 다양한 투자자산의 움직임에 따라 손익이 결정되도록 약정한 증권을 상장한 상품이다.

ETN은 주로 증권사가 발행하는데, 증권사가 신용(돈)을 제공해 기초 투자자산의 움직임에 따라 투자자가 손익을 누릴 수 있도록 만들어져 그 구조가 매우 복잡하다.

예를 들어, 유가나 금리와 연동한 ETN은 증권사가 유가나 금리 변화에 따른 수익금을 투자자에게 지급한다. 이런 증서를 증시에 상장하여 투자자들이 서로 사고파는 거래가 이루어지는 것이 ETN 시장이다.

이론적으로 ETN을 통하면 세상에 존재하는 모든 투자자산을 금융상품으로 만들 수 있다. 기후변화에 따른 금융상품도 가능하다. 다만, 현재는 ETF로 구현하지 못하는 금융상품을 만드는 데 ETN이 활용되고 있다. ETF와 ETN을 통칭해 상장지수금융상품(ETP)이라고 한다. ETF와 마찬가지로 ETN도 증권거래세 면제 혜택이 있다.

▸ 서브프라임 모기지(Sub-Prime Mortgage)

신용등급이 낮은 계층(서브프라임)에게 은행 등의 제도권 금융권이 주택 매입 목적의 자금을 빌려 주는 미국의 주택담보대출 상품이다.

미국의 주택담보대출은 신용등급이 가장 높은 '프라임'과 중간 등급인 '알트-A', 가장 낮은 '서브프라임'의 3등급으로 나뉜다. 서브프라임 대출은 위험도가 커서 은행들이 일반적으로 프라임 등급보다 대출금리를 연 2~4% 정도 높게 받는 것이 일반적이다.

부동산 가격이 상승하는 구간에서는 서브프라임 등급이 대출을 받아 주택을 사면서 집값이 계속 오름세를 보였다. 그러나 2000년대 중반부터 시중금리가 갑작스럽게 오름세로 전환되면서 이자 부담이 커진 저소득층이 원리금을 제대로 갚지 못하는 상황이 속출했다. 불어나는 이자를 감당하지 못한 사람들은 주택을 처분하기 시작했고, 부동산시장은 점차 무너졌다. 결국 2007년, 서브프라임 대출자들이 무더기로 채무불이행 상태가 되었다. 서브프라임 대출이 대규모로 부실화되면서 미국 대형 금융기관들이 연쇄 도산 위기에 빠지게 되었고, 결국 글로벌 금융위기를 촉발했다.

▸ 와타나베 부인

일본 정부가 장기간 유지해 온 저금리 정책을 이용해 높은 수익률을 좇는 일본 개인 투자자들을 일컫는 말이다. 자국에서 낮은 금리로 엔화를 빌려 높은 수익을 내는 자산에 투자하는 이른바 '엔 캐리 트레이드(Yen carry trade)'를 하는 개인 투자자들을 지칭한다. 주로 일본 고소득 계층의 주부 재테크족이 엔 캐리 트레이드를 하는 것으로 알려져 있다. 일본의 흔한 성인 '와타나베'와 결합해 '와타나베 부인'이라는 용어가 생겼다.

▸ 운용사와 판매사, 운용보수와 판매보수

펀드 시장은 펀드를 개발·운용하는 운용회사와 펀드를 일반 소비자들에게 판매하는 판매회사로 나뉘어 있다. 운용회사는 투자 아이디어를 바탕으로 펀드를 만들어 내는 회사다. 운용사는 일반적으로 자산운용사라고 하며, 이 회사에 속한 펀드매니저들이 실질적으로 펀드를 운용해 수익을 내는 역할을 한다. 판매회사는 운용사들이 만들어 낸 펀드를 투자자들에게 '판매'하는 역할을 한다. 판매회사는 일반 개인들이 쉽게 접할 수 있는 금융회사다. 은행과 증권사, 보험사 등이 판매사에 해당한다. 판매사는 여러 운용회사가 만든 펀드를 진열해 놓고, 금융 업무를 보기 위해 지점을 방문한 금융 소비자들에게 다양한 펀드를 추천한다. 소비자는 전문가의 조언을 받아 자신에게 맞는 펀드를 쇼핑할 수 있다.

펀드에 가입하면 투자자들은 운용보수와 판매보수를 상시적으로 내야 한다. 펀드를 운용하는 자산운용사에 지급하는 보수를 운용보수라고 하며, 판매회사에 내는 보수를 판매보수라고 한다. 판매보수는 납입 금액의 연간 1%가량이며, 운용보수는 이보다 낮은 0.5~0.9%다. 상식적으로 실제 투자금을 운용하는 운용보수가 더 높아야 할 것 같지만 현실은 그렇지 않다. 판매회사가 투자자들에게 투자금을 모집해 운용회사에게 넘겨주는 구조라 갑의 위치에 있기 때문이다. 재주는 운용사가 부리고 돈은 판매사가 챙기는 구조인 셈이다.

▸ 이벤트 드리븐(Event-Driven) 전략

국내 또는 해외에서 발생한 갑작스러운 변수로 금융시장이 반짝 상승하거나 충격을 받았을 때, 그 이벤트를 이용해 단기 수익을 추구하는 투자 전략이다.

▸ 자본시장과 금융투자업에 관한 법률 제55조(손실보전 등의 금지)

금융투자 업체가 금융투자 상품의 매매와 그 밖의 거래와 관련하여 손실보전이나 이익을 보장하는 경우, 그 밖에 건전한 거래 질서를 해할 우려가 없는 한에서 정당한 사유가 있는 경우를 제외하고는 다음 각 호의 어느 하나에 해당하는 행위를 하여서는 안 된다. 금융투자 업체의 임직원이 자기의 계산으로 하는 경우에도 또한 같다.

1. 투자자가 입을 손실의 전부 또는 일부를 보전하여 줄 것을 사전에 약속하는 행위
2. 투자자가 입은 손실의 전부 또는 일부를 사후에 보전하여 주는 행위
3. 투자자에게 일정한 이익을 보장할 것을 사전에 약속하는 행위
4. 투자자에게 일정한 이익을 사후에 제공하는 행위

▶ **주가수익비율**(Price Earning Ratio, PER)**과 주가순자산비율**(Price Book Ratio, PBR) — PER은 주식의 시장가격이 같은 업종에 속한 다른 기업들의 주가에 비해 고평가되어 있는지 저평가되어 있는지, 적정가격인지를 평가하는 기본적 분석의 대표 기법이다. PER은 '주가/주당순이익(Earning Per Share, EPS)'으로 계산된다. EPS는 회사가 벌어들인 순이익을 주식 가격으로 나눈 값인데, 1주가 얼마의 순이익을 냈는지를 말해 주는 지표다. 1주당 순이익이 1000원인 기업의 주가가 1만 원에 형성되어 있다면, 이때 PER은 10배다. PER이 10배라는 것은 벌어들이고 있는 순이익에 비해 주가가 10배로 거래되고 있다는 의미다. 지금 시점에 주식에 투자했을 때, 10년이 지나면 이 주식이 벌어들인 순이익으로 투자금을 회수할 수 있다는 뜻이기도 하다. 일반적으로 같은 업종에 속한 기업들의 평균적인 PER 또는 투자하고자 하는 기업이 과거 평균적으로 보였던 PER과 비교해 현재 PER이 낮으면 주가가 저평가되어 있다고 본다. 반대로 PER이 높으면 고평가 상태라고 볼 수 있다.

한편, PBR은 기업이 가진 순자산(자본금)을 주식 수로 나눈 값(주당순자산)을 현재 주가와 비교하는 지표다. 'PBR=주가/주당순자산(Bookvalue Per Share, BPS)'으로 계산된다. PBR이 1배 미만이라는 것은 회사를 청산했을 때 주주가 가질 수 있는 몫보다 주가가 낮다는 뜻이다. 회사가 망해도 투자금 이상을 건질 수 있다는 의미인데, 주가가 극심하게 저평가된 상태라고 볼 수 있다. 다만 PBR 1배 미만은 회사의 잠재 성장성이 거의 없어 투자 매력이 떨어진다는 의미로도 받아들여질 수 있기 때문에, PBR만을 참고해 투자하는 것은 다소 위험하다고 할 수 있다.

▸ 집단대출

일정 자격 요건을 갖춘 집단에게 한꺼번에 대출을 승인하는 제도. 일반적으로 신규 아파트를 분양하거나 재건축 아파트의 입주자를 대상으로 은행이 집단으로 실행하는 대출을 의미한다.

▸ 코코본드(Contingent Convertible Bond)

은행이 자본금을 높이기 위해 발행하는 채권. 채권을 발행해 조달한 돈은 원래 부채로 잡히지만, 코코본드로 발행한 자금은 자본으로 잡힌다. 따라서 코코본드를 발행해 자금을 조달하면 은행의 재무 건전성이 개선되는 효과가 나타난다.

코코본드는 채권이지만 원금 손실 가능성이 있기 때문에 일반 채권에 비해 투자위험이 높다. 그 대신 투자자에게 지급하는 표면이자가 높은 편이다. 우리나라 은행들도 국제결제은행(Bank for International Settlements, BIS)에서 권고하는 재무 건전성 지표를 맞추기 위해 코코본드를 발행하고 있다.

▸ 호가 체계

호가는 주식을 매수·매도하기 위해 가격과 수량을 제시하는 것이다. 지정가호가, 시장가호가, 최유리지정가호가가 가장 많이 이용되는 호가 방식이다.

지정가호가

매수·매도 가격과 수량을 직접 입력하는 주문이다. 예를 들어 삼성전자 10주를 120만 원에 매수하겠다고 호가를 내면 정해진 가격과 수량까지만 거래가 체결된다.

시장가호가

제일 공격적인 호가 방식이다. 가격을 불문하고 주문을 내는 시점에 원하는 수량을 모두 체결해 달라는 주문이다. 다른 모든 호가보다 최우선적으로 주문을 내는 즉시 원하는 수량이 체결된다. 만약 삼성전자 주식 100주를 시장가로 매수 주문하면 현재 시가에서부터 매도 호가에 걸린 수량 100주를 모두 체결한다. 이런 시장가 주문이 밀려들면 주가가 단기간에 폭등하게 된다.

최유리지정가호가

주문 수량만 입력하고 말 그대로 매수·매도자에게 가장 유리한 가격에 주문이 나가는 방식이다. 최유리지정가호가로 매수 주문을 내면 전체 매수 호가 가운데 가장 낮은 가격으로 주문이 들어가고 매도 주문을 내면 가장 높은 가격으로 주문이 나간다. 시장가호가는 모든 수량이 체결될 때까지 매매가 이루어지지만 최유리지정가호가는 가장 유리한 호가에서 거래가 모두 체결되면 그 이상 추가 주문이 이루어지지 않는다. 최유리지정가로 100주를 매수 주문했는데, 가장 유리한 호가에서 50주만 매물이 나와 있다면 50주를 체결하고 나머지 50주는 그대로 남는다.

▸ 후강통

중국 상하이를 뜻하는 후(沪)와 홍콩을 가리키는 강(港)이 서로 통한다(通)는 의미로, 2014년 11월 17일부터 중국 정부가 상하이 증권거래소와 홍콩 증권거래소 간 교차 매매를 허용한 제도다. 이를 통해 중국 투자자가 홍콩 증시에 투자할 수 있고, 외국인 개인 투자자들도 홍콩 증권거래소를 통해 중국 상하이 증시에 투자할 수 있는 길이 열렸다. 기존에는 중국 정부로부터 '적격외국인기관투자가(Qualified Foreign Institutional Investor, QFII)'나 '위안화적격해외기관투자가(RMB Qualified Foreign Institutional Investors, RQFII)' 자격을 갖춘 기관투자가만 중국 증시에 투자할 수 있었다. 개인 투자자들은 자국에서 펀드를 통한 간접투자만 가능했다. 후강퉁 제도가 시행된 이후 외국인 개인 투자자들의 자금 덕분에 중국 자본시장에 풍부한 유동성이 형성되었다.

2017-2018 재테크 골든타임이 온다
부의 10년 법칙

1판 1쇄 발행 2017년 1월 26일
1판 3쇄 발행 2017년 7월 21일

지은이 서태욱
펴낸이 고병욱

기획편집1실장 김성수 **책임편집** 장지연 **기획편집** 윤현주 박혜정
마케팅 이일권 황호범 김재욱 곽태영 김은지 **디자인** 공희 진미나 백은주 **외서기획** 엄정빈
제작 김기창 **관리** 주동은 조재언 신현민 **총무** 문준기 노재경 송민진

교정 구윤회

펴낸곳 청림출판(주)
등록 제1989-000026호

본사 06048 서울시 강남구 도산대로 38길 11 청림출판(주) (논현동 63)
제2사옥 10881 경기도 파주시 회동길 173 청림아트스페이스 (문발동 518-6)
전화 02-546-4341 **팩스** 02-546-8053
홈페이지 www.chungrim.com
이메일 cr1@chungrim.com
블로그 blog.naver.com/chungrimpub
페이스북 www.facebook.com/chungrimpub

ISBN 978-89-352-1147-0 (03320)

※ 이 도서의 국립중앙도서관 출판시도서목록(CIP)은 서지정보유통지원시스템 홈페이지(http://seoji.nl.go.kr)와 국가자료공동목록시스템(http://www.nl.go.kr/kolisnet)에서 이용하실 수 있습니다.(CIP제어번호: CIP2017000341)